銀座カフェー興亡史

野口孝一

平凡社

目次

装丁／中村香織

永井荷風が描いた「ラインゴールド」のカフェーの女給『断腸亭日乗』（『荷風全集』第二十一巻、岩波書店）より

まえがき

銀座は面としての広がりをもった世界に誇る繁華街である。この十年の範囲でみると、多くの世界のブランド店の旗艦店が進出し、中央通りのみならず、晴海通りや並木通りなどに店舗を構えるようになった。また、再開発が進み、銀座三越は裏通りのあづま通りを取り込んで増築され、銀座四丁目交差点の日産ギャラリーのあったところが建て替わって銀座プレイスとなり、数寄屋橋交差点の数寄屋橋阪急が東急プラザギンザに生まれ変わり、平成二十九年四月に旧松坂屋銀座店跡地に、裏側のあづま通りを取り込み大型商業施設GINZA SIXが誕生した。さらに数寄屋橋交差点にあるソニービルの再開発が話題となっている。

また、銀座は景観の変化ばかりでなく、客層の上でも外国人観光客が著しく増加し、とりわけ経済発展著しい中国人観光客による「爆買い」が社会現象となるなど、一時大きな話題となった。

そもそも現在のように世界に誇る繁華街となったルーツをたどれば、明治初年に洋風の煉瓦街が建設されたことに始まる。明治五年二月に発生した大火でほぼ壊滅した銀座に、政府はただちに洋風の煉瓦街を建設した。当初は煉瓦家屋の払下げ価格が高かったり、日本人が煉瓦家屋に不慣れのために空き家が多かったりして、一時、一部に見世物小屋ができるなどした時期もあったが、商機到来とばかりに全国から商人や起業家が集まってくるようになった。当然浮き沈みはあり、とくに明治十年代においては住民の交替が激しい時期もあったが、輸入品を扱う唐物屋に代表されるような西洋風な商店街として発展した。

それと同時に政府機関のある丸の内に近く、江戸時代以来の商勢を誇る日本橋と外国人居留地のある築地に囲まれた地の利を生かして、新聞社や雑誌社が立地するようになり、情報が行き交い、またとない情報発信基地となった。銀座はまさに文明開化を象徴する街として発展することとなったのである。

銀座は大正十二年の関東大震災と昭和二十年の東京大空襲の惨禍を経て、東京の新しい繁華街として発展するわけであるが、すでに江戸時代末期において幕府から拝領していた金春屋敷の地に芸者置屋が置かれるようになり、花街を形成していた。現在の銀座七、八丁目西側にあたる。煉瓦街建設で一時新橋南の烏森あたりに移転していたが、落成と同時に復活した。明治政府の高官たちの贔屓によって繁昌し、江戸随一を誇った日本橋の柳橋と並ぶ花街となった。新橋花街の成立である。銀座の一角は歓楽街としての性格をもち、明治中期から大正十二年の関東大震災まで全盛期を迎えた。明治末には、カフェーやバーが生まれ、花街と雁行するかたちで、歓楽街としての性格を強めた。とくに関東大震災後、花街は衰退に向かい、カフェー全盛時代を迎えることになる。

昭和初期以降、日本は戦争への道を突き進むのであるが、それは同時に銀座が繁華街、歓楽街の看板を下ろす道程に他ならなかった。本書第一部は、とくにカフェーに焦点をあて、太平洋戦争終結までの歓楽街の盛衰をたどるものである。

明治維新以後、移動の自由、職業選択の自由が大幅に緩和され、東京には全国から大勢の人々が職を求めて集まってきた。とりわけ新開の銀座には実に多彩な人材が集まり、さまざまな職種の施設が設けられた。

貴金属店・時計店・西洋家具店・楽器店・洋酒店や洋品小間物を扱う唐物屋、小規模専門店集合施設

といえる勧工場などが立地し、洋服裁縫店、髪結い・美容店、さらにはマネキン業まで現れた。これらの人々が文明開化の銀座を代表する人たちであり、銀座を繁華街に押し上げた人々であった。

明治初年から明治十年代にかけて自由民権運動が全国的に展開されるが、政府機関が集中する丸の内に近い銀座には愛国公党の集会所である幸福安全社や国会期成同盟本部ができ、国会請願に全国から集まった請願者たちの多くは銀座にあった旅館に宿泊し、請願を繰り返した。また、共存同衆とか交詢社などの都市結社も生まれ、一時期自由民権運動の拠点となった。

新聞社、雑誌社の多くが銀座に立地したことについてはすでに述べたが、代言人（弁護士）たちが多く事務所を構えたのも銀座であった。洋行帰りの医師、歯科医師たちが開いた診療所も目立つ。築地の外国人居留地にはカトリック系やプロテスタント系の教会ができ、明治六年に切支丹禁制の高札が撤去されると、銀座において布教活動がおこなわれ、やがて教会、キリスト教書店が生まれ、布教活動の拠点となった。今は忘れ去られているが、銀座は官僚の街でもあった。煉瓦家屋が不人気で空き家が多かった時期に、全国から呼び集められた中堅官僚たち、やがて政府の中枢を形成する官僚たちが一時期煉瓦街に居住し、官僚の街といってもよい時期があり、銀座はじつに多彩な顔を持った街であった。

銀座は、煉瓦街の誕生以来、日清・日露戦争、関東大震災、昭和恐慌、アジア太平洋戦争と幾星霜あったが、銀座を舞台として活躍した人々の人生の物語が濃密に詰まっている。本書第二部は、カフェーの興亡があった時代と時を同じくした人たちの何人かに焦点を当てて、その足跡をたどったものである。

第一部

銀座カフェーの歴史

はじめに

日本におけるカフェー文化の発祥は銀座からといってよいだろう。カフェーが明治末年に誕生してから、バー、喫茶店、あるいは飲食店を兼ねるような存在として発展した。そしてそのほとんどの店で女給が接客した。

そもそもコーヒーを飲ませるカフェーの最初は、明治二十一年四月、東京下谷区上野西黒門町にできた茶館《さかん》であるという。可否茶館については星田宏司著『日本最初の喫茶店――『可否茶館』の歴史』（昭和六十三年、いなほ書房）、古くは勝本清一郎の「カフェー」（『近代文学ノート』4、昭和五十五年、みすず書房。初出は昭和三十九年）に詳しい。

ここの主人鄭永慶なる人物は、長崎生まれで、祖父が長崎の通詞であった。

可否茶館は小説家の石橋思案ら硯友社の人々の後援をえたという。硯友社の機関誌『文庫』（『我楽多文庫』を改題）第一九号（明治二十二年四月）に川上眉山の「黄菊白菊」という小説が載っていて、可否茶館の場面が出てくる。

敬三は下谷の可否茶館に。そゞろあるきの足休めして。安楽椅子《イーヂーチエヤー》に腰の疲を慰め。一碗の珈琲《コーフヒー》に。お客様の役目をすまして。新聞雑誌気に向いた所ばかり読ちらして余念と苦労は露ほどもなかりし。隣のテーブルには束髪の娘二人……

明治二十一年四月十三日の『読売新聞』に載った広告文には、お茶ばかり飲むのは愛嬌がたりないので、トランプ、クリケット、碁、将棋、新刊雑誌類を備え、おめかしできる化粧室も設けてあったとある。もちろんアルコールも出したが、コーヒー中心であった。話題にはなったが、客の入りが少なく数年で廃業している。

明治三十年代半ばころ、本郷区（現・文京区）本郷に「本郷カフェー」ができたというが、その実態がよくわからない。

大正末期から昭和初期にかけてリベラルな政治家として活躍し、評論・小説の分野でも名をなした鶴見祐輔は、カフェーを都市発展の重要な要素として考えていた。関東大震災直前の大正十二年五月、『三都物語』（丁未出版社）を書いている。パリ、ロンドン、ニューヨークの三都市の発展の歴史から学ぼうとするものだが、「仏都　巴里」の章のなかに「カフェー店」の項を設け、カフェーを論じている。

> カフェーは巴里生活の一シムボルである。
>
> 巴里に数多きカフェーは、皆文学と戯曲とに織り込まれてゐる。それは料理店と言ふ平凡な文字を以て表現せらるべく、余りに巴里特有である。
>
> 詩人のカェフー〔ママ〕、音楽家のカェフー、役者のカフェー、小説家のカフェー、画家のカフェー、美人のカフェー、数へ来れば、大路小路のカフェー、悉く由緒《ゆゐしよ》あらざるはない。

「巴里のカフェーは画室《スツーディオ》から起つて来た」としてカフェー誕生の由来を説いている。鶴見があげているのはロドルフ・サリーが開いた黒猫《シャー・ノアール》である。一八八一年頃といえば明治十四年頃である。酒造家の息子で画家であったロドルフ・サリーは、陽気な男で、モンマルトルのロシュシュアール通りにあるスタジオに友人を招いて、夜遅くまで集った。

酒くみかはし、談じ且つ唄つた。来る客が食物を携へて来た。質素な晩餐会の人々は、詩人は自作の詩を朗吟し、楽人は自作の譜を弾じた。画家はその友人の壁に描いた。それ等の芸術家の女友達や恋人がまじつた。女優も来た。外の画室のモデルの女も来た。野暮と不粋と、月並と偽礼とは禁断であつた。かくて、セーヌの岸に楽しき夜《よる》は更《ふ》けていつた。

やがてエドガー・アラン・ポーの短編小説「黒猫」にちなんで「シャー・ノアール」と名づけ一般に公開し、最初は金曜日の夜だけだったのが、毎夜開くようになった。ここで即興詩人たちが唄った歌が流行歌にもなり、評判は国外まで広まった。しかしこのカフェーは商売本位のキャバレーに変わったという。

明治時代に留学、視察、業務などでパリを訪れた日本人は、官僚、商人、学者、学生、画家、文学者などさまざまな人たちで、いわば日本のエリートたちであった。明治末年といえば森鷗外、上田敏、島崎藤村、黒田清輝、浅井忠、久米桂一郎、岡田三郎助、岩村透、三宅克己ほか、多くの人たちが帰朝し、パリ生活を語りはじめた時代であった。そのなかの一人、岩村透は明治二十四年にアメリカからヨーロッパへ渡り絵の修業をし、帰国して、『巴里の美術学生』（明治三十五年、画報社）を書いている。画学生としてのパリ生活をまとめたものであるが、日本とフランス（パリ）の国民性や風土の違いを論ずるなかで、カフェーに触れている。

学生として、或いは商人として西洋に永く住んだことのある人から見ると日本の人はいかにも交際のしにくい、油断のならぬ、不活潑な、底の知れぬ、興味のない人間に見えるだろうが、技芸家として住んで常に西洋の芸術家と交わって居った人から見たら日本の芸術家という連中はどう見えるだろうか。［中略］大勢の前に出る事の厭《きら》いな、人に口を開く事を憚り、人の話を聞く事を好かん、自分の感情を人に打ち明けて語る事をせぬ、他人の前に威張りたがり、己れの実力をなるべく大袈裟《おおげさ》に見せたがる、という、かような人間が、交際などというものが出来るか知らん。

人間が互い互いに一時も永く他人の顔を見て居たい、一言も多く他人の詞を聞きたい、己れの考えもなるたけ多く知らせたい、人の考えも十分聞きたい、食うにも共に飲むにも同時という考えで、一人よりは二人、二人よりも三人という風に共同の楽しみを感じてこそ団体の生活というものが出来る。人を見れば、何か役人のように威張りたがる。威張りたいから、人のいう事は聞きたくない、何事も自分一人という考えでは、すべて共同という精神から湧いて来る快楽は味わえない。西洋風の倶楽部《クラブ》とか或いは仏蘭西のカッフェのようなものは真似たくも出来ない、やはり一体の根性が待合いの四畳半に合うように出来て居る。

［中略］第一技芸家の活動する範囲が広い上に多数の専門家が同所に集合して居るのであるから、朝から晩まで、年がら年中、美術の事をいい、聞きして他事には一切無頓着に生涯を過す事が出来る。常に二、三の展覧会がある。政府の美術館、図書館がある。大家の仕事場を訪問する。美術家の倶楽部に集まる。カッフェに美術家の友人と語る。外国の技芸家に逢って見聞を拡げる。

岩村透「巴里の美術学生」『芸苑雑稿 美術と社会』（東洋文庫一八二、昭和四十六年、平凡社）

明治四十一年暮れ、木下杢太郎や北原白秋たちが詩人と画家の交流をおこなって、新しい近代文芸を育てるため「パンの会」の設立をはかり、それにふさわしい会場を探していた。二人にはそれ以前に渡欧の経験はないが、パリのカフェー「シャー・ノアール」のようなものを求めたのではなかろうか。かれらが日本橋界隈を彷徨《さまよ》ったあげく、両国橋袂の第一やまと、大伝馬町の路地裏、瓢箪新道の三州屋を発見し、会合の場として使った。こうして生まれた「パンの会」は明治末期の耽美主義的な文芸運動の拠点となった。

明治四十三年夏、奥田駒蔵によって鎧橋袂に西洋料理屋メゾン鴻乃巣が開店した。西洋料理店であったが、一階にバー形式のコーナーがあった。室内から日本橋川を望み、舟人が行き交いかもめが浮かぶ風情は、どこかしらパリのセーヌ河畔を彷彿とさせた。木下杢太郎がはじめてメゾン鴻乃巣を訪れたのは明治四十三年九月十六日のことと思われる。十月十日にも訪れているが、木下の日記に「Café de Caunoce」として出てくる。木下はメゾン鴻乃巣をカフェーとして認識していたことがわかる（『木下杢太郎日記』第二巻）。やがてパンの会の人々がメゾン鴻乃巣に集まった。メゾン鴻乃巣は場所柄、昼間は兜町の株屋に働く人たちが利用し、夜になると木下杢太郎、北原白秋をはじめ、多くの作家や画家たちが集まってきた。文学関係では、木下、北原、吉井勇、志賀直哉、里見弴、郡虎彦、谷崎潤一郎、長田幹彦、上田敏、小山内薫、永井荷風、森鷗外、高村光太郎、平出修、平塚らいてう、尾竹紅吉らが、美術関係では、木村荘八、岸田劉生、小杉未醒、石井柏亭らが集まった（奥田万里『大正文士のサロンを作った男 奥田駒蔵とメイゾン鴻乃巣』平成二十七年、幻戯書房）。

常連となった木下は奥田駒蔵に即興詩「該里酒（「鴻の巣」の主人に）」を贈っている。後年まとめた

『食後の唄』に「まづまづ東京最初のCaféと云つても可い家で、その若い主人は江州者ながら、西洋にも渡り、世間が広く、道楽気《どうらくぎ》もある気さくな亭主であつた。亭主はconquerille［ママ］の漁人ならぬ我々にCuraçao《きゆらさお》の精神を快活にし、如何にGin《じん》の人の心を激怒せしむるかを教へた上に、「まづ酒杯《こつぷ》の形にもいろいろあります。それを一つお目に掛けませう」と云つて、小さいのは該里《しえりい》ので、これは赤葡萄杯《れつどわいんぐらす》、これは白葡萄杯《ほわいとわいんぐらす》と、一つ一つ手に挙げて、無足杯《たんぶらあ》、鶏尾杯《こくてえるぐらす》、璃球児杯《りけえるぐらす》の数々を示説した。それは冬の夜のことで、華奢な火爐《すとおぶ》には緑色のえなめるの花が光り、」と店内の様子を書いている。

画家の松山省三たちはメゾン鴻乃巣の開店に刺激されて、明治四十四年春、銀座日吉町にカフェー・プランタンを開店した。これが銀座においてカフェーを名乗った第一号店となった。そしてカフェー・プランタンが本格的カフェーとして誕生してから、銀座をはじめ、浅草、本郷、上野、神楽坂などにこれに倣ったカフェーが開店し、急速に広まっていった。

銀座におけるカフェーの歴史はここから始まるといってよいのだが、銀座のカフェーを語る場合、カフェー類似の憩いの場を提供した函館屋とヱビスビヤホール、資生堂ソーダファウンテン、台湾喫茶店を落とすわけにはいかない。

まず、函館屋から始めよう。

1　カフェー前史

●函館屋

函館屋は、明治三十五年発行の『東京市京橋区銀座附近個別一覧図』によれば、尾張町二丁目九番地（銀座七丁目銀座通り西側）において「氷牛乳洋酒類」を商い、店主を信大蔵といった。明治十年前後、銀座の三奇人といわれた人がいたが、その一人に数えられ、銀座の名物男だった。

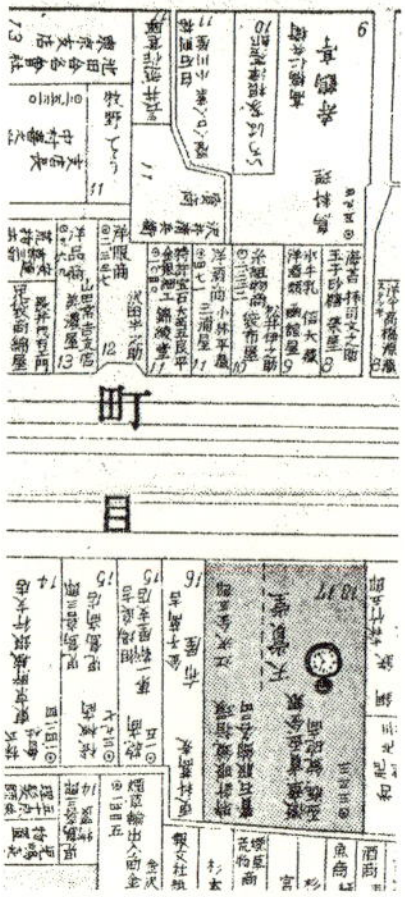

「東京市京橋区銀座附近戸別一覧図」尾張町二丁目（現・銀座六丁目）銀座通り西側　明治35年「函館屋」の名前がある
中央区立郷土天文館蔵

銀座の三奇人には、函館屋の信大蔵のほかに、岸田吟香、薬屋の笠原五郎兵衛の名があげられている。岸田吟香は新聞記者、目薬「精錡水」の楽善堂で有名な人物、笠原は銀座一丁目の薬屋で、煉瓦街建設反対の急先鋒で、今宗五郎といわれた人物として知られている。なお、時代が少し下って、天狗煙草で有名な岩谷商会の岩谷松平と、根付作者であり、また新橋、柳島の幇間としても知られる尾崎谷斎も奇人に加えられた。小説家尾崎紅葉の父親であったが、紅葉自身谷斎が父親であることを周囲に語らなかった。

函館屋の信大蔵に触れた著作は多い。古い記述では、三須裕編『銀座』（大正十年、資生堂）のなかの永井小石「『煉瓦』回顧」と平岡権八郎「銀座印象」であろう。まず永井は「函館屋はその頃から富士の看板を上げて居ましたが、その主人は誠に太つて居て、朝などは洋服に下駄履きで牛乳を配つたり、夏などは弁慶縞の浴衣を尻端折にして鉢巻をしめて店の客に対応して居ました。さうして客を客とも思はないやうな豪語をするので評判でした」という。そしてカフェー・プランタンの創設者の一人平岡権八郎は函館屋を懐かしく思い出し、カフェーの先駆的な姿を捉えている。

私の忘れないのは、函館屋のお爺さんです。店の造り方も其の時代にはお爺さんと合せて調子の良くととのつた気持ちのよい造り方で、あの大きな釣りランプの光りに照らされた、白い髯のお爺さんは、和蘭風の暗い絵を見る様な感じで、何んとも云はれない好い気持ちだと思ひました。あの店とあのお爺さんを其の儘今の銀座へ残して置く事が出来たら、近頃出来る亜米利加風のうすッぺらなカフェー店の御手本ともなるし、銀座の名物としても立派な物だと思ひます。兎に角当時の大ハイカラであつたに違ひありません。

（三須前掲本）

信大蔵が銀座に出てくる前の半生は謎に包まれている。松山省三や平岡権八郎よりも一世代前の文芸評論家内田魯庵は、函館屋の印象を「銀座繁昌記」（『中央公論』昭和四年一月号に発表、後に『魯庵随筆 読書放浪』東洋文庫に収録）に次のように綴っている。

主人の仲《ママ》大蔵といふは（尾州藩士ださうだが）榎本に従つて脱走した五稜廓の残党で、腰部に弾創を受けて暫らく民家に遁れてゐた。其の後東上して銀座に氷屋を創めたのが明治九年、屋号を箱館屋と云つたのは、其の頃は天然氷だけで箱館が唯一の産地であつたからだが、一つは五稜廓が一生忘れられない憶出であつたからでもあらう。麦酒樽《ビールだる》のやうな破裂《はちき》れさうな恰幅で、其の頃町家には（銀座でも）珍らしかつた洋服に下駄穿きといふ珍妙な扮装《なり》で、客を客とも思はず蛮声を浴びせ掛ける五稜廓当時の元気が売物となつて、富士の看板と共に忽ち銀座の名物となつた。

地元の葛籠屋の息子は背中に弟を背負い子守をして毎日のように函館屋の前を通っていた。少年の眼に映った函館屋と信大蔵は、

赭ら顔のがっしりした彼の体軀からは、幕末の武士の面影が滲み出ていた。いつも素肌に粗末な洋服を着て、朝早く下駄履きで牛乳を配っていた。夏なぞは弁慶縞の浴衣の尻を端折り、向う鉢巻でアイスクリームなぞを客に出している姿を、よく見掛けたものだ。客の扱いは荒く、客を客とも思わぬと云った風だった。夕方になると、よく店の前に椅子を出して、褌もあらわに涼を取っていた。

野口孝一編著『明治の銀座職人話』（昭和五十八年、青蛙房）

と伝えている。

内田の文では、苗字が「信」ではなく、「伸」となっているのも謎であるし、後に触れる石角春之助『銀座秘録』（昭和十二年）には「木藤」として出てくる。『銀座百話』の著者で知られる篠田鉱造によれば、「銀座の函館屋――露西亜の酒場みたいな――の親爺はモジヤ〳〵髪を垂れ、寛潤洋服、マドロスパイプのデブ〳〵漢。日本放れがしてゐた」（「夏柳」『銀座往来』第三冊、昭和八年、帚葉山房）とその風貌

を伝えている。

店の造りは表に大きな富士山の看板を掲げ、店先には机と椅子を置いただけのものだったが、奥にはたばこ盆などを置き、くつろげる部屋があった。棚には世界各国の洋酒が並び、壁には自作の狂詩「芸妓生娘去又来　官員学者客為堆　三間間口雖狭隘　箇是諸君銷夏台」が墨書してあったという。洋行帰りの旧幕臣に贔屓が多く、明治十四、五年にはアイスクリームを出していた。明治十六年来日した朝鮮の亡命政治家金玉均は銀座の旅館山城屋に泊まっていたが、函館屋のアイスクリームを食べ、また大蔵の人柄にも触れ、馴染みとなったという。

古老の聞書集である篠田鉱造『明治百話』（岩波文庫）によると、明治三十年代半ばの函館屋について、「まず外国の小説にある、酒場《バァ》ソノままの店で、腰掛や卓があって、外国の酒類は、数段の棚にギッチリ穿込んでありました。酒場《バァ》といっても女給のいる奴でない。主人のビール樽のように肥ったのが、まるで西洋人みたいに、髪の毛を長く垂れた、一種異様（ソノ頃では）の親父がノソリ／＼と店内を歩き、客あしらいをして、洋酒の罎《びん》を、注文によって、スポン／＼と抜いていました」とある。

また、明治三十年頃の函館屋の場景は、新聞記者だった山本笑月の目には次のように映っていた。

> 銀座といつても尾張町の西側、三間間口の店に細長いスタンド、左右の棚には奥までいつぱいの洋酒の瓶、それも舶来の上等ばかり、まづ高級のバーであつた。
>
> 主人は私の見た三十年頃には既に六十前後、でつぷり肥つた立派な老人、いつもチョツキ一枚で店頭に働く頑健ぶり、客はことごとく当時のインテリで、多くはヒゲのある洋服連中、抱へ車を表に止めてドアもない明放しの店内のイスに腰をするゑる。主人はこれらの客を相手に一々自から愉快

げに接待してゐた光景は、全く西洋小説の口絵などに見る酒場そのまま、女給が呼物の今のバーとは大違ひ。

山本笑月『明治世相百話』(昭和十一年、第一書房)

山本は函館屋を「バーの元祖」といっている。銀座生まれで資生堂二代目社長福原信三も「バーの元祖」といっている。酒の種類の取り揃えも今(昭和初年)のバーよりも多く、酒の知識も詳しかったといい、アイスクリームについても資生堂より早くここが元祖であることを認めている(福原信三「世界的な銀座の夜店」『講演』第百四十四号、昭和六年四月)。こうしてみると、大蔵は牛乳と氷の配達を日常こなしながら、名物アイスクリームを売り、バーを経営していたことがわかる。

このように世間の注目を集めた信大蔵であったが、彼が銀座へ出てくるまでの前半生は謎に満ちたものであった。

先に述べたように、石角春之助『銀座秘録』(昭和十二年)に出てくる函館屋の主人の名は信大蔵ではなく、「木藤」である。石角春之助の記述はこうである。木藤が銀座に出て函館屋を構えるまでの経緯は、小説以上に複雑で、それ自体が一つの読み物になるほどだという。木藤は漁師の出身で、あるとき漁に出て暴風に遭い、漂流していてロシアの軍艦に助けられたが、重宝がられて艦上で下働きをさせられ、五、六年後、幕府崩壊寸前の函館に送り返された。その頃函館にはロシア船の入港もあり、通訳を務めたという。戊辰戦争で五稜郭の戦いの際、榎本武揚に仕えて働いたが、旧幕府軍は敗北、ともに捕らわれの身となり、のちに赦されて、榎本が東京へ戻ると、木藤も東京にやって来た。明治五年のことであった。そして新装なった銀座の煉瓦家屋で函館屋を開いたというのである。なお、「顎鬚の沢山生えた鬚むじやらな親爺さんではあつたが、顔に似ず好々爺で、別にお世辞を云はない替りに、性格的に円満な爺さんだつたので、左党には一つの名物の如くに考へられてゐたものだ」という。木藤こと、信大蔵はここでは漁師の出身として出てくる。出身についても謎だらけである。信大蔵が取材者に対して半生を面白おかしく語ったともとれるし、また書かれたことに頓着しなかったのかもしれない。

函館屋を継いだのが長男の信六である。信六の紹介が『現代人名辞典』（古林亀治郎編、明治四十五年、中央通信社）に出ているのを発見した。

信　信六君　君は東京洋酒商の権輿函館屋店主なり、先代信大蔵氏は尾張の人、天保九年一月一日を以て海東郡草平村に生る、夙に大志あり十二歳郷を辞して諸国を放浪し北海道に航し函館に於て開墾及海産事業に従事して成功し同地方に声望あり、偶維新に際し故榎本武揚子の来り函館五稜廓に拠るや、氏の声望を聞き助勢を求む、氏乃ち奮つて其軍に投じ、大に士気を鼓舞して榎本子の為めに尽す、維新の後露国及清国を周遊して帰朝し、明治四年銀座尾張町に洋酒商を開始し尾張屋と称す、之れ実に東京に於ける洋酒商の嚆矢たり、君は其長男にして、現所に生れ、巌君の没後を享けて実業に力めつゝあり（京橋区尾張町二ノ九）

おそらくこの記事は信家から聞き取ったものと思われ、事実に近いとみてよいであろう。尾張の出であること、生まれが天保九年（一八三八）であり、函館五稜郭の戦いに参加した時は三十一歳であった。その後、ロシア、清国に渡り見聞を広め、帰国後、明治四年に銀座で洋酒商を始めたことになっている。最初は尾張屋と称したのであろうか。銀座に煉瓦街ができる以前のことである。

信大蔵について公的な記録からつぎの事実がわかる。大蔵が銀座の大火（明治五年二月）後に開港場横浜にいたことが意外なところから判明する。明治初年のキリスト教禁教下にあった時期、明治政府はキリスト教信者たちの動静を探索していた。諜者（明治政府のスパイ）の一人安藤劉太郎が政府に提出していた「耶蘇教探索書」のなかに「箱館屋大蔵 横浜太田町住」の記載がある。明治五年三月十三日付けの報告書に添えられた「耶蘇教関係之徒」の一覧表に記載された二五名の信者の一人として出てくる。二五名は「近来頗ル高頂之徒」であるとして、引き続き「捜索」するとしている（小沢三郎『幕末明治耶蘇教史研究』昭和十九年、亜細亜書房。原文は早稲田大学蔵の「大隈文書」にある）。

大蔵が横浜でどのような商売をしていたかあきらかでないが、なんらかの商いをしていたことがわかる。東京都公文書館所蔵の「一等煉瓦家屋払下帳」および「一等家屋払下願」によれば、大蔵は京橋区尾張町二丁目九番地、銀座通り西側の一等煉瓦家屋（間口二間三尺、奥行五間、建坪一二・五坪）を明治七年一月に払下げを受けている。この時点での住所は「横浜大田町壱丁目」で、五郎兵衛町（京橋三丁目）の津田吉三郎方に寄留している。新築早々、満を持しての銀座進出といったところである。さらに同八年十月南鍋町一丁目九番地に三等煉瓦家屋を（「三等煉瓦家屋払下願」）、同十年三月には、弥左衛門町一七番地に二等煉瓦家屋を購入している（「二等煉瓦家屋払下願」）。この時の族籍表示は平民である。横浜でなにをしていたかあきらかでないが、小金を貯めていたことがわかる。

その後、大蔵は、ポーランドの革命家で樺太（サハリン）流刑者、民族学者としても知られ、流刑中に樺太アイヌ語の研究をしていたブロニスワフ・ピウスツキが帰国の途次、東京での宿泊先として函館屋を提供している。

昭和五十八年、ピウスツキが蠟管レコードに録音していた樺太アイヌの歌と語りが八〇年ぶりに再生されて話題となった。同時に、かれの妻アイヌ人チュフサンマとその子、孫の消息も明らかになった。

ピウスツキは、ロシア皇帝暗殺計画に加わった嫌疑で逮捕され、一八八七年（明治二十）に樺太に流刑された。ピウスツキは流刑中にアイヌの研究に没頭し、アイヌの歌と語りを録音していたのであった。ピウスツキは捕囚の身を解かれ、日本に渡来して北海道、東京を訪れ、長崎から祖国ポーランドを目指した。ピウスツキが東京へ来たのは澤田和彦「ブロニスワフ・ピウスツキ日本暦」および横山源之助『凡人非凡人』（明治四十四年、新潮社）によると、明治三十九年一月下旬である。そして遠来の客に宿を提供したのが函館屋の信大蔵であった。どのような縁故で函館屋に泊まることになったのかよくわからない。ピウスツキは早速、アイヌ研究者でもある人類学者の坪井正五郎に会っている。その足で二葉亭四迷と連れ立って、取材申し込みをした横山源之助宅に赴いている。二葉亭四迷が何時、誰の紹介で識りあったか明らかでないが、東京における案内役は二葉亭四迷であり、宿所として函館屋を紹介したのもおそらく二葉亭であった。私が注目するのは、内田魯庵が「銀座繁昌記」で述べているように、大蔵が尾張藩の武家の出身であるとすれば、二葉亭四迷の父親もまた尾張藩の江戸詰めの武士であった関係で、年齢に開きがあるが、二人は尾張藩の江戸詰めの家柄同士という縁で、あい知る仲であったとみるのも面白いが、すでに触れたように弥左衛門町の二等煉瓦家屋購入時の族籍表示は平民である。話はややこしい。

ピウスツキはここを本拠に大隈重信などの政治家や、片山潜、堺利彦などの社会主義者と会合を重ねている。銀座で実費診療をおこなっていた平民病院の加藤時次郎とも会っている。大蔵は金玉均やピウスツキのような亡命者や革命家の要注意人物を気にすることなく付き合う豪胆な人物であった。

おそらく大正初期の思い出とおもわれるが、作家の小島政二郎の目に映った函館屋は、食料品店としての函館屋である。

ここの店構えは、古風な日本建築で、私の生まれた家と同じように、店を締める時にはまず柱を立てて、そこへ長押《なげし》から大戸を一枚二枚とおろして来る式になっていた。それほど純粋な日本的店構えだったが、ここで売っている商品のハイカラさ。

私の父の話では、日本で――というと、いい過ぎになるとイケないから遠慮して、東京でアイスクリームを売り出した最初の店はここだということだ。資生堂と違って、椅子テーブルの備えはなかったが、ここのアイスクリームのうまさというか、本式さというか、現在のアイスクリームのように、給仕が持って来る間にいい加減溶けているなどという代物とは訳が違う。堅いのなんのッて、水気などというものは微塵もなかった。［中略］

函館屋は、そんな風に古風な純日本風の店構えにも拘わらず、チョコレートでも、コーヒーでも、ココアでも、紅茶でも、その外洋食に使う材料一式、みんな本物の西洋種ばかり売っていた。チョコレート一つ例にとって見ても、今のチョコレートのようにネットリしていず、コチコチとして堅く、適当に乾いていた。今のとは比較にもなんにもならないくらいうまかった。

『場末風流』（昭和三十五年、青蛙房）

そのくらいハイカラな店だったという。

小山内薫の「草市の晩」は、明治四十四年十月『新日本』に発表された作品だが、銀座の草市の深夜の情景をよく捉えている。ここに函館屋が出てくるので紹介しておこう。

草市がたつのは、盂蘭盆の七月十二日、浅草公園、神田旅籠町、芝愛宕下、両国薬研堀、八丁堀、牛込神楽坂上などが有名であるが、銀座では尾張町一丁目（銀座五丁目）西側に立った。絣の筒袖に手甲、脚絆、姉さんかぶりの娘さんが、精霊様が乗る藁の馬や、仏壇を飾る真菰細工、草花と早生の果物などを売っていた。銀座通りは夜店もたち、賑わいを増していた。

主人公が友人と連れ立って八官町の家を夜の十二時過ぎ銀座通りに散歩に出た。銀座の通りはもうたいてい戸をおろしてしまっていたが、草市はまだ宵だった。銀座二丁日から引き返し、尾張町の函館屋の前までくると、「頓狂な声」で呼びとめる声がした。馴染みの芸者の呼び止める声で、無理やり仲間にされ、そこでジン、カクテル、ウィスキーを飲んだあと連れ立って函館屋を出て、八丁目角の資生堂のところで別れた。男二人は新橋まで来て博品館の時計台を仰ぐと、針は二時を指していた、というのである。カフェー・プランタンができて、約半年後の銀座街頭の情景である。

なお、函館屋の左隣りが布袋屋という糸組物屋で、その隣りが三浦屋という西洋食品店であった。品物は英国からの輸入品で、客筋は上流階級であったので庶民には縁のない店だったという。店の前にはコーヒーを碾く器械が出ていた。「ギリシャ式の壺のような形で、そのどてっ腹から左右にシャフトが出ていて、その両脇に大きな弾み車とハンドルが付いていていた。［中略］碾き立ての芳ばしいコーヒーの匂いが堪まらなかった。そのころ庶民が飲むコーヒーと云えば、トンボ印の角砂糖の中にコーヒーをポッチリ薬のように垂らした物を、お湯に溶いて飲むものと決まっていた。三浦屋から流れ出るコーヒーの匂いは、若者にとっては西洋文明の匂いでもあった」（野口前掲書）という。

なお、新劇俳優の信欣三は大蔵の孫にあたる。銀座の泰明小学校、東京府立第一商業学校を卒業後、俳優を目指し東京左翼劇場、新協劇団、瑞穂劇団などを経て、戦後は俳優座、劇団民芸で活躍、独特な風貌を活かした個性的な演技で知られる。映画では「帝銀事件 死刑囚」の平沢貞通を演じ、代表作となった。妻は女優の赤木蘭子。

●ビヤホール誕生

ビールは江戸末期、外国人居留地を通して日本に入ってきた。明治十年前後になると日本人の間でも愛飲家が増えてきた。明治二十年代にキリンビール（麒麟麦酒株式会社）、ヱビスビール（日本麦酒醸造株式会社）、アサヒビール（大阪麦酒株式会社）が相次いで生産を開始した。そして明治三十二年八月四日、日本麦酒株式会社が南金六町五番地（銀座八丁目）新橋際東側角に直営店「恵比寿ビール Beer Hall」を開設した。これが東京における最初のビヤホールであった。

名称は青山学院の宣教師であるジェー・ソーパーの意見を入れて、「Saloon」がよかろうということになって、oを一文字削って五文字にすればBeerと釣り合いがとれるだろうということで、設計者の建築家妻木頼黄に頼んで恵比寿様の左右に四つと五つの丸窓をつくり、Beer, Salonの文字を入れた。ところが、横浜あたりで一般に知られているサルーンは卑猥な場所であるから、ホールがよかろうということになって、結局Beer Hallに落ち着いた。五つにあいた丸窓は小林習古に依頼し、大麦とホップをあしらった図案風の絵を描いてもらった（稲垣眞美『日本のビール』中公新書、昭和五十三年）。これが評判を呼び、一般には「エビスビヤホール」とか「新橋ビヤホール」と呼ばれた。関税自主権の回復を残して条約改正がなり、内地雑居が実現した日に合わせた開店であった。一等煉瓦家屋二階三五坪にリノリュームを敷き、入り口を入った左側にカウンターを設け、ここにニッケル製のスタンドを据え、机や椅子はビヤ樽材のナラと凝ったしつらえであった。新鮮な樽ビールを一杯売りする仕法が評判を呼んだ。

初日は二二五リッターを売り上げ、二日目は二四五リッター、三日目はアメリカ義勇艦隊の日本訪問で将兵の入京日にあたり、この日はなんと四五〇リッターを売り上げ、連日繁昌した（『大日本麦酒株式会社三十年史』昭和十一年）。

「一風変われる恵比須麦酒の一杯売りが出来て、遠方からわざわざ馬車でやって来るほどの大繁昌、一日平均八百人内外の来客で、上り高百二、三十円に及ぶ由」（『報知新聞』八月二十六日、『明治ニュース事典』第六巻、昭和六十年、毎日コミュニケーションズ）という。ホールのなかは「四民平等とも言うべき別天地で、ちょっとしたお世辞にも、貴賤上下の隔ては更にない。ここへ這入ればただ誰も同じくビールを飲む一個の客で、その他には何の事もないのである。車夫と紳士と相対し、職工と紳商と相ならび、フロックコートと兵服と相接して、共に泡だつビールを口にし」（『中央新聞』九月四日、『明治ニュース事典』）、やがて去っていくのである。新橋駅の駅前、しゃれた造りではあるが、庶民的なところが受け、繁昌したのであろう。

開店から十二年目のルポが『東京朝日新聞』（明治四十四年九月十七日）に載っている。「汽車を待つ間の西洋人やら、日本ハイカラさんを呼んで居るが、階下に丸卓子九個並んで、階上にも十余りの円卓あり、フライでもカツレツでも取立て特色の有る味は無いが、初秋の秋の日暮んとする頃から、ビールの淡きを欲する男、ブランデーの強さを欲する人など、何処よりか来つて卓を囲む、電灯と瓦斯が光る上に、電車の響絶え間なく、此処も場所柄の落着きなく、追つ立てる様な都の雑音が聴覚を刺戟するが、夫れでも中には自若として、動かざること山の如く、へゞれける人少からず」という有様であった。室内は「鉢植の赤いのや盆栽の青いのや、大鏡小鏡の派手な装飾、独逸物らしい窓硝子に灯火の光反映して、如何にも都の入口には相応しい夜の眺め」であった。記者がいるあいだ「独逸人が来る、米国人が来る、丸髷が来る、手代が来る、学生が来る、旦那が来る、居ること一時間に男十六人、女三人、大概フライかコールビフで、麦酒の大も宜く出」たという。

評論家であり雑誌編集者であった青柳有美は、新橋駅で汽車を待つ間に開店間もない新橋ビヤホールでコップ売りするビールを飲みながら、店内を観察している。「或は煙を吹き或は抔《ママ》を挙げ、談ずるあり笑ふあり、〆て五十人にも余りぬべく、仲々の大繁昌なり」と伝えている。青柳がいうには、ここは酒のみの販売で、下の水菓子屋からリンゴの皮をむかせたのを持ってきたり、牛肉の缶詰を開けたりしていたという。部屋の周囲の壁には「ポンチ絵にて、主人公の恵比寿様は素より、種々さま〴〵なる儕輩《やから》の、泡だつコップ手にして、酔て躍るを画き彩れるさま」が描かれていた（青柳有美『女の話と男の話』大正六年、井上盛進堂）。

明治四十二年頃、ピアノとバイオリンの生演奏をおこなっていたことが松崎天民『東京の女』（明治四十三年、隆文館）に出て来る。演奏者は四竃蘭子、清子の姉妹、姉がピアノ、妹がバイオリンを担当し、毎週火・土・日曜日の夜に出演している。父親は四竃訥治、仙台藩士の出で、日本にはじめてマンドリンを持ち込んだ人として知られ、またエビスビヤホールに近い銀座七丁目の楽器商共益商社から発行された『音楽雑誌』の編集に永らく携わり、同商社から『清楽独習の友』（明治二十四年）、『管属楽器独習之友』（明治二十八年）を刊行している。母親小辰は琵琶奏者、明治二十七年に『古今雑曲集』（共益商社）、『薩摩琵琶歌藪鶯』（東雲堂）を出すなど、音楽一家であった。

●資生堂飲料部（ソーダファウンテン）

麒麟麦酒が銀座二丁目にビヤホールを出したのは、関東大震災後の大正十四年のことであった。

化粧品メーカーとして世界に誇る資生堂は、明治五年、出雲町一六番地において日本初の民間洋風調剤薬局として産声をあげた。創設者は福原有信、医薬分業を志向した我が国初の薬舗とされる。出雲町一六番地は現在の銀座七丁目七番地にあたり、ザ・ギンザ（資生堂）のあるところから西へ一本道路を入った角地にあり、店舗は明治五年二月の大火の際焼失を免れた家であった。

福原有信は嘉永元年（一八四八）、安房国松岡村に生まれ、元治元年（一八六四）江戸に出て、織田研斎の織田塾に入門、慶応元年（一八六五）に幕府医学所（後の大病院）に入って西洋薬学を学び、翌年同所の中司薬に起用された。維新の混乱でいったん郷里に戻るが、明治二年に再度上京し、大病院（のちの大学東校、東京大学医学部の前身）の中司薬に起用され、さらに海軍病院薬局長を務めたが、明治五年に海軍病院を辞して資生堂を立ち上げたのであった。

銀座通りに煉瓦家屋が完成すると、明治六年九月にまず出雲町一番地（現在の銀座八丁目八番地）の一等煉瓦家屋の払下げを受け、角地に回陽医院を開設し、その南隣に資生堂薬局を移した。ついで明治八年五月に出雲町一六番地の二等煉瓦家屋の払下げを受け、ここを居宅とした（「一等煉瓦家屋払下帳」および「二等煉瓦家屋払下帳」、東京都公文書館蔵）。しかし、明治九年に入ると資生堂の事業経営が苦しくなり、五月出雲町一番地の一等煉瓦家屋を安井清儀に譲渡し、資生堂薬局を出雲町一六番地の居宅に移した。このように苦しい時期が続いたが、明治十年の西南戦争とコレラの大流行により医薬品の需要が高まり、薬業界は活況を呈し、資生堂も危機を脱した。明治十三年頃、「神令水」「清女散」「金水散」「蒼生膏」「愛花錠」などの薬の製造販売を開始し、ついで明治十七年にペプシネ飴という胃腸薬を発売した。以後ペプシネ飴が主力商品となり、さらに明治二十一年には日本で初めての練歯磨「福原衛生歯磨石鹼」を発売、経営は順調に進んだ。妻の徳も早くから事業に参画していたが、有信はこの年に設立された帝国生命保険会社、常勤理事となったため、徳は多忙な有信を助けて事業の切り盛りをしている。そして明治二十九年に手放した出雲町一番地の家を買い戻した。現在の資生堂パーラーがあるところである。

明治三十年に初めて化粧品の製造を開始して、「品質最良の高級品」をモットーに「オイデルミン」「花たちばな」「メラゼリン柳糸香」を発売した。現在の化粧品王国を築くにいたるスタートラインである。調剤の事業とともに化粧品の事業も順調に進み、上流階級を中心に女性の固定客が増えたのにあわせて、明治三十五年に店舗の一角にソーダファウンテンという売り場をつくり、ソーダ水とアイスクリームを製造し売り出した（『資生堂百年史』昭和四十七年）。

福原有信は明治三十三年にヨーロッパに渡り、パリ万国博覧会を視察し、ついでアメリカに渡り、ドラッグストアにおいてソーダファウンテンやアイスクリームを売っているのにヒントを受けて開設したのである。資生堂パーラーの前身である（永井保・高居昌一郎編著『福原有信伝』昭和四十一年、資生堂）。

明治39年当時の資生堂　『資生堂ものがたり』（資生堂企業資料館、平成7年）より

有信はこれを始める動機について語っている。「明治三十三年に仏蘭西に博覧会がありまして、それを見に行きましたが、その帰途各国を廻つて見ますと、独逸帰りの人達が、独逸では薬局は薬だけしか売つて居ないやうな話だつたので私もさう信じて居ましたところ、実地を見ると薬ばかりではなく化粧品も売つて居ます。これは独逸ばかりでなく仏蘭西も矢張さうです。また米国では薬局でアイスクリームやソーダ水もやつて居るといふ仕末でした。さうしてアイスクリームやソーダ水を飲むには寧ろ薬局へわざ〳〵飲みにくるといふ次第でした。これは普通の飲料店よりも品質が良いといふわけなのです。その癖、薬局の方が値は高いのです。これに教へられて、帰朝すると早速、化粧品も売りアイスクリームやソーダ水もやること」(「銀座と私の店」『銀座』大正十年、資生堂)になったという。

貿易卸商で資生堂と関係のあった谷郁一佐は、『資生堂百年史』(昭和四十七年)にその頃の思い出を語っている。

明治三十四年の春ごろ、有信氏に会って話をしているうちに、話がたまたま有信氏の商売のことになった。有信氏は、薬局は開いたが、品物が少なく、店はご覧の通りあきが多いから、何かやりたいが、何がよかろうかときかれた。私は、貴君は欧米を回ったはずだね、と言うと、有信氏は昨年欧米を回ってきたばかりだと言う。ではアメリカのドラッグストアでソーダ水を飲んだことだろう、あれをやったらどうだというと、有信氏は横手をうって賛成した。

私はアメリカとの貿易をやっていたので、すぐ機械一式のことをリッピンコット商会へ問い合わせた。ところがその秋には、機械一式が、福原資生堂に届いてしまった。

そのとき私が感服したのは、有信氏の徹底ぶりであった。機械のほか、コップ、ストロウ、シロップ、サジに至るまで、一切合切取り寄せることにして注文を出してくれ、と言われたことであった。コップやムギワラくらいは日本でも間に合うではないかというと、氏は決してそうだねなどとは言わない。何でもかんでも向こうのものでなければというので、取り寄せたものであった。全く先見の明というべきで、あの薄手のみがいたコップなどは、それだけでも清潔な感じを与えるのに成功したのであった。それがまた、直ちに銀座の名物となった。

谷邨一佐「ソーダファウンテンの創設」

当初、アイスクリームが一五銭、ソーダ水が一〇銭で売り出した。当時氷水が二銭くらいだったので、ソーダ水一〇銭はかなり高価であった。このように化粧品とあわせ本物志向を目指した。谷邨一佐はつづけて「ソーダ水の客には新橋芸者を対象とし、ソーダ水一杯について、好評嘖嘖だったオイデルミン一本を景品とした。その上、酔客の喉の渇きを医す最上の飲物としてソーダ水を吹聴させ、お座敷から連れて来るよう芸者達に言いふくめる、といった方策をとった」という。こうして、おもに中流以上のお客を取り込むことに成功した。

ソーダファウンテンを開設した翌年の明治三十六年六月二十一日の英字新聞『THE JAPAN TIMES』にソーダファウンテンを「アメリカンソーダ水」(American Soda Water)として広告を掲載している。教えていただいたのは株式会社資生堂パーラーである。「新橋にお寄りの節は、新橋よりワンブロック北の資生堂において気分をさわやかにするソーダ水をお忘れなく」と宣伝している。この広告は今のところもっとも早い時期の広告であるが、広告の載った六月の邦字新聞六紙(時事・東京朝日・日本・二六新報・萬朝報・都)に当たってみたが、二六新報と都新聞に「福原衛生歯磨石鹼」の広告はあるものの、ソーダファウンテンの広告は見当たらなかった。当時英字新聞を読む人は、先ず外国人、知識人、大学生など限られた人たちであろう。高級志向を目指した意図が読み取れる。発売当時の評判を伝えるものは少ないようだ。

昭和六年末に刊行された『カフエー考現学』（日日書房）の著者村島帰之（大阪毎日新聞記者）は、福原有信の四男信辰（路草）とは正則中学の級友で、しょっちゅうソーダファウンテンに来ていた。中学時代であれば、信辰は明治二十五年生まれであるから、明治四十年前後の頃である。「その頃、店の角に、年中「アイスクリーム」の看板が出て」いたという（同書）。信辰は慶應義塾大学文学部に進み、のちに写真家としての道を歩むが、昭和十五年に資生堂取締役に就任、村島は早稲田大学に学びジャーナリストの道に進んだ。

時代は少し降るが、『珈琲求真』（昭和五十年、東京書房社）ほか多数のコーヒーに関する著書のある井上誠が思い出を語っている。学生時代はカフェー・パウリスタの常連であったが、「われわれは何《ど》うかして、資生堂にも入ることがあった」という。井上は明治三十一年生まれ、早稲田大学を出ているから、カフェー・パウリスタや資生堂飲料部に出入りしたのは、大正中期であろう。「資生堂のアイスクリームは十五銭か二十銭だったので、大奮発である。ピカピカと光る銀器——それは正真の純銀製だと思われていた——に盛ったアイスクリームは滑らかで冷めたい。その甘さとバニラとクリームの香は、清純な乙女のようであった。誰もが心の中で描いている恋人を想って、何もしゃべらずに黙ってなめた。側に美しく着飾った女と、その叔父か父親らしいのが、大きなコップでクリーム入りのソーダ水を飲んでいるのが、気詰まりであった。店を出てみんなほっとした」（『珈琲求真』）という。

作家の久米正雄は「飲物をとると云ふよりは、寧ろ伊達に入つた」（『微苦笑芸術』大正十三年）という。

開設当初のソーダファウンテンは、薬や化粧品を求める人たちやその家族が立ち寄った際に飲み、そのさわやかな飲み物と洋風な雰囲気が評判となり、繁昌につながったのであろう。

昭和三年、名称を資生堂アイスクリームパーラーとし、本格的なレストランに生まれ変わった。なお、資生堂パーラーを名乗るのは昭和二十九年のことである。大正期以降の資生堂飲料部については、戸矢理衣奈「広告としての資生堂パーラー」(『日本研究』第四十集、平成二十一年十一月)に詳しい。

●台湾喫茶店

竹川町(銀座七丁目)、銀座通り西側に台湾喫茶店があった。それと意識しなければ通り過ぎてしまう小さな構えの店であった。

大正十一年十二月六日から八日にかけて『大阪朝日新聞』台湾版(神戸大学付属図書館新聞記事文庫蔵)に「銀座の烏龍茶」が連載されていて、創業者と創業の事情がわかる。創業者は中沢安五郎、創業地は竹川町、明治三十八年十二月の創業であった。前年の四月三十日から十二月一日まで開催されていたアメリカ・セントルイスの万国博覧会において農商務省が日本茶とウーロン茶の宣伝のため喫茶店を開くことにし、米国滞在中の中沢に経営を任せた。中沢がウーロン茶とかかわりを持つきっかけであった。帰国後、前記竹川町に「廊下のやうな細長い家で女給も四人位極く貧弱な」店を開いた。「烏龍茶なんて聞いた事もない人が多いと云つた有様その上単に茶を飲ます事丈を商売にするやうな店はこの銀座に影も形もなかつたのだから最初の間は喫茶店ともウーロンとも称つて呉れるものがなく『妙な家』だとか『変な茶を飲ます家』だとか云はれてゐた」という。繁昌のきっかけとなったのが、明治三十九年上野公園で日露戦争勝利を記念して開かれた凱旋紀念五二共進会である。五二共進会というのは織物、陶磁器、金属器、製紙器、雑貨類の五品（五品会）に、あとから敷物類と彫刻の二品を加えて結成された五二会が主催する品評会であった。台湾総督府はこの催しに力を入れて台湾式の凝った喫茶店を作り、再び中沢に店を任せた。これが評判となり、銀座の店にも人が集まるようになった。

客筋の変遷も著るしく最初は黒田侯、堀田伯などを筆頭に華族連中の倶楽部のやうな観があつたが、中頃清峕太郎、蔵原惟廓、松本君平などの代議士連それに本多精一博士、杉村楚人冠、松崎天民君などが定連であつた事もあつたが、近頃では若い文士や美術家の出入するものが可成りあり、それに新聞雑誌記者等が入交つて熱い茶に咽喉を潤しながら文芸談や政治論に花を咲かす事も屢《しばしば》である、が、この永い間を通じて客の大部分を占めてゐるのは何と云つても学生連中だ、然し中学生の中には不良分子が多く自然女給との間に風紀を紊すやうな虞《おそれ》があるので、彼等に対してはなるべく冷たい待遇をして再び足を踏込ましめないやうにしてゐると云ふ事だ。

『大阪朝日新聞』台湾版（大正十一年十二月七日、神戸大学付属図書館新聞記事文庫蔵）

時代とともに客層が変わっていく姿がよくわかる。開店当初は華族を含め、代議士、学者らであったものが、やがて若い文士や画家たちがとって代わり、文士の卵たちへと移行し、やがて大正十一年頃には学生の溜り場となっていた。

銀座通りに散歩のついでに憩える場所として、函館屋と新橋際のビヤホールと資生堂薬局内のソーダファウンテン（明治三十五年設置）についで四番目にできたのが台湾喫茶店である。本格的なカフェーとして誕生したカフェー・プランタンより五年前のことだった。

開店初期の台湾喫茶店は落ち着いた雰囲気の喫茶店であった。人物評伝作家横山健堂は、台湾喫茶店で森鷗外の姿を捉えている。

吾輩、日暮、銀座街を散歩して、フト台湾喫茶店に入る。ツト店先を通り抜けて、中の間に入れば室隅《しつぐう》に、カーキ色の軍服着けたる一紳士あり。此の客は、店の方に、高窓ある壁を脊にして、長き腰掛に腰掛け、独字新聞を読みつゝあり。卓上に、軍帽と革の手袋と、数十枚独字新聞をしき置く。紳士は、稍《やや》、顔をうつむけに、読みつゝあり、両頬の端より、鬚の先き、刎ねて見ゆ、電灯パット閃めきて、見合はせば、鷗外也。聞く、此の時、彼は、医務局の帰途、精養軒に集会ある間の時を、此に過ごせるなり。〔中略〕彼は、俥上に読み、電車に読み、喫茶店にも読み、到処に読み、医務局の外、帯剣して、文学書を読む。

横山健堂『文壇人国記』（明治四十四年）

軍服姿の文人森鷗外が空いた時間をこの喫茶店で過ごす、ゆったりした時の流れを感じさせる。森鷗外の日記（『鷗外全集』第三五巻、岩波書店）明治四十四年四月十日の欄に「築地精養軒にゆく。〔中略〕夕に寺内大臣官第の宴にゆく。銀座台湾喫茶店にて横山達三に邂逅す」とある。達三は健堂の本名であり、健堂はこの時のことを書いたと思われる。前年の十二月十三日にも台湾喫茶店に立ち寄っていて、この時は小山内薫と吉井勇と逢っている。

吉井勇は、後年『歌境心境』（昭和十八年）のなかで台湾喫茶店の思い出をつぎのように語っている。

銀座の思ひ出のなかで、今でも心に残つてゐるのは、尾張町から新橋の方へ半町ばかり往つたところにあつた台湾喫茶店であつて、ここは近頃流行つてゐる茶房の草分けと云つてもいいやうな家であつた。小山内薫や市川猿之助などがよく往つてゐたところで、私が始めて原稿料を貰つた、「偶像」と云ふ短い一幕物の戯曲は、舞台面をここに取つたものなのであつた。後年出来たプランタンのやうな騒がしさがなく、奥の部屋などはその頃としては、瀟洒な装飾や簡素な調度で、何処やら老舗らしい落ちつきを見せてゐた。

のちに『銀座』（昭和二年、銀ぶらガイド社）を書く新聞記者の松崎天民は、大正二年頃の店の様子を次のように描写している。台湾喫茶店は竹川町から尾張町二丁目に移動しているが、その時期はわからない。おそらく五二共進会で評判が上がり、竹川町の店が手狭になって移転したものと思われる。松崎の文章は移転後のものである。

台湾産の樟脳やらパナマやら、烏龍茶《ウーロンちゃ》を売るが目的に出来た喫茶店とて、店の飾棚にも、入つた左手《ゆんで》の棚の中にも、売品ズラリと並んだ商店風、カフエーらしい色は少しも無いが、右手《めて》に置いたピアノに対して、時に廂髪《ひさしがみ》の十八九、或は高く或は低く、或は急に或は緩に、巌に激する浪の声や草間に喞《すだ》く虫の音《ね》や、こゝ紛雑騒擾の絶え間もない巷にして、天籟の妙音を聴くことあり。

お茶一杯にお菓子が付いて金十銭也、特別室は一卓二脚の内談に宜しくて、御一人前二十銭、別に仏蘭西式の料理も出来るけれども、大抵の客は芳烈な烏龍《ウーロン》の味を愛して、彼の御料理を好ませられず、東京十五区広しと雖も、烏龍の茶の煎じ塩梅、熱からず冷たからず、こんなに美味く召上ら

れますは他に無しと、

松崎天民『人生探訪』（大正二年、磯部甲陽堂）

常連ならではの描写である。永井荷風の『断腸亭日乗』の昭和六年十一月三日に台湾喫茶店の消息が載っている。この日は天長節（明治天皇誕生日）、雑踏を避けて、夜になって銀座にきてみると、台湾喫茶店の跡は尾張町角にあったカフェー・ライオンが移転してきていた。荷風は昔を回顧して思い出の台湾喫茶店を書き留めている。

荷風は、明治三十七年には米国滞在中で、セントルイスで万国博覧会が開催されていた。開催中何度も足を運んだ荷風は、日本庭園内に設けられた茶業組合の売店で働いていた芸者とも顔なじみになっていた。帰国後、明治四十一年に偶然台湾喫茶店の店頭でその女性と再会した。元新橋の芸妓であったという女性はこの店の「主婦」であった。この「主婦」は中沢の妻におさまっていたのであろうか。「台湾喫茶店の最繁昌せしは明治四十三年頃なるべし、茶汲の女七八名、いつれも美人にて、ライオン酒店の女ボーイと並びて嬌名を走せたり、其頃には女給とは云はず女ボーイと云ひしなり」と思い出を書き留めている。女給は、「女ボーイ」といい、制服はサロン前掛けをし、幅のある紐をうしろで結んで、端を長くたらしていた。

次の文章は、歌人金子薫園が覗き見た大正五年頃の情景である。

台湾喫茶店の扉《ドアー》が明いてゐて、そこから、暗い華やかさと言ひたいやうな灯影が流れてゐる。烏龍茶《ウーロンちゃ》とバナ、煎餅とを客に供する給仕女の白く肥えた手の先きが、同じ色の白いレースの汗取りにくゝられて、軽く持ち扱はれてゐるのが見える。黒い瞳にかぶさるやうな長い睫毛は、持ち運んで行く盆の上に伏せられてゐる。椅子に凭《よ》つて後《うしろ》を見せてゐる客は、卵色の麻の服を著て、卓子《テーブル》の上にパナマ帽が置かれてある。こゝろもち肩がいかつて、黄ばんで青白い頸筋の色に、劃策に来た支那の革命党の一人のやうな気がした。卓子《テーブル》の上に今置かれた茶と煎餅とを手に取らうともせずに、腕組みをして考へてゐる。

金子薫園『自然と愛』（大正五年、新潮社）

数年後に店の造作は変わったようであるが、昔を懐かしむ記事が『講談雑誌』に載っている。

昔この店が現在のやうな建物とならなかつて、倉が特別室とか貴賓室とか名づけられ、支那人か台湾の貴族かと思はれるやうな顔つきをしたお客さんが、竹で編んだテーブルを囲み、竹の椅子に腰かけて葉巻《シガー》を薫《くゆ》らしてゐたり、ずつと奥に離室《はなれ》のやうな部屋があつたり、狭いながらも、青い葉の涼しさうに触れあつて鳴る庭のあつた頃の店が懐しまれるどこかに落ちつきのある店で、お茶を喫《の》みにくるには適《ふさは》しい店であつた。今でも芭蕉煎餅の紅白二枚つき角砂糖二つついてのお茶の十銭は、パウリスタの珈琲とゝもに負けずに安いには違ひないけれど、やつぱり昔の時の方が味のよい香のよいお茶を喫ませてくれたやうだ。

柳銀之助「東京カフエ物語」『講談雑誌』（第六巻第六号、大正九年六月）

世に出るか出ないかの時代の文士たちの溜り場でもあった。カフェー通になる酒井真人もここの常連であった。酒井は「文壇カフェ盛衰記」（『中央公論』昭和四年九月）に「ウーロン茶には私も密接な思ひ出を持つてゐるが、一時こゝは宇野、広津、久米、谷崎精二氏等の交情のサロンであつた。私は毎晩通つたものだが、こゝに誰れか文壇の人を見ぬ晩は殆どなかつた」と書いている。

そのひとり広津和郎は新進作家になる前、神楽坂、浅草のカフェーに出入りしていたが、もっとも足繁く通ったのが台湾喫茶店であった。本人は否定しているが、カフェー通として知られる広津が『中央公論』の記者から「カフェー新哲学」を書けと依頼されて、漫談くらいなら書くとして書いた「カッフェエ漫談」（同誌、昭和五年九月）のなかで台湾喫茶店に触れている。

我々が最も多くカッフェエを歩いた当時、一番足を多く向けたのは台湾喫茶店である。この店は今でもあるが、併し主人夫婦が競争心がないためか、はやつてもはやらなくても超然としてゐる。併し昔はなかなか盛んなものだつた。近藤経一の『第二の誕生』で有名なお夏つちやんのゐた頃は、我々がウーロン党になつた時よりももう少し前で、その当時も盛んだつたが、我々が集まつた頃も亦全盛だつた。［中略］

このウーロンには地震前までは、二階に特別室があつた。確か十銭か二十銭の金を払ふと、そのスペシヤル・ルームで、二時間でも三時間でも、本を読んだり、原稿を書いたりしてゐられた。ウーロン茶一杯で、何時間腰かけてゐても、おかみさん（この人は奥さんと呼ばれてゐるが）は厭な顔一つしなかつた。まことにノンビリした好い気分の家だつた。――震災後は二階を止めて、階下だけになつて、せせこましくなつたので、行く気がしなくなつた［後略］。

近藤経一は、明治三十年東京本郷生まれで、京華中学を卒業して浪人中に台湾喫茶店に出入りし、その有夫の女給お夏に思いを抱くが、お夏から振り回される顚末を書いたのが『第二の誕生』（大正八年刊）である。近藤は東大国文科を出、作家となるが、カフェー通として知られる。

谷崎潤一郎の弟谷崎精二は、「気弱で、極り悪がりや」で、なかなか一人でカフェーに入れなかったが、「ウーロン喫茶店」が唯一例外だった。早稲田大学で同窓だった広津和郎とよく連れ立って文学談義をして疲れると、どこかで休息する必要があって、そんなところからカフェー歩きが始まったという。始めは広津がその頃編輯に携わっていた『第三帝国』という雑誌の編集所の側にあったランボウというカフェーによく連れていかれた。それからカフェー・アカサカや日比谷カフェーなどに顔を出すようになり、行き着くところは銀座であった。広津、谷崎ともに二六、七歳の頃というから、大正六、七年頃である。谷崎は二年間ほどよくウーロン喫茶店に通い、ウェイトレスとも顔なじみになった。ここで広津、宇野浩二、久米正雄や佐々木茂索らと落ち合った。谷崎は「私のカフェー熱はウーロン時代が絶頂であったらしい」といっている。

私がカフエーに足が遠くなつたのは、結局私がもう青年でなくなりかけた証拠かも知れない。実際今のカフエーは余りに青年の集合所であり過ぎる。疲れた者が一杯のコヒイに憩ひを見出す為めの設備ではなくして、青年がいやが上にも元気を奮ひ起し、味覚と、聴覚と、視覚と、或ひは其れ以上の官能の満足を求めん為めの、刺戟の強い娯楽場である気がする。中年者がそれ〴〵の孤独をそつと持ち寄つて、ゆつくり落着いて居られるカフエー、さうした物がそろ〳〵私には必要になつた。

（谷崎精二「カフエーの話」『文藝春秋』（大正十四年四月））

宇野浩二は、大正九年頃、晩年の夫人となった星野玉子とここで知り合った。その時期は村田キヌと結婚した時期と前後する。「蔵の中」（大正八年四月）、「苦の世界」（大正八年九月）を発表し、新進作家として認められた頃である。

カフェー・プランタンの天井や壁の落書は有名であるが、メゾン鴻乃巣でも日本橋食傷新道時代に題字に「案山子帖」と記した落書帖が一抱えもあったという。書画あり、詩歌あり、ポンチ絵あり、散文ありで、ここを利用した若き文学者、画家たちが酔った勢いで書きつけたものである。今残っていたならば貴重な文学資料になったであろう。台湾喫茶店にも落書帖が置いてあった。「備へ付の落書帖、絵あり、写真あり、詩歌あり、散文あり、帝大、慶應、早稲田の学生から、三田文学、スバル、創作の同人を初めとし、正宗白鳥、谷崎潤一郎、生田葵山、高浜虚子、山崎楽堂、坂元雪鳥などの署名を見ること稀ならず、職掌柄なればにや、界隈の新聞記者が書いたもの最も多く、然も素ッ破抜きの楽屋落とて、知らぬ人には興薄し、徳田秋声の来ることとあり、長田幹彦の飲むこととあり。帝劇の新女優は第二流、村瀬の蔦ちゃん、花岡の蝶さん、東の日出公などが来て、例の特別室に香水の匂を立てながら、盛にパク付く事もあれど、落書帖の狼藉見ては恐ろしくて逃げやもせん、」（松崎天民『人生探訪』）という具合である。冷やかし気分で書いたものもあったのだろう。

永井荷風の日記にあるように、昭和六年十一月三日には台湾喫茶店の姿は消えている。

2　カフェー誕生

●カフェー・プランタン

日本ではじめてカフェーを名乗った店を出し成功したのは銀座のカフェー・プランタンである。

ミルクホールやビヤホールでは殺風景だし、待合では困る連中が多い。何処か悠々と話し込むだり、人を待合せたり出来る欧羅巴《ヨーロッパ》のカフェーの様な所が一ツ欲しいもんだと、我々が集ると話に出た。

松山省三「プランタン今昔」『文藝春秋』（昭和三年九月）

こう語るのはカフェー・プランタンの創設者のひとり松山省三である。松山は、画家仲間の平岡権八郎と共同で明治四十四年三月頃、日吉町二十番地の元撞球場日吉亭跡地にカフェー・プランタンを開店した。ここは現在銀座八丁目六番地内並木通り東側に面したところにあり、新橋北地の花柳街に囲まれていた。左斜め前には国民新聞社があり、カフェー・プランタンの左隣には日勝亭という撞球場があり、裏手は芸者置屋が軒を連ねていた。また、並びには待合があり、向かい側の七丁目寄り角には日吉組という人力車宿があり、六十人ほどの車夫を抱えていて「新橋南北の三百四十余軒の芸者屋と二百五十余軒の待合料理店との間を往返して二六時中活動を続けて」いるというような土地柄であった（「日吉町名物の日吉組」『都新聞』大正七年二月六日）。

松山省三は、明治十七年、広島藩士渡辺又三郎の三男として生まれた。父は明治維新後、代言人となり、また広島県会議員、広島市議会議員を歴任、第一回衆議院総選挙では広島第一区から立候補し、当選している。カフェー・プランタン開店の頃は広島市長を務めていた。

省三は、東京美術学校（現東京芸術大学）で西洋画を学び、卒業後、いったん郷里に帰り、弁護士松山広居家に養子に入り、英子と結婚。明治四十二年に上京し、画業に励むかたわら、小山内薫と二世市川左団次の創設にかかる自由劇場の第三回公演ゴーリキー作「夜の宿」（明治四十三年十二月）の舞台背景画の製作を手伝っている。当時の西洋画を目指した画家たちが皆憧れたパリ留学は家庭の事情でかなわなかったが、パリの話を聞くにつれ、パリのカフェーのようなものを作りたいと思っていた。歌舞伎役者の河原崎国太郎は省三たちが上京してすぐに生まれた長男である。プランタンは国太郎の遊び場でもあった。

平岡権八郎は、明治十六年、竹川町の料亭「花月」を経営する平岡廣高の弟半蔵の長男として生まれ、廣高の養子になり、花月の跡取りとなった。最初は小料理屋であったが、明治二十年十月十六日、花月楼を名乗って、「便利懐石料理」屋を開店させた。注文にない品は出さず、出前もおこなっていたが、明治時代なかばから昭和十年代にかけて銀座随一の料亭として栄えた。

平岡権八郎は、最初鈴木華邨、竹内栖鳳に日本画を学んだあと、洋画に転じ、白馬会研究所で黒田清輝に師事し、文展、院展にも入選した画家でもあった。松山が自由劇場の公演で舞台背景画の製作を手伝っているのに対して、平岡は帝国劇場の舞台装飾を手がけている。また、のちに新橋演舞場の取締役となり、昭和九年には、完成したばかりの丸の内の明治生命館地下にカフェーレストラン・マーブルを開店している。料亭経営者と画家の二足の草鞋を履いて生涯を閉じた人物として知られる（岡部昌幸

「支配人席に立つ画家・平岡権八郎とその画業――新出の《裸婦坐像》を中心に」『帝京史学』二八号、平成二十五年二月)。

松山、平岡らは、パリ留学の経験のある黒田清輝などからヨーロッパでのカフェーの存在とそこでの芸術家たちの活動の様子を聞いていた。フランス、パリのモンマルトルのカフェ・コンセールやロドルフ・サリーが開いた「シャー・ノアール」(黒猫)などにおける画家、文学者たちの動静が話題にでたのであろう。そして明治四十三年の夏に日本橋の鎧橋袂に開店した本格的な西洋料理店兼バー「メゾン鴻乃巣」が「パンの会」の芸術家たちの溜り場になり話題になっていたのに、刺激を受けたのであった。

河原崎国太郎が語るところによると、カフェー・プランタン開店の話は小川内薫、松山省三、料亭花月楼の息子平岡権八郎に歌舞伎俳優の喜熨斗(市川団子・のちの二代猿之助)らの間で出て、小山内を除いた三人が出資することになったが、喜熨斗が出資できなくなり、まず降り、松山が養家先の松山広居の遺産の土地を売って開店にこぎつけた。店の名前も仲間内で話し合った。「カフェ・リーベル」としたらという話もでたが、この年の一月、大逆事件の判決が出て幸徳秋水らが死刑となった直後であり、リーベル(自由)では左翼臭が強く、春の季節に開店ということで「カフェー・プランタン」となった。命名者は小山内薫といわれるが、衆議一決というところだろう。二尺大の黒塗りのパレットに金文字でCafé Printempsと横文字で書かれた看板が正面に掲げられた。表からラセン階段で二階のベランダに上がられた。ベランダには草花がいっぱい並べてあった。一階の壁を畳表で張り巡らし、上部と天井は白一色に統一した(河原崎国太郎『女形芸談』昭和四十七年、未來社、『女形半生記』平成三年、新日本出版社)。

松山省三と平岡権八郎が共同経営者の立場で、小山内薫を顧問とし、開店のはこびとなった。カフェー・プランタンの場所は平岡の料亭花月から二〇〇メートルと離れていないところにあり、おそらく平岡が見付けてきたのであろう。国民新聞社の向い側にあたる。松山省三は、岩波版『荷風全集』月報11（昭和四十六年十二月）所載の「カフヱー・プランタン」に「プランタンの前身は、佃政親分の息の懸っていた玉突場だった。二階は博奕場として使われていたものらしく、六畳八畳の部屋の畳を上げると、穴が開いていて、突嗟の逃げ口になっていたりした。その建物を花月楼の息子で絵の仲間の平岡権八郎と二人で借りたのだ。［中略］建物は、当時流行のセセッション・スタイルで、イギリス帰りの建築家矢部さんが改造してくれたもの。家賃は四十五円位だったろうか」と書いている。二階は和室三室（数年後に改造して食堂になった）、一階は椅子席であった。岸田劉生や岡本帰一らが柱や壁のペンキ塗りを手伝った。

マネージャーは英語教師であった近藤栄蔵がつとめ、妻英子は帳場を仕切った。近藤栄蔵は明治三十五年に渡米、カリフォルニアで片山潜と親交を持ち社会主義運動に入り、大正十年には暁民共産党の結成に参加した男であるが、一番客扱いがうまかったという。

いってみれば、松山も平岡も絵描きであり、いわば素人が始めたようなものであり、また世間もカフヱーの何たるかを知らない時代であったので、維持会のような、倶楽部会員を募った。ここらの事情を紹介したもののうち、もっとも古いと思われるのは、新聞記者だった松崎天民の『人生探訪』（大正二年）であろう。

松崎は維持会のメンバーとして「歌の勇（吉井）、劇の薫（小山内）、舞台の猿之助（市川）、小説の白鳥（正宗）、荷風（永井）、葵山（生田）など定連として、岡田三郎助一派の画家、天狗倶楽部の猛者達から、八千代（岡田）女史、時雨（長谷川）女史、下つて帝劇の女優では森律子、河村菊枝など、夜更けて男連の御入来、様々の喜劇やら笑劇やら見られるとて、俳優学校の生徒、早稲田の学生など」（カッコ内は引用者注）、さらに芸者を挙げている。「天狗倶楽部の猛者達」とは作家で野球好きの押川春浪が中心となり、早稲田大学野球部ＯＢと新聞記者たちが集まってつくられたスポーツクラブであった。

松崎の著述から十八年後の昭和六年に出た安藤更生の『銀座細見』にはより多くの名前が挙げられているが、『安藤更生 年賦 著作目録』（昭和四十七年）によれば、安藤更生は明治三十三年生まれ、カフェー・プランタンが開店した明治四十四年は数え年で十二歳の時である。安藤更生は早稲田中学、東京外国語学校、早稲田大学と進み、中学時代からの恩師会津八一のもとで奈良美術の研究に打ち込むかたわら、大正十四、五年頃からカフェーに足繁く通うようになる。年譜の大正十五年の項に「この頃、辻潤、長岡義夫、百瀬二郎、板橋敏行・倫行兄弟、山田彦一郎、田島晴一郎らと銀座のカフェ・ライオン、プランタン、タイガー、或は新橋際の荒七に通うこととしきり、毎夜の如し」とあるが、彼が初めてカフェー・プランタンに入ったのは大正四年十六歳の時という。早熟な少年であったことはわかるが、カフェー・プランタン開店の詳しい事情など知る由もなかったろう。カフェー・プランタンに関する知識はおそらくカフェーに足繁く通うようになってからの見聞によるものと思われる。あらためて維持会のメンバーについてみてみよう。

会員には、画家では黒田清輝、岡田三郎助、和田英作の師匠格をはじめ、先輩、友人に会員になってもらい、美術学校の教授も多数加入した。文学者では、森鷗外をはじめ、柳川春葉、岡本綺堂、永井荷風、正宗白鳥、小山内薫、島村抱月、生田葵山、池田大伍、木下杢太郎、高村光太郎、北原白秋、谷崎潤一郎、中沢臨川、吉井勇、萱野二十一（郡虎彦）、長田秀雄、長田幹彦、押川春浪、安成貞雄、水谷竹紫、平塚断水、阿武天風、正岡芸陽、女性では長谷川時雨、岡田八千代、尾島菊子などであった。雑誌・新聞関係では、針重敬喜、遅塚麗水、松崎天民、中内蝶二、田村三治、和気律次郎、岡田復三郎、松永敏太郎。小山内薫、市川猿之助のつながりで市村羽左衛門、市川左団次、伊井蓉峰の俳優たちが名を連ねた。当時新橋で有名な五人組、栄龍、利光、小夜子、老松に静江の芸者衆。のちに評判を聞いて講談師の細川風谷、歯医者の寺木定方や政治家の横山勝太郎、広岡宇一郎、樋口龍峡、前田米蔵らが入ってきた。メゾン鴻乃巣の常連と重なる人たちが多い。

カフェー・プランタンの場所が新橋花柳界の中心なだけに、この方面の後援も必要ということで、新橋、赤坂、芳町などの芸者衆にも声をかけた。さらに政治家なども加わり、二百人近くになった。

早稲田大学を出、新聞雑誌に雑報を書いていた生方敏郎は、『文章世界』（大正二年九月号）に「Café Printempsと有楽座」（「文壇暗流誌」四）を書いている。近代演劇の黎明を告げる文芸協会や自由劇場、芸術座が上演したシェークスピアやイプセン、メーテルリンクなどの作品は有楽座や帝劇で上演された。「幕合の休憩時間に廊下へ出ると宛《さなが》ら紳士録と明治文学史とを繰り広げて読むやうで」あり、「文壇の名士達の倶楽部」のようなものだったという。そして「午後十時に有楽座が踏《は》ねたなら、真面目なる芸術家は郊外へ帰れ。尚ほ暫くでもドライ、アズ、ダストな家庭へ帰り度くない者は、数寄屋橋を渡つて少し行つたところで右に折れカツフエ、プランタンへ足を運ぶであらう。此所の料理は格高だけれど、そのサラダ、プランタンは味佳くそのコクテールは多くの耽溺派を誘惑して親不孝の橋を渡らせた」と書いている。出来たばかりのカフェー・プランタンは、有楽座や帝劇に近く、芝居の余韻にひたり、劇評に議論を交わす場所として唯一の場所であったといえよう。

二階の和室三室は全部会員に提供した。午前十一時頃になると、一人来、二人集まり、夕方には数組の文学青年男女のグループができ、世間からは当代文芸家の巣窟のように見られた。階段の欄干には和田英作や、松山、平岡らがカリカチュアを画き、そこに楽屋落ちの言葉を添えるなどして騒いだ。白の壁や天井は瞬く間に落書きで埋まった。モンマルトルのカフェー「シャー・ノアール」の情景と重なる。本頁の写真は明治四十四年六月号の『文章世界』に載ったものであるが、不鮮明で誰を画いているのかわからないのが残念だ。常連の一人吉井勇は次のように回想している。

何しろ天井にも壁にも、一面にめちやめちやに落書がしてあつて、莨の煙の濛々と立ちこめた間から、上山草人描くところの、まるで雲龍のやうな自画像が見えたり、誰が書いたか分らないが、酔墨淋漓として「花柳元是共有物」などと云ふ乱暴な文句が読まれたりする、異色のあるカフヱのことだつたから、夜が更けるにつれてだんだんそこには、今ではもう味ふことの出来ないやうな、妖しくも美しい神秘的な空気が、おのづから醸し出されて来るのだつた。そしてまたそこにはひとりでに、臨川、春浪氏等のやうな酒ばかり飲んでゐる爛酔派と、荷風、薫氏等のやうな珈琲を啜つてゐる静観派と、客にも二つの流派が出来て、不思議な対象を見せてゐた。しかしそれも終ひには、春浪君が泥酔して大に暴れ廻つて以来、荷風氏が先づ姿を見せなくなり、結局だんだん静観派の連中は、足が遠のくやうになつてしまつた。

カフェー・プランタンの店内の落書き 『文章世界』(明治44年6月号)より

吉井勇『相聞居随筆』（昭和十七年、甲鳥書林）

吉井勇は、この本を出した昭和十七年より十二年前の昭和五年に、昼下がりのカフェー・プランタンの情景を描いている。

珈琲の香にむせびたる夕《ゆふべ》より夢見るひととなりにけらしな

一面に絵や詩や俳句などが、何かの模様のやうに楽書してある壁の前で、私はぼんやりもの思ひに沈んでゐた。夜は煙草の煙や酒の匂ひで、息苦しい位濁つてゐる空気も、昼はしめやかに澄んでゐて、白い布を懸けた卓子《テーブル》の上に置いてある、鉢植の蘭の花の薫りが、胸の底まで染むやうに思へた。紅灯の巷に近いところではあるが、午《ひる》さがりの今頃の時刻は、かへつて夜よりも静かな位で、自動車もない時分のことだから、時々往来を通る俥の鈴《りん》の音と、コック場の方から太い低音《バス》の鼻唄の声が、聴こえて来る位のものなのだつた。

かなり長い間酒ばかりが続いてゐたので、私はその日はもう杯を見るのさへ厭だつた。で、いつになく珈琲を吩咐《いいつ》けて、それが運ばれて来る間、隅の方の椅子に腰を下ろした儘、ぢつと考へ込んでゐたのである。昨夜まで一緒に酒を飲んでゐた臨川氏や春浪氏の酔眠朦朧とした顔を思ひ浮べ乍ら。

「馬鹿野郎」

そのうち不図私は耳の傍へ、酔ふといつもさう云つて怒鳴る癖のある臨川氏の声が、聴こえたやうに思つて顔を上げた。が、そこに笑ひながら立つてゐるのは臨川氏ではなく、近頃ここに来てゐる美しい女給が、私がさつき吩咐けた珈琲を運んで来たのだつた。

「如何《どう》なすつたんです。お眠さうですわね。」

「ああ、ずつと飲みつゞけてゐたもんだからね。」

「いけませんわね。昨夜もずゐぶん酔つていらつしやいましたわ。」

女は笑ひながらさう云つて、珈琲の茶碗をそこに置くと、直ぐに向うに往つてしまつた。そしてそこには咽《むせ》ぶばかりに高い珈琲の薫りが、蘭の花の香と一緒になつて、ひどくすがすがしく残されてゐた。


吉井勇「カフェ三題」『女性』（昭和五年五月）

夜の喧騒、歓楽とは打って変わって静かな空気が流れ、女給の対応も控えめである。

松崎天民は『淪落の女』（大正元年、磯部甲陽堂）のなかで、「若い色気のある女は、カフエー、ライオンにも居る、ウーロン、チーにも居る、浅草のよか楼にも居る。種々《いろいろ》の料理店《レストラン》が、料理以外に、別に、若い美しい女を看板にして、客を引かうとして居る中に、単りカフエー、プランタンが、各階級のメンバーと、飲食を主とする人々にのみ依つて、激しい生存競争の中に立つて行かうとして居るのを、私は風変りで宜いと思つて居る」としている。カフェー・プランタンはヨーロッパ風のカフェーを目指し、それを良しとして集う人々の交流の場であったのである。

階下のバーには各国の酒を揃え、カクテルにして出した。松山はシュークー・ポットで二、三のリキュールを混ぜ、氷で冷やした液体をカクテルグラスに注いで出す時、何となくマジック的な興味を自他共に感じたという。酒の糖分の比重で簡単にできる五色の酒も当時は秘伝のように伝えられていた時代で、日本橋小網河岸にあったメゾン鴻乃巣で青鞜社同人の尾竹紅吉が「女だてら」に五色の酒を飲んだと騒がれ、一躍有名になったが、カクテルもメゾン鴻乃巣やカフェー・プランタンで一般化したのである。

留学帰りの人たちも続々やって来た。醒めやらぬパリの夢を追うために来たのであるが、どれだけ満足したのであろうか。洋行帰りの法学者松本烝治はドイツで飲んだ白ワインの味が忘れられず、近くの銀座七丁目の西洋酒食品店亀屋に問い合わせるとホックハイマーがあるというので、大喜びで取り寄せて飲んでみると、ドイツで飲んだものと比べものにならなかったそうで幻滅の悲哀を味わったという話がある。

パンの会の時代、日本橋界隈にヨーロッパのカフェーの情調を求めて探し回った木下杢太郎も、日記をみると、明治四十四年五月十二日にカフェー・プランタンに寄っている。そこへ永井荷風と藤間八重次らがやって来た。二人は「三田文学」のことを話し合った。ついで二十一日深夜にカフェー・プランタンで荷風、生田葵山、吉井勇らと「大さはぎに話して」いる。二十五日も大学の帰りに丸善に寄ってカフェー・プランタンにいく。そこには小山内薫、吉井、荷風、生田、市川猿之助らがいた。「二階と下とを一種の expression（表情——引用者、以下同じ）を以て Stutzer（ダンディ）やら femmes（女性）やらがのぼり下る」する様子を書き留めている。六月三日の午後、散歩のついでにプランタンに寄ったが顔見知りはいなかった。このようにかなり頻繁に通っているが、六月五日の日記には「小山内は木綿の藍と紺とのほそい棒縞をきてゐたが、ああいふ curiosity（好奇心）をするといふ kindisches（子供じみた）があるのだ。いやな所だ。島村もきてゐたが話さなかつた。猿之助も居たがなれ〳〵しい口をきいていやな奴だ。平出もゐた。文学をやる連中はよそから見ると、みんな出来損なひのいやな奴等ばかりだからそういふ己も人がみたら鼻持のならぬ奴だらう」と、個性の強い人物の中にいる自分にも嫌気がさしたか、「もうCafé Printempsなどへゆきたくない」といい、日記からカフェー・プランタンの文字が消えている。

永井荷風も開店と同時に常連の一人になった。荷風は、アメリカ、フランス滞在から戻り、新帰朝者としてつぎつぎと作品を発表、森鷗外や上田敏の推薦で慶應大学の文科の教授に就任したばかりの時であった。荷風は「申訳」(『中央公論』昭和八年四月号に「文反故」として発表、執筆は昭和二年十月)でカフェー・プランタンについてつぎのように書いている。

そも〳〵僕が始て都下にカッフヱーといふものゝある事を知つたのは、明治四十三年の暮春洋画家の松山さんが銀座の裏通なる日吉町にカッフヱーを創設し、パレット形の招牌を掲げてプランタンといふ屋号をつけた際であつた。僕は開店と言はずして特に創設といふ語を用ひた。如何となれば巴里風のカッフヱーが東京市中に開かれたのは実に松山画伯のAU PRINTEMPSを以て嚆矢となすが故である。当時都下に洋酒と洋食とを鬻ぐ店舗はいくらもあつた。又カウンターに倚りかゝつて火酒を立飲する亜米利加風の飲食店も浅草公園などには早くから在つたやうであるが、然し之を呼ぶにカッフヱーの名を以てしたものは一軒もなかつた。カッフヱーの名の行はれる以前、この種類の飲食店は皆ビーヤホールと呼ばれてゐた。されば松山画伯の飲食店は其の実に於ては或は創設の功を担はしめるには足りないかも知れぬが、其の名に於ては確に流布の功があつた。

文中に明治四十三年とあるのは明治四十四年の誤りである。永井荷風は、明治四十四年六月号の『三田文学』に「即興」の詩「Au Café Printemps」を載せている。

碧梧桐《あをぎり》の若芽に雨はしたゝり
ガスの火影に柳が泣く
日吉組通りの初夏の夜半《よふけ》。
日吉町の溜りには若い衆も出払ひて
国民新聞社の輪転機はおめきつゝ
徳富先生の政府万能主義を歌ふ時。
姉さん達が帰り車の鈴の音せはしく、
追分や新内の流しも消えて、抱へ子が
時間過ぎてのお座敷へいそぐ時。
碧梧桐の若芽に雨はしたゝり
ガスの火影に柳がなく
日吉町通りの初夏の夜半。
カツフエー、プランタンのばら色の
壁にかけたる名画の下
芝居帰りの若き人々の一群《ひとむれ》が
鉢物の異国の花の香に迷ふ
異国の酒の酔心地。

マカロニとモカの烟は立昇る
カツフヱー、プランタンの窓の外
日吉町通りの初夏の夜半
ガスの火影に柳はなき
碧梧桐の若芽に雨はしたゝる。

そんなある日、荷風は、生田葵山、親友の井上唖々と共に、有楽座の女優、それに後に結婚することになる八重次（藤蔭静枝）を伴ってカフェー・プランタンに立ち寄った。ここでちょっとした事件が起きた。

荷風は、「申訳」のなかでその経過を述べている。入り口に近いテーブルで小説家の押川春浪が数人の仲間と飲んでいたところへ荷風たちがやってきた。フランスから帰って来たばかりの荷風は、春浪とは旧知の仲でもあり、女性といっしょだったので、フランス流に春浪たちに挨拶をせずに二階へ上がった。そこで荷風たちが談笑していると、春浪が男を引き連れてずかずかとやって来て、まず井上に喧嘩をうりはじめた。荷風は女性たちに耳打ちをしてさりげなくその場を去った。春浪は荷風が女性二人と行き付けの茶屋に引き上げたと思い込み、それと推測した茶屋に乱入して、戸障子を蹴破り、使用人に手傷を負わせたというものだった。

これを聞いて、荷風は春浪とは断乎として交際を絶ち、カフェー・プランタンにふたたび入ることはなかったのみならず、当時カフェー・ライオンが開店したての頃であったが、「銀座辺の酒肆」には一切足を踏み入れないこととした。

荷風がこの一件を書いたのは昭和二年とされる。当事者のひとり生田葵山は、資生堂編『銀座』（大正十一年）に「其の頃のプランタンの燈」なる一文を寄せて、この騒動をかいているが、荷風の描写と微妙に異なる。

私は一夜其処で押川春浪君から喧嘩を挑まれたことを想ひ起す。私と荷風君とが有楽座の新劇を見ての帰途に、偶然に逢つた女優の一人とプランタンの御定連の八重次と一所にプランタンに立寄ると、其処に春浪君が阿武天風君と、其れから私等の知らない若い人二人と一所になつて居た。押川君の酔が烈しいのと、知らぬ人が其の席に交つて居るのと、其れに此方が女連れなので、其の側を避けて二階へと上つて往つたのであつた。後に判つたが、其れが春浪君には気に入らなかつたのである。漸次すると押川君は上つて来て、私達の側に座つて、盛に永井君と私とを罵倒し始めた。利かぬ気の八重次が口を出すと声は更に大きくなつた。すると階下から何と思つてか、私達が全く知らない其の若い男二人が上つて来て私達の席へ割込むで来た。盃を呉れとばかりに傍若無人の挙動をするのであつた。私達が帰らうとすると、其の若い人は拳を振上げ出した。幸ひ阿武天風君がまだ酔つて居なかつたので、そんな人は制せられて誰も打たれはしなかつたが、其の為め荷風君と春浪君とは永い間の仲善い交際が暫時途絶えた。

井上啞々の名がなく、阿武天風が止め役になっている。

さらに大正元年九月十五日号の週刊誌『サンデー』に「Gペン子」なる人物が「文士と酒場」という文章を書いている。筆者は「爰《ここ》に一つの珍談がある。時日と場所とだけを暫く預かつて置くが、」と断わっているが、あきらかにこの一件のルポである。

ある夜十二時にも程近い頃とあるカフエーで、何づれは筆を持つ人らしい連中の一組が盛んに洋酒の満を引いて居たと思ひたまへ、一組の誰もがそろ〳〵呂律も怪しくなりかけた時分に、芝居の帰りとも見える二人の若い紳士が二人の美形を連れて這入つて来た、が、酔つた一組の方をチラと見るとソ、クサ二階へ昇つて行つてしまつた、

連れられた二人の美形が巴家の八重路と女優の小泉某であることは一同に直ぐと分かつたが、二人に若い紳士に就いては一向知る者が無い、すると一組の中心になつてゐる年長者と見えるのが隣の男に、「あれが永井荷風と生田葵さ、」と告げた、隣の男は其を聞くとヨロ〳〵と立ち上がつて「あなた御存じなら僕を紹介して呉れませぬか、」

「よろしい、」と話は直ぐに纏まり、二人は連れ立つて二階へ昇つて行つた

二階は四人の独占場、今しも何か乙なところを注文しようとしてゐる処へ、恰も無人島からでも出て来たやうな、むくつけき二人の男が、無粋にも昇つて来て「永井君！生田君！僕の友人を一人紹介するッ」とトロンコ眼で二人の紳士を見比べながら、怪しい呂律で冒険的に叫んだ、ところが先方は二人とも顔を背けてしまつて一向取り合はない、一方はもどかしがつて「永井君！生田君！」と連りに浴びせかけたが、何時まで経つても返辞すらして呉れないので、とう〳〵二人は真赤になつて怒つてしまつた

内心、事あれかしと待つて居た階下の連中は、遽かに二階から「馬鹿野郎！」といふ蛮声が起つたので、一同は言ひ合はしたやうに、突ツ立つて、「やれ〳〵ッ」とばかり、其処は得意の応援か

何かで梯子段へ押し寄せやうとする処へ、顔色を変へた荷風と葵が二人の美形を先に慌だしく駈け降りて来た、そりやこそ御敵ござんなれとは思つたもの丶、さすがに何うすることもならず、躊躇《ためら》つてゐると中で気の利いた一人が逸早く四人の履物を隠してしまつた、
四人は最う何うすることもならず頻りにウロ〳〵してゐたが、其の間に二人の美形が上草履のまゝ表へ飛び出したのに機を得て、荷風と葵も続いて飛び出した慌てさ加減!

荷風の「申訳」には井上唖々が同席しているのに、このゴシップ記事には井上の名はなく、生田のみに変わっている。

このあと若手の連中が荷風たちを追いかけたが見失い、八重次なら〇〇の待合に違いないということで、〇〇へ向かったが、そこはしたたか酒をのんでいた連中のこと、飛び込んだところが同名異軒の待合で、ここで狼藉を働いたところ、手厳しい逆襲にあったという。カフェー・プランタン開店から一年たらずの出来事である。

明治十二年生まれの正宗白鳥は早稲田大学の前身、東京専門学校を出て、明治三十六年読売新聞の記者になって銀座に出てくるようになったが、その当時のことは覚えていないという。七年勤めて辞めた年にカフェー・プランタンができ、一、二年は入り浸ったという(正宗白鳥「銀座の今昔」『週刊朝日』昭和十年三月三日)。

カフェー・プランタンは開店当初は繁昌したが、常連の作家や俳優たちに憧れる「近所の美人連」が多く来店するようになって、会員間の調和に破綻が生じるようになった。家族連れの客も遠のき、経営が苦しくなった。そのような状況下で、マネージャー役の近藤栄蔵は辞め、平岡権八郎は家庭の反対で

手を引き、松山一人の経営になって、「営業成績は勘定あつて銭足らずで無責任の貸倒れが出来て凡の支払に差支へる始末で、内患外寇、大変困つた」（松崎天民『銀座』）という事態に立ち至った。新聞記者の松崎天民がカフェー・プランタンを貨幣不足党《カフエータランタラン》といったのはこの頃のことであった。

早稲田出の評論家で多分野の著作のある高須梅渓は、カフェー・プランタン開店の翌年、『スケッチ文集　美文評論』（明治四十五年六月、岡村盛花堂）に「カフヱと酒場」を書いている。自分はハイカラでもなくデカダンを気取るでもなく、垢抜けのしない人間であるが、カフェー愛好家を自任している。カフェー・プランタンの常連でもあった。

> 近来《ちかごろ》、漸く世人の注目を惹起《ひきおこ》し初めたのは、カフヱと酒場《ばあ》である。一体カフヱは、余程、以前から出来なければならぬ筈のものであつた。急速に進む時代の要求として、時間的経済を重視する銀座附近には、三つも四つも出来なければならぬ、それが至当である。
>
> 処が、ツイ昨年までは、僅かに台湾ウーロン茶の店が、大洋中の一孤島のやうに、ポツ子《ネ》ンと、銀座で営業して居たばかりで、何となく物足らなかつた。
>
> 此の物足りない感じは、今も去りさうにはない。カフヱ、プランタン及びカフヱ、ライオンが出来ても、未だ〳〵少数《すくな》過《す》ぎる。

続けて、多忙な際は十分か二十分ばかり椅子に腰を掛けてお茶を飲みながら、用談を済ませることができるし、混雑しない時は打ち明け話もできる。銭と時間を節約できて軽快に行けるところが現代的である、俗悪なところもあるし、料理も一工夫してほしいところもあるが、カフェーは自分にとって少なからぬ慰みとなり、「芸術的気分を醸成する酒壺となるのである。今夜も亦出かけやう」と結んでいる。

大正四年八月、雑誌『新小説』は「バーとバーの人」という特集を組み、新聞記者の和気律次郎が「銀座の酒場」を書いている。

文士連も盛んに出入したし、新橋の美人連も毎晩のやうに遊びに来ました。押川氏が永井荷風を殴るべしと云ふ緊急動機を提出したり、阪本紅蓮洞氏が番傘を揮《ふ》り廻したり、××君が生田葵山君を殴つたり、其他随分面白い事件が沢山ありましたが、押川氏は亡くなつてしまひ、永井氏は俗界から隠遁するし、小山内氏は堅くなつたし、吉井氏は鎌倉へ住むやうになつたので、文士連の顔は以前程見られなくなつたさうです。

大正五年に刊行された松崎天民『漂泊の男流転の女』によれば、「今年の春頃までは一面の白壁に、様々の落書がありました。プランタンの落書と云へば、凡そカフェーに出入りする男や女の仲間には、一種の興味ある謎の詩歌として持囃されたものですが、今は消して無くなつて」しまい、また、「折々は有志者を募つて有名な落語家を聘し、寄席では聴かれぬ人情噺を聴いたり、面白い小活動写真の会を開いたり」していたが、今は客の顔ぶれも変わり、食事を主とする客が増えたという。

カフェー・ライオンができ、カフェー・パウリスタが開店し、浅草や神楽坂にもカフェーができると、客は拡散し、個性の強い文筆家たちを中心としたサロン風の色彩は薄まっていったと思われる。ともかくカフェー・プランタンができてから数年間は、「その時代の文芸家とか、新人とか云はれた人々は、一度でもプランタンの洗礼を受けなければならなかつた。松山省三画伯を中心として、趣味的に集まつた人々とは云へ、プランタンの特色は、それ等の若い人々に依て醱酵される気分とか、色彩とか云ふものにあつた」（松崎天民「現代カフエー大観」『騒人』昭和二年十月）ということができる。

開店して四年も経たずに、多くの文芸家たちが入れかわり立ちかわり来店して賑わっていた活気は薄れていった。大正七年一月、省三自身が語るところによると、「カフエーの客ほど、新陳代謝の激しいものはない。開業当時の中心的お客様は、文士や画家連中でしたが、当今は勤人や学生達が主です」（「遊び場巡り カフエー」『都新聞』大正七年一月二十五日）という状況である。

関東大震災でカフェー・プランタンは焼け落ちた。震災後、「あなたは何故東京が好きですか？」というアンケートを特集した「離れがたい東京」（『婦人公論』大正十三年五月）に、松山は次のように答えている。

私は淋しいのが嫌ひですから対手《あいて》無しでは自分も無い様なあやふやな人間ですから、馴染の深い且つ多い東京が離れ難いのです。然し其馴染の下町も灰になり急造のバラックであはれな姿に復興とやらした銀座等を見ると、私の愛着も影がうすくなりさうです。東京は美しかつた、男も女も、そしてお互に抱いてる心持も。それが私の東京賛美の素因でしたが、無責任な政治家によつて悪化された今日、私の愛する東京に何時なるやら心細い次第です。私は此火災は不可抗のものでなく官吏の無能、怠慢、無責任に帰因した半人造的のものと思つてますから。

このような思いから震災直後、松山はまず神楽坂にカフェー・プランタンを開き、ついで十二月には南金六町（銀座八丁目）の西沢旅館跡に仮小屋を建て営業を再開したが、営業は喫茶店に近いものとなった。永井荷風は大正十二年十二月二日の日記に「松山画伯の珈琲店、銀座通旧西沢旅館焼跡の仮小屋に移り頗盛況なり。但し珈琲の味無きこと従前に異ならず」と記している。

昭和十一年の、馴染み客に送った年賀状（ギンザのサエグサ文化事業室蔵）に、「昨夏より当店はカフヱーの名称を廃止して茶房ル・プランタンと更へました。従つて喫茶システムです。旧倍御愛顧を願ひます」と記した。すなわち昭和十年夏、店名を「ル・プランタン」と改め、喫茶店であることを鮮明にしたのである。そしてこれとは別にル・プランタンの裏に「バー・ドートンヌ」を出した。米軍がグァム島に上陸し、守備隊一万八千人が玉砕した前日の昭和十九年八月二日の荷風の日記に「飲食店にて店をあけているものプランタン一軒くらい」とある。プランタンの灯を絶やさないという松山の心意気が伝わってくる。

カフェー・プランタンの共同経営者であった平岡権八郎について触れておこう。平岡は家業の料亭花月の経営に専念するかたわら、画業についても怠らなかったことは先に述べた。平岡は妻とヨーロッパの飲食店事情と絵画の視察をかねてフランスを訪れている。大正十一年、演出家の土方与志も演劇の勉強のためパリに滞在していて、平岡を巻き込んだこんなエピソードを紹介している。

土方与志は、滞在中のパリで関東大震災の報に接し、急きょ帰国し、小山内薫とともに新劇の実験劇場「築地小劇場」を立ち上げた人物であるが、敗戦後に書いた随筆「愚痴」（『新小説』昭和二十一年一月）において「二、三年前に物故された画家で、新橋の料亭「花月」のご主人であつた平岡権八郎氏が画の研究と、レストラン経営の視察を兼ねて渡仏して来た」と述べている。そして華の巴里の真中で演じられた「われわれ芸術家の乱行の一幕」を紹介している。そこに平岡も一枚加わっていたのである。

その頃、パリには、東久邇宮、北白川宮、朝香宮らが、伯爵東、伯爵北、伯爵朝の名で滞在中であった。そのことをあてこんだ一幕劇というのは、つぎのようなものだった。土方は、平岡を迎え、その頃欧州画壇の興味と賞賛を集めていたF氏（藤田嗣治か）や、パリ通の青年画家H氏を巻き込んだ。大正十一年大晦日、オペラ座で特別公演として、新人抜擢の「カルメン」が演じられた。

其の夜、巴里「オペラ座」の正面玄関に、立派な箱自動車が静かにすべり込んで止まる。扉を開けると、中から少し脚を引いた紳士が、黒の五つ紋、仙台平の袴といふお定まりの形で、銀の握りのついたステツキをつき、目立つた頭髪の紳士と、他の一人の青年に腕を支へられながら、大階段に降り立つ。紋付の紳士を除いた三人は皆タキシードをリユーと着こなしてゐる。紋付の紳士は、低い声で、静かに何か扈従の紳士達に問ふ。紳士達は大きな声で「ウイ・モン・プランス」（仰せの通りでございます、殿下）と答える。先づ幕明きの筋立ては此の通り。運転台から飛び降りて扉を開けるのは、かく云ふ私の役。……綺羅を飾つた巴里の上流階級の老若男女は、「オペラ座」に来て、此の西欧の儀礼と東洋の厳かさをもつて演じられる喜劇につりこまれてゐる。つめかける観客の中にさゝやきが起る。驚嘆と、当時聯合国であつた極東の高貴と一夕の歓を共にする光栄と、この事によつて年末の享楽に、更に錦上花を添へ得る幸福と満足に酔つて行く。

日本を遠く離れたパリでの社交界の日本人の自由闊達な振る舞いの一端がわかる。それは同時期、パリ社交界の話題の的となった薩摩治郎八の豪遊と重なるのである。

平岡はレストラン経営視察と画の勉強のため、パリにやってきたわけであるが、画家として念願の、そして憧れのパリ訪問であった。平岡の画業は、明治四十三年の第四回文展三等賞の「コック場」、第六回文展の「おしゃく」、第十一回文展特選の「大隅氏の肖像」、昭和十一年作の「裸婦坐像」、同十二年新文展無鑑査の「老給仕たち」などがある。

昭和十三年六月に銀座の青樹社画廊で「平岡権八郎　第二回近作油絵展覧会」を開いている。ここには三七点を出展していて、女性画、写生画、風景画に混じって「酒場の女」、「銀座夜景」、「ネオンの銀座」など銀座ゆかりの絵も展示されている。昭和十年に時の文部大臣・松田源治が挙国一致体制強化のために制度変更を、政府が認めた最高美術諮問機関に何ら諮らなかったことで美術界が紛糾した（いわゆる「松田改組」）。その結果展覧会そのものは芸術院より分離され再び「文部省展覧会」となった（「新文展」）。六月三日、旧帝展第二部の審査員経歴のある有志一六名（石川寅治、伊原宇三郎、太田三郎、吉田博、辻永、中村研一など）が、丸の内の明治生命館ビル地階のレストラン「マーブル」に集まり、改組反対の声明を発表した。「マーブル」は昭和九年同ビル完成と同時に平岡が開いたレストランであった。さらに同夜、一六名に加え、賛同者六七名が料亭「花月」に集まり、決起集会をもち、新組織をボイコットすることを決議した。もちろん平岡も決議に名を連ねている。平岡は日本美術史に残る大事件の震源地の場を提供したのである（岡部昌幸「支配人席に立つ画家・平岡権八郎とその画業——新出の《裸婦坐像》を中心に」『帝京史学』二八号、平成二十五年二月）。

戦争の足音が高く響くなか、昭和十六年六月、平岡は、震災前の銀座を回顧している。

繁華街の美しさはどうしても夜で、街や店灯の光りが雨の中にいろいろの色彩を滲ませている光景である。銀座は夏の夜更からがらりと街に様子を変へてしまふ。

これは震災前の印象であるが、大きな柳の並木が枝を張つて電灯と瓦斯灯の外灯が並んで青と黄の光りが柳の葉に包まれて雨に光つてゐたころである。パリのコンコルド広場の瓦斯と電灯を交互に配列して青と黄の光りを効果的に用ひてゐたのを観た時、銀座のその当時を思ひ浮べて懐しかつた。風の吹かないパリの雨は静かに音もなく煙つてゐる。ことにグランオペラの二階の大窓から洩れるピンク色の光りは渋味のある色つぽいもので、雨でも外出が億劫でない。パリは銀座とは大分開きがあるが、銀座も人力車の多く通る出雲橋辺の裏町は色町の近いせゐか夏の夜更けの雨には一種すてがたい風情の街になる。

「繁華街の雨」『週刊朝日』(昭和十六年六月一日)

●カフェー・ライオン

カフェー・プランタンが開店してから四、五か月後の明治四十四年八月十日、銀座四丁目交差点西南角に築地精養軒経営のカフェー・ライオンが開店した。当時はこの交差点を尾張町交差点と呼んでいた。

明治時代を回想する随筆類にその四つ角には新聞社が占拠していた時期があったと思い出を語るものがある。現在の和光のところには『日新真事誌』、次いで『朝野新聞』が、三越銀座店のところには『東京曙新聞』、次いで『絵入朝野新聞』、『中央新聞』(前身は『江戸新聞』)が、銀座プレイスのところには『毎日新聞』があったことは多くの随筆にもでてくるが、三愛ビルのところにあった新聞社の名が出てこない。三愛ビルのところを除いて三つの角にあった新聞社の写真が残っているのに、三愛ビルのところにあったとされる新聞社の写真はいまのところ見当たらない。番地でいうと、当時は尾張町新地一番地である。番地をたよりに探ると『自由新聞』がそれに該当する。角地に位置したと仮定して、ここに『自由新聞』が存在したのは明治二十五年十月末から二十七年九月末である。したがって四つ角に新聞社があったのはわずか二年間であったことになる。まず明治二十七年に『朝野新聞』と『自由新聞』が去り、服部時計店と八十四銀行京橋支店となり、明治三十八年に『中央新聞』が去り、山崎洋服店となった。

最後に残った『毎日新聞』が四十二年に去り、ここにカフェー・ライオンが進出してきたのである。一階がバー、二階が食堂、三階が特別室三室になっていて、テーブル二卓を置いて八人が利用できた。

精養軒は開店に先立ち前日に新聞広告「カフェーライオン開店御披露」を出している。「純粋欧米式カフェー」をうたい、「精養軒独特の料理」とエビス・サッポロ・アサヒビール、各種洋酒を提供し、「愉快なる余興場」も設けているとし、そして当日三条件を満たした者に賞品を出すとしている。その三条件とは、精養軒（上野、築地、新橋、食堂車）にて西洋料理を食べ、ビールを愛飲した者、そのため男女を問わず体重二〇貫（七五キログラム）以上の強壮な体になった者（ただし外国人と力士は二五貫…九四キログラム以上）、そして今後カフェーライオンの顧客たることと認めた者とした（『東京朝日新聞』明治四十四年八月九日）。

明治三十五年三月生まれの映画監督山本嘉次郎は、父親のところに来た招待状をもってカフェー・ライオンの開店お披露目に呼ばれて行った。「といっても、わたしは当時、満で数えて九才、数え年十一才の頃で、父の代理として、父へ来た招待状をもつて、出掛けて行つたのである。たしか、ビールの一杯くらい呑んだ記憶がある。これが、わたしのカフヱー通いの第一歩であつた」という。父親は天狗煙草で有名な岩谷商店の番頭をしていた。おそらく最年少の招待客であったろう。それにしてもませた少年であった。嘉次郎少年がはじめて見た女給の姿は「髪は、例の二百三高地と呼ぶ束髪に結い上げ、それにリボンなぞをつけ、服は、みなおそろいで、オリーヴ色の看護婦の着るような洋服（?）で、その上に、めいめい真白いエプロンを胸高にまとつて、その紐を、背中で、蝶々のように大きく結すんでいた」という（山本嘉次郎「銀座千夜一夜」『月刊東京』第一巻第一号、昭和二十八年四月）。

新聞記者の松崎天民は、『人生探訪』（大正二年、磯部甲陽堂）のなかで開店間もないカフェー・ライオンをルポしている。

ビールが五〇リットル売れると、壁の中に据えつけたライオンがグワーグワーと妙な声を出して吼えるという評判を聞いて、天民が、お昼どき入ってみると、ボーイは生意気な顔をしてにらむし、女給は二、三人、いらっしゃいとも何ともいわずに澄ましたものだった。客はといえば「御近所の何々商会の手代さん、同じ西洋人でも電車に乗る程度の人」が五、六人がビールを飲むか、アイスクリームを食べていた。バーの方は天民一人だったという。昼下がり、「別嬪さん五六人、白粉の濃化粧したのが」隅の方で寄り集まっているかと思うと、「汗染《あせじみ》た浴衣に繻子《しゅす》の帯だらりとした、見るから世帯の世話女房と、袖に袂に七八歳から十二三歳までが三人、御大《おんたい》と云《い》つぱ筒袖の久留米に白縮《しろちり》の太い兵児帯《へこおび》、何《ど》う見ても工場の取締らしい一家族が」、今しもバーに入ってきて、カレーライスを注文する。するとそこに入ってきた外国人の青年紳士が五人家族の脇に座りウイスキーを飲み始めたが、カレーライスが出てくると、ノーとか何とか呟きながら去ってしまったという。開店早々の昼の有様はこのようなものであった。

天民がいうには、カフェー・ライオンは、「カフエーとは云ひながら、レストランの方に近くて、飲むよりは食ふ方が主なるだけに、階下のバーやサルーンよりも、階上《うへ》の食堂が大入繁昌、況《ま》して残暑の日暮れて、こゝ十町界隈を灯火の巷に化《な》す頃から、人様々の姿をして、十余の卓子《テーブル》を取囲《とりかこ》む、正に之《こ》れ新東京の一縮図」であり、「女は浴衣《ゆかた》の廂髪《ひさしがみ》最《もつと》も多く、男は洋服も単衣《ひとえ》も浴衣も、鼻下に髭《ひげ》のあるもの九分を占めて、当世お先ッ走しりのハイカラ風」で満室となったという。

二階の食堂の脇には余興室があり、曲芸や新橋芸者の手踊りありで、賑やかなことではあったが、場所は狭いし、表の電車の騒音に妨げられて、三味線の音もかき消され、おまけに天井につるされた回転扇風機の音が激しくて会話もできないという。少なくとも開店して間もなくはこのような状況だった。

松崎天民の『人生探訪』の翌年に出版された、知久桟雲峡雨生著『変装探訪世態の様々』（大正三年、一誠堂書店）に、「カフエーライオンの給仕《ボーイ》となる記」が載っている。知久桟雲峡雨生は本名知久泰盛といい、雑誌『新公論』に探訪記事を書いていた。探訪記事といえば、「化けこみ記者」として有名な下山京子が先輩格にいる。「化けこみ」、すなわち変装して記者の身分をかくし、料理屋、芸者置屋、役者の家に女中やお針子に化けて住み込み、内情を暴露するのである。下山京子はこのようなことをしてスキャンダル記事を書いて有名になった。知久の場合は、化けこみはするが、あとで身分を明かし、記事を書いている。知久はカフェー・ライオンにボーイとして化けこんだ。彼のいうウェーターは今でいうウェートレスである。

ここで働いている女給は、二十七歳の

カフェー・ライオンの女給　『婦人画報』（大正2年1月号）より

給仕長《ヘッドウエートレス》をはじめ十五〜十八歳位の女性十三名である。給仕長は渡辺とみ子といい、以前、日本郵船会社の汽船の「スチュワード」をしたり、帝国ホテルに勤めていた経験があり、英語が話せた。女給の勤務は早番、遅番に分かれ、早番は午前七時から午後九時まで、遅番は午前十一時から午後十二時までと、間に休憩時間があるとはいえ、十三、四時間の長時間勤務であった。

知久は客層について古参のボーイを籠絡して突っ込んで聞いている。

紅葉屋《もみじや》銀行の神田鐳蔵《らいぞう》さんが自動車を馳つて乗り込んで来る事や帝大、慶應、早稲田と数に於いてもさういふ順序でハイカラ学生達がウエーターの狼連としてぞめいて来る事や、近いだけに逓信省や農商務省の官吏、やまと、時事、国民、朝日、読売、報知など各社の新聞記者がかなり多数に出入する事や、和田垣博士、上杉博士、それに思ひもよらぬ芳賀文学博士などの矢張り此店のご定連である事、華族では松平伯、徳川厚男、独逸大使館に先頃まで赴任してゐた武者小路公共子爵などは有繫《さすが》に本場所を踏んで来たゞけに通を振りまいてウエーターを訓陶《くんたう》するといふほどの御親切があるといふやうな事まで、まだ〳〵いろ〳〵な事を聞いたのです。

『変装探訪世態の様々』

そのうちに小説家の長田幹彦や詩人の児玉花外などが入ってきた。カフェー・プランタンのようなやや閉鎖的なカフェーではなく、レストランに近い解放的なカフェー・ライオンを外国人は好んだようで、常連も増えていった。

知久は客のカフェー通からこんな話を聞きだしている。明治四十年に上野で博覧会が開催された時、不忍池沿いにカフェー式のバーを出したのがそもそもこの店のはじまりで、そこに働いていた女給たちは博覧会が終わったあと、新橋カフェー（新橋ビヤホール）に移され、この店の開店とともにここにやってきたというのである。

安藤更生は、「その起源の古いことでも、その規模の大きかつた事でも、また地の利を得た点から見ても、ライオンは断然銀座カフエ史上の第一に置るべき店である」（『銀座細見』昭和六年、春陽堂）と述べている。続けて「震災前、銀座には大規模なカフエはライオン一軒だつた。他のカフエは何れもカフエリツテレエルの傾向を帯びて居て、プランタンと云ひ、ロシアカフエと云ひ、何れも普通の人には一寸這入り憎いやうな傾向があつた。それがこの店だけは場所も銀座通りの真中だし、美人三十名、何れも揃ひの衣裳でサービスと云ふのだから、誰でも一寸這入つて見る気になつた。カフエを一般化する上には此店が一番エフエクトがあつたわけだ。文学青年達はむしろこの店の傾向を卑俗なりとして近付かない風さへ見えた。」という。

第一次世界大戦の好景気のあと、一時戦後不況に見舞われたが、景気を取り戻し、電車、タクシーが普及し始め、銀座通りも拡幅、整備され、新しい装いのもと発展しようとしていたその矢先、大正十二年九月関東大震災に遭遇する。銀座は焼け野原となり、復興された銀座は一変する。カフェー業界においても時代を画する転機を迎えることになった。

震災後のカフェー・ライオンは一時隆盛であったが、筋向かいにカフェー・タイガーができると、押され気味になった。カフェー・タイガーではカフェー・ライオンの女給であれば無条件で採用したという。カフェー・ライオンは寂れ、一時は「まるで暴力団の事務所のやうな感があつた。その連中の下つ端が誰でも少し目立つやうな客にはタカつたり、喧嘩を吹掛けたりしたのだから、胆つ玉の小さい連中はテンデよりつかなくなつてしまつた。」という。

安藤が『銀座細見』を出版した昭和六年二月から四か月後の六月三日、『東京朝日新聞』に「銀座のライオン競売」の記事が載った。そして十一月三日の荷風の日記によれば、カフェー・ライオンはこのほど台湾喫茶店跡に再開したとある。

●カフェー・パウリスタ

カフェー・パウリスタは明治四十四年十二月十二日、京橋区南鍋町二丁目（銀座七丁目）十三番地、時事新報社（交詢社と同じ建物）前に開店した。経営者はブラジル移民の開拓者の水野龍であった。ブラジル・サンパウロ州政府はその労をねぎらうと同時に、ブラジルコーヒーの販路開拓の目的でコーヒー豆の無償提供を申し出た。それを受けて、水野は横浜財界の重鎮、増田増蔵、原善三郎、大谷嘉兵衛、銀座の食料品輸入業亀屋鶴五郎らの協力をえて、明治四十三年合資会社「カフェー・パウリスタ」を設立し、翌年十二月に喫茶店「カフェー・パウリスタ」を開店したのであった（長谷川泰三『日本で最初の喫茶店「ブラジル移民の父」がはじめた――カフエーパウリスタ物語』平成二十年、文園社）。

当時、庶民が飲むコーヒーといえば、トンボ印の角砂糖の中にコーヒーをチョッピリ薬のように垂らしたものを湯にといて飲むものと決まっていた。

向こう十二年間、つまり、大正十二年まで年間約七〇トンの無償提供ということで、その半分を亀屋が引き受け、残りは自社でさばいた。コーヒー一杯五銭、ドーナッツ五銭、セットで一〇銭という低価格で提供することができた。これが話題を呼んで繁昌することになる。文化を先取りしようとする駆け

カフェー・パウリスタ、ブラジルコーヒの看板　中央区立郷土天文館蔵

出し文士や学生たちがここへやって来て、忘れがたい思い出を残した。

宇野浩二は、『文学的散歩』（昭和十七年、改造社）の「明治末期の青春期」のなかで、カフェー・パウリスタの支配人は幼な友達であったと書いている。早稲田大学在学中のことであった。

> 私が初めてカフェエ・パウリスタに行つた時分は、あそこの二階は、西洋風にはしてあつたけれど、幾つかの、大小の、部屋に分かれてゐて、部屋によると、変なところに押し入れがあつたり、妙な所に袋戸棚があつたり、した。それは、その私の幼な友達の支配人に聞くと、いそいだのと、適当な場所がなかつたので、待合を買ひ取つて改造したからであつた。

買収した待合というのはおそらく待合「福芳」であろう。この建物は大正二年に改築されて、三階建ての洋式の建物に変わっている。

> 私は、自分の二十歳頃から二十三四歳頃までの間を思ひ出して、その頃、カフェエ・プランタン

とか、メイゾン鴻の巣とか、いふ名を小耳に挿みながら、違ふ世界にあるやうな気がしたことを思ひ出した。これは、しかし、羨ましいとか、負け惜しみとか、いふ気持ちでなく、文字どほり、カフェエ・プランタンも、メイゾン鴻の巣も、仏蘭西名前などに恐れをなした訳でなく、全く世界が違ふやうな気がしたのである。尤も、それは、私（たち）の行くカフェエは、京橋の宗十郎町にあつた、（今の水交社辺）カフェエ・パウリスタと極まつてゐたからでもある。さうして、その時分は、カフェエといへば、メイゾン鴻の巣は別として、プランタンとパウリスタだけと云つてもよい程、カフェエの数は少なかつた。

文中の宗十郎町は南鍋町の間違いである。宇野がパウリスタ党になったのも、幼な友達がそこで支配人をしていたことが影響したのかもしれない。

店の常連となった久保田万太郎は大正十三年九月号の『改造』に「明治四十四五年」という文章を載せているが、カフェー・プランタンは「たとへば、岡田三郎助だの、和田英作だの、永井荷風だの、小山内薫だの、中沢臨川だのいふ一つぱしの人たち、及び、それらの人たちを囲繞する遊び仲間ばかりだつた。――われ〳〵の立寄れるせきはなかつた」と書いている。学生や駆け出しの作家たちにとって、カフェー・プランタンはとても高級すぎて、西欧の香がし、安くて気軽に入れるカフェー・パウリスタに集まってきたのである。

明治四十四年十二月開店から約三年後の大正三年三月から上野公園において大正大博覧会が開かれたが、その紹介と東京案内を兼ねた『博覧会と東京』（桜水社同人編、大正三年、桜水社）なるガイドブックが刊行されている。とくに地方からの見物客を当て込んだ出版物である。東京を案内するにあたり、

「純然たる案内」と「喜劇東京見物」の構成で、「純然たる案内」のなかに東京のカフェーで一軒だけ「カフヱーパウリスタ」を紹介している。「喜劇東京見物」では「朦朧車夫」、「巾着切」、「枕さがし」などお上りさんが注意しなければならない項目のなかに、「カフヱーの気分」を入れている。上京した父親を息子がカフェーに案内する設定で、カフェー・プランタン、カフェー・ライオン、台湾喫茶店などは女性が侍り、料理などを頼むと高くつくが、カフェー・パウリスタは安いと教えている。「カフヱーパウリスタ」では、つぎのように紹介している。

> カフヱーは近来の流行であるが、其多くの店の給仕女は何れも紅粉に身を装ひ従つて行く客も勢ひ余分の散財をせねばならぬ訳であるが、パウリスタばかりは、給仕は何れも十四五の男児ばかりを使用して、心附は一切謝絶してゐるので、大きに世の好評を博してゐる。名物のコーヒーはブラジル産の香気馥郁《ふくいく》として賞すべく、其他《そのた》、パン、菓子、サンドウイッチ、玉子、果実、牡蠣の類何れも新鮮美味にして且つ価も甚だ廉《やす》い。土産にはコーヒーの一斤入（七十五銭）半斤入（三十八銭）など頗る気が利いてゐる。所在地は京橋区南鍋町、時事新報社の真向ふで、コーヒーは一杯五銭、それだけで出て来ても決して可厭《いや》な顔をしないのみならず、寧《むし》ろ歓迎するのが此処《ここ》の特色である。

大正大博覧会を機会に、おそらく初めて上京する人たちにカフェーを紹介するとしたら、安くて、女給がいなくて気軽に入れるカフェーとしてはカフェー・パウリスタしかなかったのだ。

これから六年後の大正九年といえば、カフェー・パウリスタの全盛期である。おそらくペンネームであろうが、柳銀之助なる人物が大正九年六月発行の『講談雑誌』に「東京カフェ物語」を書いている。

柳は渡欧経験のある人物のようだ。採り上げているのは、カフェー・ライオン、千疋屋フルーツパーラー、台湾喫茶店、カフェー・プランタン、カフェー・パウリスタ、メゾン鴻乃巣、浅草のよか楼、神楽坂のカフェ・オザワ、赤坂のカフェ・アカサカ、神田の武蔵軒、ランチョンなどである。

安いのと料理の分量の大きいのとで若い学生さん達に喜ばれてゐるカフエに、京橋の南鍋町にパウリスタがある。最近の株式会社カフエパウリスタの発展は目ざましい程だ。カフエは南米ブラジル国から来てゐて、パウリスタはサンパウロ州政府の委託を受け、極東方面の販路拡張の任に当つてゐる。京橋ばかりでなく、喫店《きつてん》は日本橋の堀留町、神田の表神保町、浅草公園の伝法院の横、小石川の関口水道町にも純洋式の建物がある。更に支那、朝鮮、台湾、西伯利地方まで進展しようとしつゝある。なんと云つても流石《さすが》に珈琲の本場から来るだけあつて、味のよい香のつよい珈琲だ。この珈琲に角砂糖二個ついて、今でも僅か五銭とは他の店がどんなに痩我慢して競争しようとしても、背後にサンパウロ州政府のやうな大きな背景《バック》がない限り末ながくパウリスタのやうな珈琲は破格の廉価で提供する理《わけ》にはゆくまいと思はれる。『現代的好飲料、新時代の要求に応じて生《うまれ》たる理想的好飲料』と発売元が、自惚れるのも無理もない話だ。

ついで、柳は、ボーイの態度に苦言を呈している。客を客と思わないボーイの態度に憤っている。学生の利用客も増え、商売繁昌で捌ききれない客に気の緩みが出たのかもしれない。柳は、「咽喉《のど》の渇く頃となつた。アイス珈琲を飲みに行くお客さんで、明るいパウリスタは、いつも賑はふことであらう」と結んでいる。

柳はこの探訪記事の最後に「夜の銀座」という詩を詠んでいる。

そゞろ歩き／ひとり身は／やるせないぞや／はつ夏の／夜の銀座に／すれちがふ／芝居がへりの／雛妓《おしやく》の群と／ネルの着物の／町むすめ
さて夜も深み／銀座の街の／白く冷たい／敷石道に／チラリハラリと／柳が散れば／瓦斯の光は／夜霧に濡れて／青い葉蔭に／泣いぢやくる

カフェー・パウリスタは女給を置かずに、十代後半のボーイを置いたこと、向かいが時事新報社であったことでその関係者が多かったこと、当時のインテリ層を中心に幅広い人たちの待ち合わせ場所となり、評判が評判を呼び、銀座に出て来た人たちの憩いの場となった。

カフェー・パウリスタの二階には女性優先の小部屋があった。小説やルポルタージュなど婦人雑誌に健筆を振るい、夭折した内藤千代子の自伝的小説『惜春譜』（大正四年、牧民社）のなかで、恋人の小笹四郎と銀座のカフェーで逢引を繰り返す場面が出てくる。カフェー・プランタン、カツフエ・ウエンナや、千疋屋、カフェー・ライオンとおぼしきカフェーの情景が出てくるが、そのなかの一つ、カフェー・パウリスタで二人はよく逢っている。二人が入った婦人室の描写。

青い壁紙《かべ》。白い柱。ピンク色の天井。大理石張の円卓《ていぶる》。円鏡。真紅《まつか》な玻璃《グラス》の一輪挿。菜の花。切子形の電灯。など小ぢんまりして明るさと暖かさと優しさとを取あつめたやうな、婦人室《レデースルーム》の情景《かんじ》はばかによかつたんです。入口のカーテン一重にへだてられた、隣室の喧囂さに引きかへて。……

ガン〳〵と小やかましい、自動《オート》ピアノの音も微妙に心を惹きます。私は好きな珈琲ばかりガブ〳〵と飲んでゐました。苦いのにお砂糖も入れないで、……。

また、別のところでは、

都合五人ずれ、銀座のカフエーパウリスタの明るい婦人室にゐた。からりと明け放された窓から、気持のよい夜風がそよ〳〵と吹き入りました。鏡の前の生花《はな》は鉄砲百合で、何だかもう初夏めいた気分が漂ふた。まだマント引きまとつて被居《ゐられ》る方達が多いのに。

と、明るい落ち着いた雰囲気が漂う情景を捉えている。

この部屋をよく利用したグループに青鞜社の面々がいる。青鞜社は、明治四十四年六月、平塚らいてうらが女権拡張をめざして結成したグループで、機関誌『青鞜』を発行した。らいてうが『青鞜』に発表した「元始、女性は太陽であった」は女性解放宣言であった。「新しい女」として話題となり、またその言動が当時非難の対象ともなった。

カフェー・パウリスタに入り浸った宇野浩二は、『中央公論』の大正十四年七月号に「カフエーの今昔」というエッセイで青鞜社について触れている。

当時のパウリスタは待合を買ひとつて、それを改造したものだといふので、西洋風にはしてあつたが、妙なところに袋戸棚があつたり、押入がついてゐたりする、幾つかの小部屋に分れてゐた。丁度「青踏《（ママ）》」といふ雑誌の出たのがその頃で、あそこでよくその同人の人たちと顔を合はした。僕の友人にその青踏《（ママ）》社に恋人のある男があつた関係から、僕もその社の二三の人たちに紹介せられた。それが皆パウリスタの二階だつた。その中で最も僕の記憶に残つてゐるのは尾竹紅吉女史である。五尺五寸以上あるかと思はれる女史は、いつも変つた色の袴を穿いてゐた。その女史の大きな身体が、緑色のカーテンなどで装飾してある、待合の部屋を直したその洋室の隣室の中から現はれた。で、一層部屋が小さく、女史が大きく見えたものである。

同じく宇野浩二の『文学的散歩』によれば、尾竹紅吉とは「いつもパウリスタに行く時間が同じになり、乗る電車が同じであり、その電車の端と端に乗つても、五尺五寸以上もあるかと思はれる女史と五尺五寸ぐらゐの私は、すぐ顔を見合はす事になり、して、自然にしたしくなつたのであつた」と書いている。

尾竹が「五色の酒」を飲んだというので、新聞種になったのは、明治四十五年、日本橋小網町のメゾン鴻乃巣においてであった。メゾン鴻乃巣がやがて日本橋区通一丁目食傷新道に移ると、青鞜社の集合場所となった。内藤千代子は、大正三年四月号の『女学世界』に探訪記「メーゾン鴻の巣」を書いているが、たまたまその日に開かれた青鞜社の集まりも取材している。千代子は、ここで始めて会った平塚らいてうの姿を「ズボラツとした長いマントぴつたり分けて襟元に束《つか》ねた髪、マーブルを彫《きざ》んだやうな美しい横顔をみせて、トン／＼トンと傍目もふらず三階へ上がつてく、その風采に見惚《みと》れて」しまっている。青鞜社が発行した雑誌『青鞜』は平塚らいてうが中心になって編集されてきたが、大正四年十一月号で編集の仕事を降り、伊藤野枝に変わり、翌年四月には無期休刊となっているので、青鞜社の人々がカフェー・パウリスタに出入りしたのはこの頃までと思われる。

パウリスタには社会主義者、無政府主義者たちも多く立ち寄っている。前掲長谷川泰三本にも触れられている。

明治三十六年十月、日露戦争開戦にあたり、弓町（銀座二丁目）にあった万朝報の発行元朝報社にいた幸徳秋水、堺利彦は内村鑑三とともに非戦論を唱え、同社を退社したことは有名である。幸徳、堺らは翌月ただちに平民社を結成し、事務所を数寄屋橋近くの有楽町に設け、週刊『平民新聞』を発行し、非戦論と社会主義を訴えた。木挽町六丁目出雲橋袂（銀座七丁目）に平民病院を開設していた医師の加藤時次郎は、『平民新聞』の発行費の一部を負担している。加藤は社会主義者ではないが、幸徳、堺らの行動に共感し、そのパトロン的存在となった関係でその関係者の会合に場所を提供したりして、その出入りが激しかった。加藤はまた幸徳の主治医でもあった。幸徳秋水が明治四十四年大逆事件で刑死した時、堺利彦は赤旗事件で獄中にあり、大逆事件に連座することを免れたが、その後社会主義者たちは沈黙を余儀なくさせられた、いわゆる「冬の時代」に、堺は売文業を思いつき、売文社を作った。新聞・雑誌・書籍の原稿、外国文の翻訳、意見書・報告書・趣意書・広告文などの文章の立案、代作および添削などの注文を受け、生活の糧とした。はじめ南佐柄木町（銀座六丁目）に事務所を構え、その後麹町区永田町、南鍋町と転々とするが、銀座およびその周辺は売文業にとって恰好の場所であった。

このように銀座およびその周辺には社会主義関係の施設が点在し、カフェー・パウリスタはこれらの人たちの連絡、会合の恰好の場所でもあったのである。とくに南鍋町時代には足繁く利用したことだろう。

堺利彦の売文社で写字の仕事をしながら、「免囚者の如く」、「煤煙の臭ひ」、「或る職工の手記」などの労働文学を書いていた小説家の宮地嘉六は、大正十年二月、堺の媒酌で社会主義派の弁護士山崎今朝弥の義妹山形俊子と結婚（翌年離婚）したが、その結婚披露宴をカフェー・パウリスタで開いている。獏談生著『現代流行作家の逸話』（大正十一年、潮文閣）に、「その披露の宴を南鍋町のカフエ・パウリスタで挙げたのだが、パウリスタで結婚披露式を挙げたのは宮地君を以て嚆矢とするだらう。そしてその式上で、平素内気の宮地君が、処女のやうに顔を赤らめて、神妙に坐つた格巧がバカに可愛らしかつたとは列席者の話」と伝えている。

翌十一年二月七日、尾崎士郎の長編小説『逃避行――低迷期の人々 第一部』の刊行を祝う会がパウリスタで行われた。『逃避行』は当時の社会主義運動の裏面を描き出した作品で、彼自身が運動から逃避を宣言したものであった。集まったのは堺利彦、高畠素之、宮嶋資夫、宮地嘉六、辻潤、大泉黒石、前田河広一郎ら左翼文壇人と社会主義者たち数十人であった。発起人を代表して堺利彦が挨拶していると、末席から「何を言いやがるんでぃ」と罵声が飛んだ。しばらくして発起人のひとり前田河広一郎が立ちあがって話を始めると、高畠素之は「おいおい、くだらねぇことはよさねぇか」と叫んだところから乱闘騒ぎとなった。尾崎士郎はのちに『小説四十六年』（昭和三十九年、講談社）のなかで「「低迷期の人々」の出版記念会がパウリスタで開かれたが、この会合の席で高畠素之と前田河広一郎が正面衝突した上に、高畠がイスをふりあげて前田河におどりかかるような騒ぎがあり、旧売文社系の人たちのあいだにも感情の食いちがいがあって、大混乱のうちに会はバタバタと終わってしまった」と書いている。なお、高畠素之は戦前におけるマルクス著『資本論』の完訳者である。

パウリスタでの騒ぎは一応それで終わったが、宮嶋資夫らの一団がカフェー・ライオンに流れ、酔った勢いで革命歌を歌い、こぶしを叩いて暴れだした。それに気づいた店のコックたち二〇名ほどと乱闘が始まり、さらに隣の席にいた法政大学のスキー部の学生もまじえて三つ巴に入り乱れての殴り合いとなった。ライオンの入り口はメチャメチャに壊され、店の前は野次馬で真っ黒になる大騒ぎとなった。警察官が出動、当事者が検束されて騒ぎは終わった（獏談生『現代流行作家の逸話』大正十一年、潮文閣）。

カフェー・パウリスタは慶應ボーイの溜り場でもあった。久保田万太郎は「切抜帖」（『久保田万太郎全集』第十二巻、昭和四十三年、中央公論社）に書いている。「そのころのその文科の学生たちのあいだに、一つの仕来りが……いつともなく伝承された、一つの、いはずかたらずの、呼応精神がまもられてゐた。それは、学校の帰り、かならず芝の山内をぬけ、日陰町にでゝ、銀座へとこゝろざすことだつた。勿論、一人ではない、三人、五人、うち連れて、声、高らかにしやべり合ひつゝあるいたのである。そして、その、銀座に到着しての落ちつくさき」がカフェー・パウリスタであった。久保田はこの文章のなかで、カフェー・パウリスタがカフェー・プランタンより早く開店したと書いているが、これは久保田の勘違い。ここで青春を謳歌した仲間として南部修太郎、小島政二郎、宇野四郎、水木京太、三宅周太郎、井汲清治、福原信辰（路草）の名をあげている。

筆者の手元に一枚のビラがある。「御支度とお食事はパウリスタ支度所」という見出しのもので、広告主は富士山登山口の「上吉田金鳥居電車終点　東京出張カフヱーパウリスタ特約喫店支度所」である。年代はわからない。登山客を相手に夏季だけ開設したものであろうか。特約店とはいえ、こんな所まで店を出していたのである。上吉田金鳥居《かねとりい》は、富士登山口のひとつ、富上吉田口の入り口にある。

「清新でお手軽な西洋料理とブラジルコーヒー！　品質優良堅牢で低廉な支度用品一式！」として地図

を添えている。裏面には、「富士登山案内」を載せ、電車・馬車・乗馬の賃銭、強力案内賃、山舎休泊料、宿屋宿泊料、汽車時刻表とパウリスタ献立表などが印刷されている。

献立表には、冷コーヒー十銭、アイスクリーム二十五銭、ビーフカツレツ三十五銭、コロッケ三十五銭、ビフテキ五十銭、ポークソテー四十五銭、ハムライス二十五銭、カレーライス二十五銭、ハムエッグス五十五銭、コールハム五十銭、トースト（ジャム・バター付）十銭、サンドウィッチ四十五銭、キリンビール五十五銭、カルピス十銭とある。なかなか品数が豊富である。

パウリスタは価格の安さと時流に乗って、幅広い市民に支持されて繁昌した。大正四年のはじめに自動ピアノを据え付けた頃から、客層に変化が現れたようである。西欧の名曲を聴くためにここに来る人も現れたが、一方でいろいろな思いでやってくる客層が遠のき、学生の姿が目立つようになった（丘草太郎「黄昏から灯へ」『新小説』大正四年八月）。そして、大正十二年の関東大震災で南鍋町の店舗は丸焼けとなった。この年はまた、サンパウロ州政府からのコーヒー無償提供の期限がきれる年でもあった。この二重の痛手に経営を持ちこたえることは困難であった。大正十二年から十三年にかけて全国の店舗を処分して、経営をコーヒー焙煎事業に切り替えた。カフェー・パウリスタは昭和十八年に社名を日東珈琲株式会社と改称し、その後、経営権は長谷川主計に移った。昭和四十五年にあらたにカフェー・パウリスタ銀座店が開店した。

戦前のカフェー・パウリスタは、本場のコーヒーを廉価で提供し、コーヒー喫茶の普及に貢献したばかりでなく、のちに各界で活躍する多くの人たちの揺籃の場ともなり、その意義は大きい。

3　震災前後のカフェー

牛乳や氷、アイスクリームを売りながら各種の洋酒をそろえたバーのような函館屋に始まり、ビヤホールができ、台湾喫茶店に常連客が集まるようになり、やがて明治四十四年にカフェーを名乗ったカフェー・プランタンが誕生した。ついでカフェー・ライオンとカフェー・パウリスタが開店した。その頃、カフェーの効用を説いた文章がある。明治四十五年六月発行の評論家高須梅渓『スケッチ文集——美文評論』に「ツイ昨年までは、僅かに台湾ウーロン茶の店が、太洋中の一孤島のやうに、ポツ子《ネ》ンと、銀座で営業して居たばかりで、何となく物足らなかった」として、「従来の料理店は、結構に相違ないが如何《どう》も手軽に行かない。時間及び経済の両方面からして、廿世紀式でないと云ふのは、チト過酷であるが、面倒なこと夥しい。散歩の途中、一寸立寄つて紅茶なり、珈琲なり、ビールなりに咽喉を湿《うる》ほす場合には、如何《どう》してもバーとカフヱが便利である」、これが現代的だと説いている。その後、銀座にはカフェーともバーとも、レストランとも区別のつかないカフェーが相次いでできてきた。大正四年八月発行の『新小説』は「バーとバーの人」を特集しているが、これがバー・カフェーを特集した最初の文献ではなかろうか。大正初期のカフェー事情を記した文献は少なく、丘草太郎「黄昏から灯へ」、小野賢一郎「カフエー挿話」、和気律次郎「銀座の酒場」、林田亀太郎「巴里酒場物語」が収録されていて、生まれてはすぐに消えていったバー（カフェー）などが紹介されている。大正四年の頃、銀座には「カフェー・プランタン、カフェー・グリーン、カフェー・ライオン、カフェー・キイン、カフェー・フラワー、曰く何、曰く何、ざっと数へて二〇軒」はあったという（丘）。当時の雰囲気がわかるので、そのいくつかを紹介しよう。

＊日吉町のカフェー・マツシタ。「愛相のいゝ独逸人の主婦さんが店にゐて、鳥渡異国的《エキゾチツク》な感じがする。客種はと云ふと曾《かつ》て独逸へ留学したことのある所謂《いわゆる》少壮ドクトルの群や銀行会社員、それと外人位のところで、呼吸《いき》が幸にしてピタリと揃ふと、女給仕《ウエトレス》までが異国語を操り全体の気分が如何にも快よい、時にはいつか有楽座で演ぜられた「アルト・ハイデルベルヒ」の一景《ワンシーン》を髣髴せしめられる。「早く故郷《くに》に帰りたい、戦争はいつまで続きますか」などと主婦さんは思ひあまつたやうに尋ねたりする。」（丘）

＊カフェー・フラワー。「銀座美術館の隣り、ペコー・コッテーヂの跡に今度出来たカフエー、フラワーには夜遅くゆくと、よくお客に連れられた新橋辺の幇間《たいこもち》を見出す。［中略］二階の張出窓には主人の好みと見えて水々しい西洋草花が鉢植ゑになつてゐる。主人は精養軒から移つてこゝに開業した若松みどり事石田精作君で、追つてはスルーナイト・バアをやりたいと言つてゐる。スルーナイト・バア！仏蘭西象徴詩人の群がのみ廻つたり、作をしたり、互に朗読し批評し合つて、心ゆくまで相互の気分を披歴してゆく、そこには世のいはゆる何等の虚偽虚飾もない、ものそのものをぶつけあつてゆく、からしたスルーナイト・バアが日本にいまのところ是非一軒は欲しい。」（丘）

＊南佐柄木町のカフエー・ロオズ（?）。「肉付きの好い露西亜の女が二人ゐましたね。風俗を乱すとかで開業後間もなく営業を禁止されてしまひましたが、惜しいことをしたと思ひます。少し位風俗を乱したつていいぢやありませんか、東京にだつて露西亜の女の居るカフヱの一軒位はあつた方がよござんすからね。」（和気）

＊南鍋町のカフエ・フラワア。「この家は一等最初には慶應の教師だつたクラアクと云ふ人が、「ビ・ビ・ブツフエ」といふ名で営業してゐましたが、間もなく代が変つて「ペコオ・コツテエヂ」となり、

「サクラビアホール」となり、遂に「カフヱ・フラワア」となつたのです。」（和気）

＊函館屋とカフエ・フランセエ。「銀座でバーらしいバー——酒ばかりのませる——はと云へば、先づ竹川町の函館屋でせう。中々善《い》い洋酒《さけ》をのませます。それから今は無くなりましたが、新橋の手前にあつたカフエ・フランセエといふ家は気持ちのいい家《うち》でしたね。料理も旨かつたし、洋酒も中々結構でした。主人のコツトと云ふ仏蘭西人は予備士官だつたとかで、欧州戦争が始まると同時に店を閉めてしまひました。」（和気）。——文中竹川町とあるのは尾張町二丁目の間違いである。

大正三年に勃発した第一次世界大戦期の戦争景気を受けてカフェーは急速に増えていった。しかし、これらの店のほとんどが間もなく消えていった。すでに述べたように、大正期に入ると、カフェー・プランタンは開店当初の文人、芸術家たちが夜毎に集った熱気も薄れ、より大衆化したカフェー・ライオンが全盛期を迎えた。カフェー・パウリスタもブラジル・サンパウロ州の援助もあって繁昌したが、やがて学生やサラリーマンの利用客が増え、客層に変化が現れた。

この時期、群小のカフェーが誕生したなか、女性がカフェーの経営に乗り出して世間の話題になったものに、笹屋とカフェー・ナショナルがある。

●斎藤よし（桃吉）の「笹屋」

大正二年頃、有楽橋の角、西紺屋町に笹屋というカフェーが開店した。笹屋の店主は新橋の芸妓上がりの桃吉、本名斎藤よしといった。開店の事情は劇作家・長谷川時雨が『近代美人伝』（岩波文庫版、昭和六十年）で触れている。

笹屋の名は公爵岩倉具張《いわくらともはり》氏と共棲《ともずみ》のころ、有楽橋の角に開いた三階づくりのカフェーの屋号で、公爵の定紋笹竜胆《りんどう》からとった名だといわれている。桃吉はお鯉の照近江に居たのである。照近江から初代お鯉が桂公の寵妾《ちょうしょう》となり、二代目お鯉が西園寺侯爵の寵愛となった。二代つづいて時の総理大臣侯爵に思われたので、桃吉も発奮したのであろう、彼女は岩倉公を彼女ならではならぬものにしてしまった。そして大勢の子のある美しい桜子夫人との仲をへだてて館を出るようにさせてしまった。そして二人は、桃吉御殿とよばれたほど豪華な住居をつくって住んだりした果が、負債のために稼がなければならないという口実で、彼女が厭きていた内裏雛生活から、多くの異性に接触しやすい、もとの家業に近い店を出したのであった。彼女は笹屋の主人となり、ダイヤモンドをイルミネーションのように飾りたてて、幾十万円かの資産を有していたというに、あわれにも公爵家は百余万円の浪費のために、公爵母堂は実家へ引きとられなければならないというほどになり、館《やかた》は鬼の高利貸の手に処分されるようになり、若くて有為の身を、笹屋の二階の老隠居と具張氏はなってしまった。

岩倉具張は岩倉具視の次男である岩倉具定の長男で、父の死をうけて公爵となり、後に皇太后主事兼宮内書記官となった。芸者遊びが好きで、新橋花街に足繁く通ううちに、桃吉と知り合う仲となった。具張は投機商人の誘いに乗って北海道の土地投機に手を出して失敗、大正三年暮れには神奈川県葉山一色にある広壮な別荘が競売に付されている。笹屋にも居づらくなり、やがて桃吉との間にも亀裂がはいり、具張は妻の桜子（西郷従道の長女）のもとに帰っていった。笹屋は具張の関係から華族の利用も多く、一般庶民には入り難いカフェーであった。

芥川龍之介や小島政二郎なども利用している。近所の葛籠屋の息子が噂を聞いて好奇心にかられ、友達と二人でなけなしの金をふところに笹屋へ入った。そこは若い二人の来るところではなかった。二階に上がってしまい、帰るに帰られず、心を決めて椅子に座った。カウンターには詰襟の白い服を着たバーテンダーがいて、和服姿に白いエプロンをうしろで蝶々に結んだ美人の女給に「あんたたちはこんなところに来るんじゃないの」という目で見られ、冷汗が出る思いをしたという。コーヒー一杯飲んで早々に出て来た。そこは「上流階級の社交場」だったという（野口孝一編著『明治の銀座職人話』）。大正七年現在営業を続けていた。

●**安藤照（お鯉）の「カフェー・ナショナル」**

カフェー・ナショナルを開いたのは安藤照であった。

安藤照は明治十三年東京四谷の漆問屋に生まれ、清元倉太郎の養女となる。明治二十六年銀座の芸妓置屋近江屋の半玉となり、のちに照近江のお鯉を名乗る。同三十二年に歌舞伎役者市村羽左衛門と結婚するが、三年後に離婚。ふたたび芸妓となり、時の首相桂太郎の妾となった。桂太郎は明治三十四年、伊藤博文のあとを受けて内閣総理大臣（第一次桂内閣）となり、三十八年日露講和条約反対の日比谷焼打ち事件にあって退陣した。日比谷焼打ち事件の時、榎坂町にあったお鯉の家も焼打ちの噂となった。そして桂太郎の死（大正二年）後、大正九年の夏、南金六町（銀座八丁目）西側、共同火災保険会社（天下堂のあったところ）の隣にカフェー・ナショナルを開いた。

首相の妾がカフェーを開いたのだから、話題にならないわけがない。そればかりでなく、カフェー・

ナショナルを有名にしたのは右翼の喧嘩である。大正十二年三月十六日、黒龍会員と立憲労働党員がここを舞台に派手な喧嘩をし、世間の話題となった。「京橋築地署の調べでは安藤てるは瀬尾某との関係の破綻がもとで経営難に陥り、これを打開するにあたり安藤側には黒龍会が、瀬尾側には立憲労働党がそれぞれ支援したため」（『築地警察署史』昭和四十八年）、当日の争いとなったという。

安藤照（お鯉）『お鯉物語』（福永書店、昭和２年）より

松崎天民によれば、階下の気分も悪くなかったし、階上には特別室もあって、「一時は相当に繁昌したものだつた。老作家の村上浪六翁と久し振りに卓を囲むで、世相の遷り変りを話したのも、ナショナルの二階であつた。力の強さうな人々が五六人、入乱れて喧嘩をした様を見たのも、ナショナルの階下であつた。女給十四五人の中には、問題になるやうな美人は居なかつたけれど、皆が「お鯉さん」の影に隠れて、笑顔を見せたものだつた」。そして「興味、好奇心、反感、嫉妬さうした気持で、お鯉のナショナルを眺めた人も多かつた。［中略］お鯉の過去と現在を中心に、集まるやうな人達が多かつただけ、それだけ同じカ

フェーと云つても、何となく階級的に思はれたやうな傾向もあつた」(「現代カフエー大観」『騒人』昭和二年十月)。

漫談家の徳川夢声はなにかとお鯉と因縁がある人物である。夢声は小学生時代にお鯉の隠宅があった榎坂町の近くに住んでいた。日露戦争後の日比谷焼打ち事件の時、お鯉の家が襲撃されるという噂があり、夢声の近所の家では戸を閉ざし、息をひそめていたという。少年の夢声はお鯉のことを快くは思っていなかった。それから十数年後、クリスマスの晩、はからずも銀座のカフェー・ナショナルでその姿を見ることになる。夢声が所属していた溜池葵館のオーケストラ団が余興を頼まれて、葵館の終演後、カフェー・ナショナルで出演したのであった。


七人ほどの楽士連は、二階の一隅で皆赤い顔をして「カルメン抜萃曲」「詩人と農夫」「スケーター・ワルツ」てなものを次々にやりながらビールを飲み、サンドウィッチを頰張っていた。

すると、そこへ経営者《あるじ》「お鯉の方」が、どこかの若様らしき一組を案内してきてサービス百パーセント、高島田に結ってる女給の一人に、ごく本格的な舞いの一手をご覧に入れたりしていた。「お鯉の方」なるものを、私はこの時はじめて見物したわけであるが、なるほど「お鯉」であって「お金魚」でもなく、「お鮎」「お鮒」の類でもない。[中略]一度は、初夏の薫風をはらんで、青空高く舞った、大きな緋鯉である。

しかし、大分、その夜はくたびれて見えた彼女であった。とうてい、かつて日本の政治に大影響をもった傾城傾国の佳人などとは、思われない彼女であった。

徳川夢声『明治は遠くなりにけり』(昭和三十七年、早川書房)

カフェー・ナショナルは関東大震災まで続いた。その後、赤坂で待合「鯉住」を開くが、帝人疑獄事件に関連して偽証罪に問われ、執行猶予三年の判決を受けた。お鯉は波乱に富んだ人生を歩んだわけであるが、右翼の巨頭頭山満のすすめで目黒の羅漢寺に入り、尼僧となった。

羅漢寺には昭和二十年八月六日の広島原爆投下の犠牲となった移動演劇劇団「さくら隊」（丸山定夫、園井恵子、仲みどりら九名）の「原爆殉難碑」がある。「さくら隊」の前身「苦楽座」の結成には徳川夢声も加わっており、そのような関係から徳川夢声は慰霊に奔走し、夢声の呼びかけで殉難碑が羅漢寺に建立され、毎年八月六日に「さくら隊」の供養と追悼の集まりがある。殉難碑が羅漢寺に建立されたのは、夢声の二人目の妻静枝の妹が頭山満の三男頭山秀三の妻という関係からであろう。碑銘は徳川夢声が書き、背面には柳原白蓮の短歌「原爆のみたまに誓ふ人の世に浄土をたてむみそなはしてよ」が刻まれている。

●関東大震災後のカフェー

大正十二年九月一日、相模湾を震源とするマグニチュード七・九の大地震が関東一円を襲った。多くの家屋が倒壊し、火災が発生して下町一帯を焼き尽くした。銀座八丁目西側の八官町の芸者置屋から出火、初期消火に失敗して燃え広がりほぼ壊滅した。カフェーもことごとく罹災した。

文学評論をはじめ社会時評、風俗批評に健筆をふるった新居格は、震災前の銀座を次のように回想している。

資生堂も清麗の感じがして好きだつた。ウーロン喫茶店は気安く、パウリスタは簡単カフエーロシヤは風変り、その外銀座界隈にはいろんなレストランやカフエーがあつた。僕たちはどこにどうと云ふことはなく気の向いたままに散歩の序手《ついで》に休んだものだつた。散歩道《プロムナード》は散歩道《さんぽみち》でなくなつて仕舞つた。漫歩の足をとゞめて気軽な漫談をし合つた休み場所もやけて仕舞つた。クリスマス・デコレーションの銀座も、歳暮の売出しで賑やかだつた年の暮れの情景も何れ《いづ》も消えた夢である。舗石道《ほせきどう》を足どり軽く丁度活動写真の映画のやうに歩いてゐた伊達好みの気取つたブルジョアジーの若い男女もその姿を影のやうに掻き消した。

「歳晩忙々――回想の東京・現実の東京」『週刊朝日』(大正十二年十二月三十日)

また、小説家の久米正雄も銀座の想い出を語っている。

私の新聞小説を初めて載せて呉れた時事新報。文

関東大震災直後の銀座の街並み　『改造』(大正12年10月号)より

学青年時代の夢をはぐくんで呉れたカフェヱパウリスタ。飲物をとると云ふよりは、寧ろ伊達に入つた資生堂喫茶部。化粧品部のショウ・ウインドウ。写真の現像焼付の出来上りをもどかしがつた金城商会。宇野、広津、谷崎らの交情と可なり密接な思ひ出を持つウーロン茶。さては、此頃こそや丶足を遠のけたれ、時々入れば一個の常連待遇で、大抵のウェエトレスと点頭き合ふ程のカフェヱ・ライオン。其他、馴染と称すべきものを数へ立てれば、かなしき歌妓Sの絵葉書を悉く買ひ占めた事のある絵葉書店に至るまで、軒並みに何らかの追憶を持たざるはない。

『微苦笑芸術』(大正十三年、新潮社)

大正十二年九月、震災前の銀座は幻と消えた。

明日をどうするか。銀座通りの商店で構成する銀座通聯合会では、話し合いの結果、商店街を二階建てに統一することとし、十一月一日を期して大売出しをすることを決定した。そして商店主の努力の結果、それは実現した。

震災から四か月、大晦日を迎えた銀座を、広津和郎はつぎのように書いている。

自分が銀座から最も強い印象を受けたのは、大正十二年の大晦日の銀座だつた。東京の目抜きの場所といふ場所が、あの大震火で焼き払はれてしまつた時、自分達は、毎日銀座の復興を見に行つたものだ。何しろ銀座の復興する事が何よりも嬉しかつた。子供のやうな心持で、明るい灯を求めてゐたに違ひない。画家達がバラック街の装飾をするといふ新聞記事や、何や彼やが、何より自分の興味を惹いた。十字屋のバラック、銀座食堂のバラック、それから新しい画家達が設計したとか装飾したとか云はれてゐるカツフエエ・キリンのバラツク――このカツフエエ・キリンのバラツクは、昼間見ると、その装飾の美しさと奇抜さとが愉快だつたが、夜になると真暗になつて、折角の装飾絵もよく見えなかつた。これは装飾した画家達が、昼間ばかりを考へて、夜の事を忘れてゐたらしい。［中略］そんなものが、ポツポツ建ち始めるのを、毎日見てゐた自分は、大晦日になつて、兎に角、バラツク街の、裏側には真暗な闇が巣喰つてゐるとは云へ、外側だけでも、今日見るあの銀座が、殆んど完全に出来上つたのに、歓喜の声を揚げたものだ。今から考へると子供染みた感激ではあるが、その当時の東京市民で、大晦日に銀座に出た人は、地震後四月目であの銀座が華々しく復活した事に、みんな狂喜したものだつた。

「銀座と浅草」『中央公論』（昭和二年四月）

東京の街並みが変わり、風俗も大きく変わった。カフェー・パウリスタはブラジル政府からのコーヒー豆の供給停止の期限がきたこともあって閉店した。カフェー・プランタンは銀座八丁目の西沢旅館跡に移転してきたが、昔日のおもかげはなく、喫茶店の色彩を強めた。カフェー・ライオンは同じ場所で再開するも、大正十三年九月に浅野総一郎経営のカフェー・タイガーが近くの尾張町一丁目に開店すると、人気はカフェー・タイガーに奪われた。そして小さな個人経営のカフェーが銀座裏に雨後の筍のように生まれた。

関東大震災から五年目に入った昭和二年十月に、雑誌『騒人』は「現代カフエー号」を特集した。その中でカフェー通の松崎天民が「現代カフエー大観」を寄せている。

大正十二年の大震火災で、東京市は山の手を余すのみ、下町一帯のカフエーは、跡方もなく亡びたが、それから五年目の今日では、震災前期にも倍する勢ひで、カフエーやバーやレストランが復興して来た。今日の銀座だけでも、ライオン、タイガー、松月、キリン、キンブラ、プランタン、モナミ、バッカス、サッポロ、エスキーモ、千疋屋、資生堂、佐々木、台湾喫茶店、富士、不二屋と云ふ風に、盛大なカフエー銀座を出現した。それに支那料理の秀華、芳蘭亭、珍紅亭、陶々亭、ヤマ《(ママ)》ニバー、須田町食堂、日の丸、とりの気仙、水茶屋、すゞめ、寿司の帆かけ、蛇の目、すし栄などゝ数え来れば、表銀座も裏銀座も、今は飲食の店々に依て、包囲された形となつた。銀座食堂、小松食堂、沢正食堂、男自慢などは、カフエー式の構へで、手軽に日本料理を提供することに依て、人々の間に知られて居る。

松崎は、これらの中でほんとのカフェーらしいカフェーはほとんどないといっているが、強いて挙げれば、銀座でライオン、タイガー、クロネコ、浅草ではオリエント、聚楽、上野では菊屋、神楽坂でオザワ、本郷で燕楽軒などであろうとしている。日本のカフェーはヨーロッパのカフェーと違って、何れも喫茶、バー、レストランを兼業し、カフェーすなわち洋食屋、洋食屋すなわちカフェーで、中には中華料理や和食を出す店さえあった。

『銀座通』（昭和五年）を書いた新聞記者の小野田素夢は、「地震前には、京橋向ふのキタニホンから飲みはじめても、ギンブラ、ライオン、松月、ロシヤ、ウーロン、ナシヨナル、ドラゴン、新橋、出雲亭、日吉亭と歩いちまへば新橋停車場から電車に乗つて帰るより外なかつたが、近頃は一晩に十軒ぐらゐづゝ梯子ツても優に一ケ月はかかり、そして一ケ月目には新しい店が十軒ぐらゐ出来てゐる有様である。［中略］銀座ならびに銀座のカフエーのことは何でも知つてゐるやうな顔をする私でも、実を申せば、店名さへ半分ぐらゐしか記憶できなくなつた」と告白している。

昭和三年という年は、二月に初めての普通選挙（第一六回総選挙）がおこなわれ、翌三月には日本共産党員の全国一斉検挙（三・一五事件）、六月に中国における張作霖爆死事件、治安維持法の改正（死刑、無期追加）、七月にアムステルダム・オリンピック開催、十月には昭和天皇の即位礼がおこなわれた年であった。ついで昭和四年は七月に浜口雄幸内閣が成立し、緊縮財政を発表、失業者が増加した。八月にはドイツの飛行船ツェッペリン伯号が銀座上空を通過、十月にはニューヨーク株式市場で株の大暴落が起こり、世界恐慌が始まり日本の経済界も深刻な打撃をうけた年であった。不景気が叫ばれ、内外ともに暗雲が覆い始めた年であった。

新居格もまた、昭和四年に刊行した『近代明色』の中で、

> 時代とは云へカフエーの続出は実に夥しいものである。銀座街の如きは日を追うてその数を増しつゝある。場末や郊外にも貧弱なカフエーと称しつゝあるものが萌え出る春の土筆《つくし》の如くに出来つゝある。全国の小都会、駅路、遊覧地のどこにそれのない所があらう。
>
> カフエー、レストラン、バア、それはそれ〴〵特異の字義があるがその字義の差は事実に於いてハツキリしてゐない場合が多い。

同じく昭和四年に出版された今和次郎編集の『新版大東京案内』（昭和四年、中央公論社）にもカフェーの紹介がある。

世間の日に増す不景気に反比例して、最近の市内外に於けるカフエー、バーの膨脹ぶりは実際驚くばかりである。こゝ僅か一二年の間に、銀座にも浅草にも神田、に（ママ）も新宿にも、目まぐるしい程な快速力でカフエーやバーが殖えて来て、カフエーは六千百八十七軒、バーは千三百四十五軒といふ警視庁の統計（昭和四年八月現在）は今や正にカフエーの黄金時代を物語つてゐる。カフエーの洪水！　しかもそこに働いてゐる女給は、カフエー一万三千八百四十九人、バー千七百十人を算へ、これらの大部分が客のチップを唯一の収入として街頭に戦つてゐるのである。銀座だけでさへ、女給は千六百八十人もゐる。

安藤更生の『銀座細見』（昭和六年二月）は、いまや銀座のカフェーの基本文献となっているが、銀座二丁目西側裏には関西系の大カフェーに対抗して生まれた小規模のバーが簇生《そうせい》した状況を捉えている。

銀座二丁目大倉組の裏横丁には、バーが角並みに口を開けてゐる。西側にオラガ銀座、ナイト、ギンガ、マネキン、オレノ、コロンビヤ、ヒデミ、東側には、ラツキイバア、ライトなどである。小いさな表の暗いバアが、赤や青のネオンサインに彩られてゴチヤゴチヤと固つて居るところは一寸壮観である。表を通ると断髪や耳かくしの女給達が門口へ出て来て、「一寸寄つてかない？」とか何とか云ふ。人呼んでこれを銀座玉の井と云ふのである。

店頭で客引きをおこない、どぎつい性的サービスが話題となった。

●カフェー・タイガーの開店

カフェー・タイガーは、関東大震災からちょうど一年経った大正十三年九月、尾張町一丁目に開店した。現在のイグジットメルツのところである。

大都会のカフエーらしくいつも陽気に繁昌して、美人女給の揃つてゐるのは、尾張町の交叉点近くにあるカフエ・タイガーだ。浅野総一郎家関係の経営で、さすが、大カフエーだけありこゝなら信用して腰を落著けて飲むことが出来る。三十余人が赤青紫の三組に分れ、色々なタイプの女達が互ひに妍《けん》を競ひ合つて、おほやうに女と冗談など交はして、一夜の歓楽を追ふに最も相応《ふさ》はしい。そして彼女等が皆それ〴〵一流意識を持つてゐるから、それを認める程度の愛嬌さへ客が見せれば、女達は割に高速度に親しんで来るのである。銀座のカフエーで、一番名士のやつて来るのは、先づこゝの店だらう。

今和次郎編『新版 大東京案内』

カフェー通を自任する作家・映画評論家の酒井真人も述べている。

おしなべてウエイトレスたちが、その容姿に於てさへ余りに平凡で、それかあらぬか往昔のライオン気質も薄れ消えて、進取的な若しくは野心的な女が、やうやく覇者の位につかうとしてメキ〳〵擡頭して来た向河岸のカフエ・タイガーに、二人三人と露骨に鞍換へし始めて来たのである。

「カフェー・タイガー」の外観　松崎天民『銀座』（銀ぶらガイド社、昭和２年）より

広津和郎『女給』（中央公論社、昭和６年）　中央区立郷土天文館蔵

自然ライオンの常連も、それ等のウエイトレスのグレイト・マイグレイシヨンに連れて、ライオンに左様ならしてタイガーに移つて行くやうになつたのだ。そして最後まで孤城を死守するやうに見えた室伏高信氏や村松正俊氏や長岡義夫氏までが、惜気もなく寝返りを打つてしまつたのである。そして私なども、謀反人の張本だ。

酒井真人「文壇カフェ盛衰記」(『中央公論』昭和四年九月)

永井荷風は、カフェー・プランタンでの悶着があってからカフェーへの出入りを絶っていたが、大正十五年八月八日の夜、はじめてカフェー・タイガーに足を踏み入れた。荷風は、「申訳」のなかで「大正十五年八月の或夜、僕は晩涼を追ひながら、震災後日に日にかはつて行く銀座通の景況を見歩いた時、初めて尾張町の四辻に近い唯《と》あるカツフヱーに休んだ。それ以来僕は銀座通を過る時には折々この店に休んで茶を飲むことにし」、以後足繁く通い出した。そしてここで知り合った女給のお久をモデルに「つゆのあとさき」を書いている。作中の君代である。お久とはのちに金銭問題でもめ、十月、カフェー・タイガーから遠のいている。

広津和郎もカフェー・タイガーの女給小夜子をモデルに「女給」を書いたが、それにからんで「女給」モデル事件が起きている。広津和郎は昭和五年八月から『婦人公論』誌に「女給」の連載を始めた。舞台はカフェー・タイガー、そこに出ていた女給小夜子が主人公である。本名は須磨子、知り合いになった広津は須磨子から「わたしのことを小説に書いて下さい」といわれ、彼女の前半生を聞き出している。小説の冒頭の部分に菊池寛らしき人物が登場する。「ええ、さうですの。吉水さんにお会いしたのは、あたしが初めてカッフェエ・Tのお店に出たその晩でした」。吉水さんこと吉水薫は菊池寛をモデルにしたとされる。
発表されると、話題を呼び評判となった。菊池寛は中央公論社に訂正というか弁明の一文「僕の見た彼女」を送った。それは『婦人公論』九月号に編集者が題名を「僕と「小夜子」の関係」とかえて、掲載された。
菊地は「「女給」と云ふ小説に出て来る吉水薫と云ふ小説家は、僕をモデルにしたものらしい。新聞広告に依ると「文壇の大御所」云云とあり、それは実にイヤな仇名であるが、常に僕の事にいはれてゐる名前であるから、僕がだまつてゐても、僕のことだと世間から思はれるから、この際進んであの小説に描かれてゐる事について、一言弁明し置く。」としてつぎのように述べている。

広津君が、あの女を理想化して、清浄な悲劇の女主人公に祭り上げるのは、勝手であるが、僕の見た現実の彼女は美人局《つゝもたせ》はしないまでも、僕のやうな問題になり易い人間と御飯を喰べに行つたことを、すぐ同棲してゐた男に話し、その結果として、僕が脅迫されると云つたやうな迷惑をかけさせる悪党でないまでも、不謹慎な女であり、その結果として僕が見向きもしなくなると、その事から客の前で友達と大喧嘩をするやうな女性である。

投稿文の題名を差し替えたことに腹をたてた菊池は中央公論社に乗り込み、口論の末、隣に座っていた編集者の頭を殴るという事件に発展した。両者の関係はこじれたが、広津が間に入り和解が成立した。事の顚末については戦後、広津が『同時代の作家たち』および『続 年月のあしおと 上』に詳しく書いている。そんな騒ぎがあって、小夜子はカフェー・タイガーをやめて、黒猫(クロネコ)に移っていた。

永井荷風は、昭和六年三月六日、カフェー・タイガーで飲んでいたが、小夜子の評判を聞いて、生田葵山、杵屋宇太郎らと黒猫に赴き、小夜子を見ている。その日の日記に「広津和郎作女給の主人公なる由にて目下銀座辺にて専《もつぱら》噂高きもの丶由、黒猫店口に当店に女給小夜子在りとかきたる看板を出し、楽隊にて囃し立てるさま、宛然縁日の見世物小屋なり、当世人の悪趣味実に窮極する所を知らず」と記している。

モダニズム文学の担い手であり、新社会派文学の提唱者であった浅原六朗は、最も賑わった頃のカフェー・タイガーの雰囲気を『都会の点描派』（昭和四年、中央公論社）の中で、「女群の体臭と、香料と、酒と、フライパンの脂と、莨《たばこ》の煙の旋風であるのだ。カフエー・タイガーは。そこには、不良壮年と、暴力団と、どこかの会の流れらしい文壇人の一群とが、キュービズムの絵のやうな構成を展《ひろ》げてゐる時がある。時に岡田三郎が怒鳴つたり、中村武羅夫が女給に包囲されたり、永井荷風がフランス物語を繰り返してゐる」と描写している。

●大正十四年七月に女給実態調査

大正十二年の関東大震災後、カフェーが雨後の筍のような勢いで生まれたことは、すでに述べた。カフェーが社会的存在として注目され、女給が女性の新しい職業として注目されると同時に、風俗問題としても話題となった時期であった。中央職業紹介所事務局が大正十四年七月下旬に東京、大阪において女給の実態調査をおこなった。対象は「所謂カフヱー女給を中心として、それに西洋料理、喫茶店などに働くものをも加へたる意味の近代的エプロン女給」とし、各地の警察署を通して個人に調査票を配布している。銀座を統括する警察署は築地警察署と北紺屋署にまたがり、銀座地区に絞った数字はわからない。築地・北紺屋両署管内の女給は九四八人で、その内回答数は一七四人で、二割に満たない数値であるが、いくつかの指標をみてみよう。

年齢別では、十七歳～二十四歳が一六〇人とこの年齢層に集中している。出身地別では、東京府が九〇人と半数を占め、新潟県・千葉県が各一二人、神奈川県が八人、埼玉県が七人、栃木県が六人と近県が続く。前職では、裁縫が二一人、女中が一三人、事務員七人、学校七人と続く。就職理由では、「家計補助」が五一人と圧倒的に多く、「収入多きため」が一五人、家庭の事情が一一人と続き、九人が「好奇心により」と答えている。住居調査では、「住み込み」が八七人、「通勤」が四六人、「不明」が四一人と住み込みの比率が高い。収入では、月収一三〇円台が最高で一人、一二〇円台が三人、一〇〇円台が六人と高収入のものがいるのに対し、集中しているのは四〇円台が四九人、三〇円台二〇人、二〇円台二九人である。この内何らかのかたちで固定給を貰っているものは五〇人いるものの、慣行としてチップ収入が普通であった。

「希望感想欄」からは、経済的な点では「境遇及び家庭の事情で仕方なしに」、「他に比し収入が多いから」が圧倒的に多く、環境としては「良いと思ふことなし」、「早く止めたい」、「他に仕事がないので仕方なしに」、「女給を世間の人は理解しない」とネガティブなのに対して、「よいと思ふ」、「社会の状況及び男の心理が判るからよい」、「心掛一つで良いと思ふ」、「将来独立するには良い」というプラス面を強調するものもいる（『東京大阪両市に於ける職業婦人調査（女給）』大正十五年、中央職業紹介事務局）。

女給は、事業所と雇用関係をもつ使用人ではなく、独立した存在のものが多く、その場合、女給の収入は客から受け取るチップがすべてであり、月の収入は一定ではなく、多い月もあれば少ない月もあるという状況であった。そのかわりいつ辞めてもいい自由さがあった。当時としては、他の職業婦人より収入が多く、特殊な技能がなくても、思いが固まれば誰でもできる職場であったのである。社会的な地位は低くみられたので、女給になるには心理的ハードルは高く、生活に困った末に女給になるケースが多かった。

しかし一方で、カフェー・ナショナルの安藤照（お鯉）のように、歌人、小説家、女優、芸妓などがその知名度を生かしてカフェー、バーの経営者や看板女給になる場合が出てきた。

●話題にのぼった女給たち

その頃話題となった店をあげると、歌人原阿佐緒の「蕭々園」、山田順子の「ジュン・バー」、「街の灯」、新派女優渡瀬淳子の「カフェー・ジュン」、断髪の新劇女優花柳はるみの「サンチャゴ」、新派女優水谷八重子の「メーゾン・ヤヱ」、映画女優佐々木清野の「バー・キヨノ」（花柳はるみの「サンチャゴ」を買い取って出す）、映画女優八雲恵美子の「バー・スワロウ」、「タット」、一色瑠璃子（勝代）の「ランチェラ」、新劇女優滝蓮子の「バー・ムーラン・ルージュ」などである。このうち水谷八重子、佐々木清野などはただ名前だけを貸したもので、店に出てサービスすることもなかったという（小松直人『カフエー女給の裏おもて』昭和六年）。「メゾン・ヤヱ」は水谷八重子の看板だけで、シャム（タイ）の駐在公使からシャム王室法律顧問になった政尾藤吉の息子が経営するところであったという。

当時話題となった女給について何人か紹介しよう。

●原阿佐緒の「蕭々園」

昭和四年頃、数寄屋橋近くに、歌人原阿佐緒が蕭々園を出した。大正十年七月、『アララギ』派の歌人として知られた原阿佐緒は、世界的な物理学者で『アララギ』重鎮の歌人であった石原純との恋愛が話題となった。在京の各新聞や『河北新報』など地元新聞は石原が東北帝国大学を辞職し、原阿佐緒との恋の道を選んだことを大々的に報じた。

原阿佐緒は明治二十一年六月、宮城県黒川郡宮床村（現在の同県同郡大和町大字宮床）に生まれる。宮城県立高等女学校を中途退学し、上京して日本女子美術学校（現在の東京都立忍岡高等学校）で日本画を学び、明治四十年新詩社に入って与謝野晶子に師事した。『スバル』に短歌を発表。『スバル』終刊後は『アララギ』に移り、今井邦子や三ヶ島葭子とともにアララギ女流の新鋭と認められるようになった。

石原は妻子ある身、原は二度の離婚を経験し、子供を持つ身であった。原と石原の出会いは石原宅での『アララギ』の例会であった。大正七年六月、病気で仙台の大学病院に入院していた原を石原が見舞いに行った頃から、交際が始まり、やがて十年十月、千葉県保田で同棲するようになった。ここで二人は歌を詠み、原は絵を描き、石原は来日中のアインシュタインの講演の通訳者として日本各地を回っていた。この間、二人の蜜月時代であったが、昭和三年九月、原は石原のもとを去った。そのころ詠んだ歌「信じあへしか思ひつつなほ寂し何ごともあかさぬ夫とくらして」にあるように、二人の間にすきま風がたつようになったことと、二人の子供のためであった。

しかし、二人はまったく関係を絶ったわけではなく、昭和四年頃、数寄屋橋に近い銀座五丁目一番地に二人で「蕭々園」というバーを出した。開店したばかりの頃、歌人の尾山篤二郎が酔ってやってきて、装飾したばかりの壁紙を墨で塗りたくって、阿佐緒を泣かせたこともあった。最初は話題の店として繁昌したが、そう長くは続かなかった。このあとを引き継いだ山田順子は「彼女」と名を改めたが、その筋からの干渉で「五月」と改名した（武野藤介「文士カッフェ行状記」『改造』昭和六年九月）。

昭和五年一月発行の雑誌『カクテール』創刊号（カフェー漫画漫文社、羽島知之氏蔵）に「バーの主人公になる歌の原阿佐緒女史」という記事が載っている。心ならずもカフェーを始めた心情がうかがえる。

歌の原阿佐緒女史がお住居の高円寺から出て来て歌舞伎の隣、泰聖ビルの一階バー・ラパンの女主人公になる。街頭の埃《ほこ》りに立ちて女史は先づ歌へる。

社会《よ》の思惑かなしく思へど／わが周囲《まはり》見すごしがてに／奮ひたちにけり
病身の吾にも出来る職業として／捨てがたく思ふ／かなしき吾なる
いやしめられん／おもんばかりも／いまはしりぞけ／この覚悟を遂げむと思ふ

このバー・ラパンは、昭和四年十二月七日から勤めるということだが、『週刊朝日』昭和五年三月十六日号の「学壇ゴシップ」欄に、石原純は「影の形に形の影のやうに、あさを女史と御同列、よき名バー・ラパンの御主人として、仲むつまじいシルエットは、まさにバーを漁り歩く不良老年が頂門の一針とすべき相対性的現象」と皮肉られているが、このとき実は二人の間で別れ話が進んでいた。バー・ラパンに入ってきた女給と石原との関係が密になったのが原因であった。その間の事情は原自身が「純への絶縁状」（『婦人公論』昭和五年九月）に書いている。

虚実話題の多い原に目をつけたのが交詢社ビルにある「サロン春」の経営者だった。サロン春についてはのちに触れるが、話題性の多い美人の女給を置くカフェーとして知られていた。サロン春の女給となった原に目をつけたのが大阪のカフェー、美人座と日輪であった。日輪は「サロン・ハルから月四日間の休暇を貰ふ阿佐緒をして、その四日を纏めて休ましめ、彼女に飛行機によつて毎月来阪して貰ひたい。その謝礼は其都度金二百円。往復に要する飛行料その他宿泊料等は一切大阪カフェ持ちといふ条件が出たのである。そうして、日輪側の策戦が奏功して、去る八月三十日から四日間、問題の女人原阿佐緒は道頓堀の日輪の女王として君臨することになつた」（「めざましいカフェ戦術――原阿佐緒争奪戦」『商店界』昭和五年十月）という。

その後、昭和六年には映画監督になった長男と同居し、舞台に立ったり、映画に出たりしたが、成功しなかった。歌人としては、『原阿佐緒抒情歌集』（昭和四年、平凡社）があるが、書き溜めた歌稿を昭和九年の室戸台風で失い、以後歌を詠む意欲をなくしたという。

数奇な生涯をたどった原にとって女給になったのは、多くの女給がそうであるように、生活のためであり、歌にあるように「病身の吾にも出来る職業」として選んだのであり、彼女の本意ではなかったのであろう。最後は俳優の次男のもとで八十二歳の生涯を閉じた。

●**山田順子の「街の灯」、「ジュン・バー」**

山田順子が久米正雄に出したバー「街の灯」の開店挨拶状（ギンザのサヱグサ文化事業室蔵）がある。もちろん印刷されたダイレクトメールであるが、日付け、地図が入っていて貴重なものである。昭和七年一月、木挽町四丁目五番地、歌舞伎座裏に当たる。

何もかもが走りに走る中で、引つ込んでゐますのも心細いし、寂しいことでございますので、今度はまた旧名エロスを改めバー『街の灯』を私どものサロンとして、忘られ勝ちな「気分」を皆様と御一緒に大事に育てさして頂く事になりました。
是非、笑ひと涙との一領土、このバー『街の灯』をこそ浅霧の中に遠くうるむ心の故郷ともして、お思ひ出しくださるようお願ひ申し上げる次第でございます。

山田順子は、明治三十四年、秋田県生まれ、弁護士と結婚して北海道小樽に住んだが、文学志望の思いが強く、大正十三年、自作『水は流るゝ』を持って上京し、徳田秋声に師事、秋声の妻の死後、秋声と同棲した。この時期、秋声は「順子もの」をあいついで書いている。その間、竹久夢二、勝本清一郎などと浮名を流し、恋多き女性として話題となった。バーの開業がいつから始まったかわからないが、原阿佐緒の蕭々園を引き継いで、「彼女」（「五月」）を始めたのは昭和五年頃のことで、生活の資を得るために始めたものと思われる。

昭和八年十月発行のタウン雑誌『Ginza 銀座』に「バージュンコー」の広告が載っていて、この時期順子は場所をかえて「バージュンコー」を出していたことがわかる。場所は銀座西五丁目角西銀座ビルで「マツダランプ後方二本目角二階」となっていて、杉浦非水の詩「銀座で拾つた桜貝／それは順子の爪の色／ちよいと寄らんせ／ジュンコーへ」と似顔絵が添えられている。また、昭和九年八月発行の『あみ・ど・ぱり』にも広告を出している。帽子をかぶった女性を真ん中に「半世の苦悩を酒

山田順子　昭和2年頃

盃に溶いて　われら順子は朗らかに笑ふデス！　ジュンコーにて」の文字が添えられている。順子の心情がにじみ出て哀れを誘う。

こんな話がある。昭和六年前後の頃、順子が銀座裏で「ジュン・バー」という酒場を開いていた時のことである。「ジュン・バー」は「エロス」、「街の灯」開店前のカフェーであろうか。作家の橋爪健が『多喜二虐殺』（昭和三十七年、新潮社）で語るところによれば、「ジュン・バー」は「文壇の連中がよく集まった。私も誰かにつれられて二三度飲みにいったが、最初のとき順子が愛嬌たっぷりに手をさし出して握手をした。それが彼女の得意の癖らしかった」という。順子は小樽の弁護士夫人、小林多喜二も小樽出身の新進プロレタリア作家、そんな関係から順子は多喜二の大ファンで、「ジュン・バー」でよく多喜二の話をしていたという。ある晩酔っ払って、「せんだって小林さんが来たのよ。小樽時代のお友だちにたのんで無理やり引っぱってきてもらったの。ところが、私が握手の手を出しても、ぜったいに握手してくれないんですよ。あとでお友だちに聞いたら、あんなよごれた女と握手するのはまっぴらだってさ。ホホホホ」とヒステリックに笑うのであった。

昭和六年前後のことといえば、多喜二は昭和五年七月、『蟹工船』の件で不敬罪の追起訴を受け、八月治安維持法で起訴され、豊多摩刑務所に収容されているので、翌年一月保釈出獄した頃のことであろうか。十月には非合法の日本共産党に入党している。また、この時期は「銀座図案社」に勤め「文戦劇場」の女優でもあった伊藤ふじ子と交際していた時期でもあった。多喜二はこのあと、昭和八年二月二十日、近くの築地警察署で虐殺された（倉田稔「小林多喜二の東京時代」小樽商科大学『商学討究』五二巻二・三号、平成十三年）。

晩年の順子は『女弟子』を書き、鎌倉で観音教の布教にあたり、昭和三十六年六十歳で亡くなった。

●大川京子の「サイセリア」

昭和のはじめ、元数寄屋町二丁目（銀座五丁目）にサイセリアという小さなカフェーができた。美しいマダムが店に立ち、サービスしていたので人気があった。昭和六年頃マダムに代わって女給の大川京子がサービスしていた。夢二好みの美人で、「銀座のダンディどもが、みんな京子に惹かれるのは、あの黒目勝ちで始終うるんでゐる様な目と、あの声のせいであらう」といい、実に日本における最高のチップ取りであったと噂された。山内義雄、里見弴、中村武羅夫ら文士の溜まり場であった。

京子は、実家が事業に失敗し、この道に入った。彼女自身が語るところによれば、昭和三年頃、クリスマスから正月にかけてのもっとも忙しい時、月収五八〇円をとっていた。収入の全てがチップであった。京子の好きなお客は、「知識階級の人で面白い御話をして下さる方」で、サイセリアの客はみな上品な人ばかりであったという（大川京子「私の生活」『平凡』昭和三年十一月）。

中村武羅夫は、「カッフェエー小景」（『新潮』昭和四年四月）の中で「サイセリアはバアだけれども、船底のやうなあの一部屋に、毎夜入り切れぬ客が押しかけ、煙草の煙り、カクテルの香り、蓄音器の音、酔つぱらつた話し声、高笑ひの声で、一種不思議なオーケストラを奏してゐるのは、若い「オヤヂ」のカクテルの振り工合か、それともお京さんの黒子の魅力に引き附けらるのか分らない」と書いている。

●渡瀬淳子の「カフェー・ジュン」

大阪松竹女優養成所の二期生で、のち島村抱月の芸術座に入団。のちに須磨子に対する抱月の溺愛に憤慨して、芸術座をとび出した沢田正二郎らとともに脱退した。沢田はその頃、永瀬義郎、鍋井克巳、小出楢重、竹久夢二ら画学生が立ち上げたアマチュア劇団美術劇場と合同し、大正三年四月、第一回公演（ハウプトマン作「平和祭」、秋田雨雀作「埋れた春」、田中介二作「博多小女郎浪枕」）を有楽座でおこなっているが、淳子は「博多小女郎浪枕」に沢田とともに主役で出演し、その関係から沢田正二郎と結婚した。同六年、正二郎は仲間と「新国劇」を結成し、淳子は女優として活躍。二人の子を産んだが、同十三年に離婚。その後は一時、大阪で「小さいけれど、採光の感じの好い家で、美味いカクテルを飲ましたり、淳子自ら客席に出て、愛嬌と秋波を振れ舞ふのが特色だつた」（松崎天民「現代カフエー大観」『騒人』昭和二年十月号）カフェー「カフェー・ジュン」を出した。ここを一、二年でたたみ、東京へ出て新劇で活躍するも、没年間際には、弥左衛門町十三番地（銀座四丁目）のジュンバーのマダムをしていた。『時事新報』に連載された「たべある記」を一冊にまとめた時事新報家庭部編『東京名物食べある記』（正和堂書房、昭和四年）に「表から種々な酒瓶を並べた棚が見えるのが面白い、中へ入ると狭い所を巧みに扱つて変つた気分を出してゐる。わざと煉瓦の肌をむき出しにしたオンドル風の煖炉が面白い、壁にかけられた布も風情がある。女給さんも美人揃ひ、マダムも若返つて先頭に立つてキビ〱と客に応待してゐる」と紹介されている。記者に店を開くまでの苦労話や、「子供には時々逢ひたうなります」と胸のうちを語ったりしている。昭和五年三十七歳で急死した。宇野浩二作『女快』、「恋愛合戦」のモデルである。

●**花柳はるみの「サンチャゴ」**

花柳はるみは、黎明期の新劇界、映画界に活躍、奮闘した女性であった。明治二十九年に生まれ、本名を糟谷いしという。茨城県鹿島郡の大地主の家に生まれた。叔父をたよって上京、麴町女学校を卒業。松井須磨子にあこがれ、大正四年に芸術座の第一期研究生となり、その年、ツルゲーネフの『その前夜』で舞台女優としてデビューする。大正八年、二十三歳の時、評論家として知られる帰山教正の実験作『深山の乙女』および『生の輝き』（いずれも現代劇）のヒロインに抜擢され、日本映画の女優第一号となる。その後、松竹蒲田撮影所に所属し数本の映画に主演するが、舞台に専念し、研究座の「地霊」、「かもめ」、先駆座の「なかま同志」ほか、ストリンドベリの作品に数多く出演し、ストリンドベリ女優と称された。大正十三年に築地小劇場が結成されると、小山内薫に招かれ、ゴーリキー作「夜の宿」のナースチャ、ストリンドベリ作「稲妻」のゲルダ、チェーホフ作「桜の園」のラネーフスカヤ、「三人姉妹」のマーシャを演じた。築地小劇場初期を代表する女優であった。はるみの印象は「思い切った断髪で、目が大きく光り、精悍な牝猫を思わせた」（田辺茂一『あの人この人五十年』）という。その頃、詩人の中野秀人と恋仲となり、すでに三児をもうけた夫と別れ、同棲したが、この恋愛は中野家の反対で破局した。この恋愛で築地小劇場を離れることとなり、その後、フリーとして新劇協会を中心に活躍した。

　昭和四年、女優生活にかげりが見え始めた頃、下谷黒門町の郵便局の裏にセンチリーというカフェーを開いたが、評判をよんで繁昌したので、のちに銀座西三丁目にサンチャゴというカフェーを開いた。そのころ知り合った愛知県知多郡常滑町（現常滑市）の実業家

花柳はるみ　廻船問屋瀧田家提供

の瀧田英二と結婚、演劇界と縁を切り、二児をもうけ以後平穏な半生を送った。昭和三十七年没、享年六十六歳（戸板康二『物語近代日本女優史』昭和五十五年）。

花柳はるみの歌、

街路樹の二間ばかりの若木をば眺めてゐるとうれしくなつた
しき石の濡れたる上を踏んで行けば髯の青さに似たる銀座よ

『銀座』創刊号（大正十四年五月、銀座社）

●一色瑠璃子（おけい）の「ランチェラ」

外堀通りにあった電通の並びに「ランチェラ」というバーがあった。「ランチェラ」というのは、スペイン語で農夫が休息する農園の小屋だそうだ。元松竹女優の一色瑠璃子が出したバーであった。店では「おけい」の名でとおし、客あしらいもよく繁昌していた。歌舞伎役者七世沢村宗十郎を父に持ち文藝春秋四代目社長となった沢村三木男もここの常連であった。沢村の著書『東京のおんな』（昭和五十年、河出書房新社）によると、つぎのような女性であった。

マダムのおけいが美人なので繁昌した。当時は、まだ女は着物の方が多かったが、その中で、おけいの洋装は寸分の隙もない、いわゆる洋装を着こなした一人だった。その時代には、それは、眼を瞠らせる貴重なスタイルだった。切れ長の眼が、いつもえみを浮かべ、幾分ダミ声も、ぞっとするような中年増だった。洋風小股の切れ上がった……という感じだった。

おけいさんが、当時、慶応柔道部で有名だった、次郎万こと、城田次郎の愛人であることも知られていた。

通称次郎万といわれ、腕っぷしで慶応随一、喧嘩が強いので、銀座でも怖れられていた。それが、顔をみると、男も惚れるような美男子だったから、似合いのカップルとして、この噂は知らぬ者もいないほど広まった。

おけいは室蘭生まれ、昭和九年に友人と東銀座で洋裁学校を開く予定であったところ、友人の急死でバーに転換したという。

●瀬尾春の「ランチェラ」時代

昭和十年が十一年に代わる頃、瀬尾春が「ランチェラ」に入って来た。

陸軍歩兵第一連隊中尉であった栗原安秀も常連の一人であった。十一年二月二十四日の夜、栗原は近衛歩兵第三連隊の中橋基明ら七名を連れて「ランチェラ」にやって来た。いつも午後八時頃に来るのにその日は五時頃やって来た。迎えた瀬尾春ことお春に、普段女給たちが着替えをしたり食事をとったりする奥の小部屋を貸してくれと頼み、そこでなにやら密談が始まった。かなり時間が経ち、お春がお茶を持って行き、ドアを開けると、そこの何人かはギョッとして振り返ったという。二日後に迫る二・二六事件の政府要人の襲撃決行の密議であった。栗原が指揮したのは首相官邸で、時の首相岡田啓介の身代わりになったのは岡田の義弟松尾伝蔵であった。「ランチェラ」は謀議の場として捜索をうけ、その後、店を閉じている。

密議の時に対応したお春は「ランチェラ」をやめ、中国上海にわたり、日本人経営のバー「グレース」の女給をしていたが、戦後帰国してまもなく銀座で「らどんな」を開店した。政財界人、作家、ジャーナリストの出入りが多く、戦後の銀座の代表的なクラブとなった。

大下英治『銀座らどんな物語』（平成四年、講談社）

●野中花の「セレナーデ」

栗原安秀らは、野中花の店「セレナーデ」にも顔を出していた。

「ママさん、いまにいい世の中をつくってやるよ」

軍服姿の青年将校たちが、私の店に来る度に目を輝やかせて盛んにこんなことを言っていたことがある。昭和十一年の二・二六事件の〝叛乱軍〟の主役将校となった野中四郎大尉、栗原安秀中尉、丹羽忠誠少尉らだった。

二月二十六日、大雪の日。三菱重工業元社長の牧田与一郎さんと当時外務省の与謝野秀さんが飲んでいるところへ、将校さんたちが入ってきたが、その後の報せを聞いて、野中さんらが決起したというので、びっくりしたのを憶えている。

野中花『昭和・奇人、変人、面白人』（昭和五十八年、青春出版社）

こう語るのは野中花だが、反乱軍の決起は二十六日払暁だったので、「セレナーデ」に来たのはこの日ではない。「ランチェラ」の密議が二十四日だったので、二十五日、蹶起前日であったろうか。いずれにしても青年将校たちはカフェーやバーを情報交換の場として利用し、かつ楽しんでいたのである。

野中花がこの道に入るきっかけになったのは、築地小劇場の創設者の一人、土方与志であったという。野中花の父は東京帝国大学人類学教室の坪井正五郎のもとにいた野中完一で、筑後の稲荷山経塚《きょうづか》を発掘した人物として知られる。坪井の熱心な働きかけで二条基弘公爵や徳川頼倫侯爵（紀州徳川家）らが華族人類学会を組織し、石器時代の遺物の収集に励み、二条基弘が自邸内に私設の博物館「銅駝坊陳列館」を開設した時、野中完一は主任として派遣された。野中完一は二条邸内に住み、そこで野中花は生まれた。

土方は、学習院の仲間、三島章道、近衛秀麿らとアマチュア劇団「ともだち座」を立ち上げ、その旗揚げ公演にメーテルリンク作「タンタジールの死」を上演することにし、女優を探していた。土方は学友の二条厚基（基弘の次男）に声をかけたのであった。十六歳の花は土方に会い、結局出演することとなった。

花は二十歳で結婚したが、道楽者の夫とは三年半で二人の子供を引き取って離婚、独り立ちしなければならなかった。その時身の振り方を相談したのが土方与志であった。土方はすでに築地小劇場を立ち上げていた。土方は、「これからの女性は職業を持って自立しなければダメだよ。手に職がなければ女給でもなんでもいい、とにかく自分の二本の足で立つことだ」と言ったという。この言葉で、花は「酒場の女」の道を決めた。昭和四年開店。半世紀以上にわたる「セレナーデ」の誕生である。昭和六十一年没。

二・二六事件の翌年、昭和十二年七月には盧溝橋事件が起こり、日中間に全面的戦争が開始された。翌十三年四月には国家総動員法の公布、十四年五月ノモンハン事件発生、七月日米通商航海条約破棄、九月第二次世界大戦開始と戦時体制に入っていった。
昭和十四年一月、タウン誌『銀座』に「漫々的銀座定連座談会」を載せている。銀座回顧ものである。出席者は同誌主宰者柳原緑風をはじめ、歌人の野添敦義、読売記者の湯沢光行、女優では日活の出雲龍子、東宝映画の戸川弓子、東宝劇団の田村淑子、同誌相談役西村酔香など。

◆昔の問題の女達

湯沢　銀座にゐた名物女もだん〳〵散つて了つたね。原阿佐緒は名古屋にゐるが、山田順子は近頃何うしたか。
西村　サロン春にゐた深谷愛子は関西へ行つてるさうだ。
緑風　銀座名物女で下山京子あたりが一番古いんだらうな。次で渡瀬淳子。丹稲子……

◆今の名物女は……

湯沢　僕は現在あるのを拾つて見ようか。先づ八雲理恵子の酒場「タット」、国民新聞前の松井潤子の家、日活の六郷清子の「65」、三益愛子の「美満壽」、大辻司郎の「漫談屋」

いささか説明を加えると、原阿佐緒、山田順子、渡瀬淳子、下山京子は前述のとおり。深谷愛子については不明である。八雲理恵子は、大正十五年松竹蒲田撮影所に入社、八雲恵美子の芸名で五所平之助監督の「初恋」でデビューし、数多くの作品に出演し、幹部女優になる。五所、小津安二郎作品に多数出演したが、やがて田中絹代にトップスターの座を譲り、昭和十三年に引退した。女優業のかたわら、昭和六年のクリスマスの日に新橋の芝ロビルにカフェー「タツト」を開業した。「上品で静かな酒場。浮世の塵を払つて、混り気のない甘い酒を飲むことのできる酒場」をモットーに洋酒オンリーで始めた（「人気俳優の経営する喫茶店とパーラー」『商店界』昭和九年八月）。

松井潤子は映画女優。松竹蒲田撮影所に入社、昭和十年慶應大学野球部のスター選手であった水原茂と結婚、十五年に引退。六郷清子は松竹や日活の映画女優。三益愛子は榎本健一や古川緑波の相手役を務めたコメディエンヌであり、東宝の映画にも出ていた。作家の川口松太郎と結婚し、芸能界を引退していたが、戦後復帰し、菊田一夫作「がめつい奴」の舞台で主役「お鹿ばあさん」を演じ、大ヒットとなった。大辻司郎は戦前戦後を通じて喜劇専門の活動弁士として活躍したが、昭和二十七年四月日航機・もく星号に乗って長崎平和博へ向かう途中、三原山に墜落し死去した。

これらのバーやバーに近いカフェーは、切り盛りする女性店主や評判の女給目当てに通う客が多かった。関東大震災後には会社経営者や裕福なサラリーマン、商人などの固定客が通うなかで、とりわけ目立ったのが文士たちであった。文士自ら雑誌にカフェーの記事を書き、あるいは雑誌、新聞の記者たちがゴシップ記事にしたりして、文士たちの行状があきらかにされている。

●築地小劇場の人々

日本の新劇界に新風をもたらした築地小劇場の関係者と銀座、とりわけカフェーとのかかわりは、野中花と土方与志との関係でもわかるように、かなり濃密なものが浮かび上がってくる。本書の各所でも触れており、時代も前後するところがあるが、ここでまとめておこう。

築地小劇場は、大正十三年六月、銀座に近い京橋区（現・中央区）築地二丁目において、土方与志、小山内薫を中心に専属の劇場を持つ新しい新劇の実験劇団として開場された。演劇の勉強に渡欧中の土方与志が関東大震災の報を受けて急遽帰国の途上で、新劇の実験劇場をつくることを決意し、帰国後ただちに師であり先輩の小山内薫を大阪に訪ね、心の内を打ち明けた。小山内の快諾を受けて震災から九か月後にバラック建ての小劇場が開場したのである。

初演の出し物はゲーリンク作「海戦」、チェーホフ作「白鳥の歌」、マゾオ作「休みの日」であった。とくに「海戦」は早いせりふ回しで評判を呼んだ。演出は土方与志、舞台装置は吉田謙吉であった。

上演された演目には、ゴーリキー作「夜の宿（どん底）」、チェーホフ作「桜の園」「三人姉妹」「伯父ワーニャ」、アンドレーエフ作「横面をはられる彼」、カイザー作「朝から夜中まで」、シェクスピア作「ベニスの商人」「マクベス」、ストリンドベリ作「稲妻」、イプセン作「幽霊」「ノラ（人形の家）」、ロマン・ロラン作「狼」、メーテルリンク作「青い鳥」、日本人の作としては坪内逍遥作「役の行者」、武者小路実篤作「愛欲」、小山内薫作「息子」、近松門左衛門作「国姓爺合戦」、谷崎潤一郎作「法成寺物語」、久保田万太郎作「大寺学校」、藤森成吉作「彼女」などがあり、意欲的に上演された。

演出陣には、小山内、土方をはじめ、青山杉作、北村喜八らが、舞台装置には吉田謙吉、溝

土方与志　中央区立郷土天文館蔵

口三郎、村山知義、伊藤熹朔らが、音響効果には和田精、衣装には土方梅子が当たった。俳優陣では、友田恭助、汐見洋、東屋三郎、千田是也、丸山定夫、洪海星、伊達信、御橋公、薄田研二、滝沢修、山本安英、田村秋子、花柳かおる、東山千栄子、細川ちか子、高橋とよ子、伏見直江、村瀬幸子、岸輝子、滝蓮子、杉村春子、長岡輝子などが活躍していた。

昭和三年暮れに小山内薫が急死した後、築地小劇場は分裂し、劇団築地小劇場と新築地劇団に分裂し、劇団築地座、左翼劇場、前衛劇場、前衛座、新協劇団、テアトル・コメディ、文学座、俳優座などの興亡があった。築地小劇場分裂後、貸劇場の性格を強めた劇場においてこれらの劇団の出し物が上演された。これら劇団関係者たちと銀座とのかかわりは続いたのである。

すでに「函館屋」のところで触れたように、小山内薫は明治四十四年十月の雑誌『新日本』に「草市の晩」を発表し、草市の深夜、銀座を友人とそぞろ歩き、馴染の芸者に呼び止められて、函館屋に入り、ジンやカクテルをのむ情景を描いているが、その時期は、小山内が近代演劇に打ち込み、慶應義塾大学文科の講師を務めると同時に、長編小説『大川端』を執筆している時期であった。

高橋とよ（豊子）は、明治三十六年東京小石川区で新内の師匠高橋芳太郎・きくの次女として生まれた。経済的には苦しい家庭で育ったが、日本舞踊、長唄、義太夫などを習った。大正七年帝国劇場付属技芸学校に入学、同劇場の専属女優になり、「どん底」などに出演、築地小劇場ができると入団、「三人姉妹」や「真夏の夜の夢」に出演している。築地小劇場での生活は苦しく、自立を目指す俳優たちはアルバイトをしなければ生計を維持できなかった。高橋が始めたのは銀座における露天商であった。

その頃、新興新内節としてさわがれた岡本文弥さんの親戚から月遅れの雑誌を大きな風呂敷いっ

高橋とよ　中央区立郷土天文館蔵

ぱい仕入れて、それを背負って築地小劇場の裏手でひろげ、区別けしてリンゴ箱にキチンと並べて、それを古もののリヤカーに乗せておきます、そして、舞台の出の場をすませると、大急ぎでリヤカーをひっぱって銀座へ行きます。昨夜とまた違う割当の場所につきます。そして用意したミカン箱に腰をかけてお客を待つということになりますが、真冬の夜の銀座は寒くて体の芯まで冷えこんできます。

高橋とよ『沸る』（昭和三十七年、東峰出版）

と思い出を語っている。夜店を開いた時期は、築地小劇場分裂後のことである。細川ちか子は「冷え切った夜の鋪道に、頭からリスの毛皮のついた外套をかぶり、自分のとこで買い溜めた本を並べた姿は、ひどく人々の同情を惹いたものです」（「築地小劇場のころ」高見順編『銀座』昭和三十一年、英宝社）とその姿をとらえている。そして細川たちはサクラになって、舞台がおわるとそこへかけつけて「これいくら？」なんてやったという。とよは三円五〇銭でリヤカーを買って、当時住んでいた洗足池からリヤカーをひいて築地にやって来た。そのリヤカーが盗まれて、結局夜店生活は六か月ほどで終わった。

演技ができ、容姿がよい俳優にとってマネキンの仕事は、アルバイトとしてうってつけであった。駒井玲子が始めた東京マネキン倶楽部（山野千枝子の日本マネキン倶楽部から独立）は、銀座西五丁目の並木通りの秀吉ビルにあった。新築地劇団に属していた細川ちか子や左翼劇場の赤木蘭子らは駒井玲子に誘われてマネキンのアルバイトをしている。彼女たちの姿が銀座の松坂屋や松屋の売り出しの売り場に見られることもあった。高橋とよもここでマネキンたちに日本舞踊を教えていたという（丸山三四子『マネキン・ガール　詩人の妻の昭和史』昭和五十九年、時事通信社）。

一時築地小劇場に籍を置いていた花柳はるみが「サンチャゴ」を出していたことはすでに述べたが、滝蓮子はバー・ムーラン・ルージュを開店している。滝蓮子は松竹の蒲田撮影所研究所を出たが、小山内薫に誘われて築地小劇場に入り、近松門左衛門作「国姓爺合戦」やエフレイノフ作「心の劇場」に出演している。「心の劇場」では体調を崩し、代役は戦後文学座の大女優となった杉村春子が演じた。杉村春子にとってははじめてのせりふのある役であった。

昭和七年五月、滝蓮子は銀座西五丁目に開店に際して出した挨拶状（ギンザのサヱグサ文化事業室蔵）に「柳の緑も一と雨毎に深みゆく／初夏の銀座へ！／BAR・MOULIN・ROUGE・TAKIRENを／経営する事になりました。／必ずや皆様の御意にめすこと丶思ひます。／風薫る初夏の夕、銀ブラのお帰りには／是非お立寄り下さい。／そして、お忙しい昼のおつかれを、ヴアレーの歌ふ／ジャズに近代人の悩と悲しみをしばし忘れやうではありま／せんか。」と綴っている。いつまで続いたかわからない。

「セレナーデ」のオーナー野中花がこの世界に入ったのは土方与志の助言によるものであることもすでに述

滝蓮子　中央区立郷土天文館蔵

べた。

　きゅうぺるは後述するように、永井荷風の取り巻きの銀座遊民の溜り場であったが、店の新築にあたり、小劇場の舞台装置の仕事をしていた安本がかかわっていた関係で、多くの小劇場関係者が出入りしていた。築地小劇場ファンがここで研究会を開いたり、東山千栄子がファンに取り囲まれる姿もあった。永井荷風の取り巻きの一人にフランス文学者高橋邦太郎がいるが、高橋は築地小劇場の開場と同時に文芸部員として加わっている。

　浜町生まれで築地育ちの舞台装置家の吉田謙吉は、学生時代毎日のように銀座をうろつき、いつかルパシカを着て表通りを闊歩したいと考えていた。後年、建築家今和次郎と銀座の風俗調査をおこない、現代考現学を確立したが、銀座の「バー機関車」（五番地）の室内装飾を手掛けている。オーナーは映画俳優の斎藤達雄。昭和九年十一月一日、銀座六丁目交詢社ビルの裏手、滝山町ビルに開店した。昭和十三年に赤羽猛が譲りうけている。

　久米正雄宛の改装開店案内状（ギンザのサエグサ文化事業室蔵）にはつぎのようにある。


　私、機関車は昨冬開通以来絶大の人気を得ていつも満員のご乗車に盛況を蒙り居り謹んで御礼申上ます。此度新に階上に特級酒場《ローマンスカ》を設けました此処は階下のスタ

吉田謙吉設計による「バー機関車」の内装のためのスケッチ　塩澤珠江氏蔵

ンドと其の趣を異にしていつまでもなごやかに寛つて旅ならぬ終日の御疲れを癒すの好適地其設計は舞台装置者として夙に知られたる吉田謙吉氏のニューアィディアになりネオ パノラマミック ビュウとも言ふべき新嗜好は常夏の国にスコールを味ふの如き気分にして必ずや大方様の御満足を得る事と信じます。

茲に此酒場にご乗車を御勧めする次第であります。

何卒銀座御散策の折是非共御立寄りの程御願申上ます。

昭和十年七月

フランスで料理の修業をしてきたコロンバンのオーナー門倉国輝は、大の新劇ファンで、築地小劇場の機関誌『築地小劇場』に広告を載せたり、とくに銀座五丁目の三ツ喜に稽古場をもっていたテアトル・コメディの公演打上げの日にはケーキを差し入れるのが常だった。

このように築地小劇場の関係者は銀座とのかかわりが深い。場所的にもほとんどの人が有楽町駅から銀座を通っていかなければならなかったことも関係していたからである。俳優たちはもちろん、観客たちも、芝居が終わると、帰途銀座のカフェーや喫茶店に寄り、その演目や俳優たちの演技について語り、また公演後の高揚した気分を和らげていたのである。

●帝都復興祭

話が昭和十年代にまで及んだが、時代を少し戻そう。大正十二年九月一日の関東大震災から六年六か月、昭和五年三月二十六日を中心に帝都復興祭が盛大におこなわれた。六年六か月という復興の道程は長かったが、区画整理がおこなわれ、新しいビルが立ち並び、曲がりなりにも新生首府東京の姿が整った。すでに述べたように、銀座通り商店街の復興は早かった。

式典に先立ち、二十四日、天皇は復興状況を視察するため市内の巡幸をおこなった。巡幸の道筋は、皇居を出て馬場先門から宇田川町にいたり、新橋駅を抜け、新設の昭和通りを進み、三原橋から和泉橋、須田町から湯島へ、上野公園から浅草へと進み、言問橋を渡り、被害の大きかった江東地区を視察し震災記念堂に向かった。その後、蔵前橋、両国橋、清洲橋など復興橋を視察、永代橋から高橋に出、八丁堀四丁目交差点を左折して新大橋通りを進んだ。晴海通りに出、歌舞伎座前、銀座四丁目交差点を右折して新装なった銀座通りを行進し、京橋二丁目を左折して鍛冶橋を渡り、馬場先門から皇居に入られた。

二十六日、皇居前広場において、天皇の臨席のもと祝賀式が開かれた。午前十時、式が終わって、まず四年生以上の小学生が手に手に小旗を持って各区それぞれに行進した。夜は東京市主催による各種団体による提灯行

帝都復興祭のときの銀座の街の様子　昭和5年　中央区立京橋図書館蔵

列が皇居目指しておこなわれた。また、東京朝日新聞社は「復興にふさわしく帝都をきれいにしましょう」をスローガンに「市民公徳運動」を提唱し、市内の清掃を呼びかける行進をおこなった。銀座に差し掛かった時、その行進はクライマックスに達した。東京朝日新聞は翌日の紙面で「人道といはず車道といはず商店の窓、ビルヂングの二階三階屋上まで十重二十重は愚か幾十重にも文字通り復興市民老若男女で埋まつてこの意義深い大行進を歓呼の声で迎へ送る、延々十町の行進隊は疲れも見せず進んでゆくと、行列に敬意を表した市民はビルヂングの上からあるひは五色のテープを投げ、あるひは盛んな拍手を送る――かうして大行列は銀座を過ぎ」たと報じている。各種団体のパレードは続き、二十四、二十五、二十六の三日間、東京はお祭り気分に沸いた。東京市民あげての復興祭は、東京始まって以来の人出であった。銀座の賑わいは深夜まで続いた。警視庁の計らいでこの三日間、管下七九六〇軒のバー、カフェーに営業時間を二時間延長して午前二時まで営業を許可した。

●サロン春の開店

カフェー・タイガーがカフェー・ライオンの地位を奪って全盛を誇っていた頃、そして多くのカフェーが生まれては消えていった頃、カフェー業界に新風を吹き込んだのがサロン春である。昭和四年十一月、銀座六丁目の交詢社ビルに開店したサロン春のオーナーは奥弘之といい、明治大学商科出のインテリであった。神戸市東灘区御影の酒造家安福又四郎（安福又四郎商店）を義兄に持ち、同家の銘酒「梅の樹」や「大黒正宗」はこれらの店で提供されていた（石角春之助『銀座カフェー街の変遷』『江戸と東京』昭和十一年七月）ところから、関西系とみるむきもあるが、関西でカフェーを経営していたわけではない。「紳士社交場をモットウとし、粋で、上品で、堅実」なカフェーを標榜し、他のカフェーと一線を画し

「サロン春」の大サロン春祭の案内状　昭和7年　ギンザのサヱグサ文化事業室蔵

た。場所として交詢社ビルを選んだことにその意図がうかがえる。交詢社は、明治十二年に福沢諭吉の呼び掛けで、「知識ヲ交換シ世務ヲ諮詢スル」ことを目的に「各府各県人民ノ交際ヲ開キ親睦ヲ厚フスルノ基ニシテ、人民親睦ヲ厚キヲ得ルトキハ、即共同報国ノ志ヲ拡張スベシ」と謳った各界横断のエリート紳士の社交クラブであった。どのような経緯があったかわからないが、交詢社としてもビルに出入りする会員の憩いの場と考えたとも思えるし、出店にあたり当然交詢社との間に品位を保つことが約束されていたと考えられる。サロン春美術部を設け、帰朝した藤田嗣治を迎え入れたのも高級志向の表れであった。のちにはサロン春文芸部発行の「サロン春ニュース」も出していた。

美人女給をそろえ、創業記念日に合わせた「大サロン春祭」や「さくらまつり」、「サロン春クリスマスウキーク」などの催し物を連発している。昭和七年二月のさくらまつり「さくらにっぽん」を伝える「サロン春ニュース」(ギンザのサヱグサ文化事業室蔵)には「賑やかなジャズのテンポと共に銀座名物〝サクラ・ニツポン〟がインフレ景気の波に乗つて、桜模様も華やかに香気馥郁と咲き初めました」として、一階サロンは「古代錦繡の大絵巻」に、地階グランドホールは「八百八町大江戸三百年の夢を載せたる大和絵風」にしつらえ、客を迎える様子がわかる。そしてつぎの吉井勇の歌が添えられている。

リキウルグラスに花片うけて/どうせ飲むなら二人の胸に/燃ゆる血よりも真赤な酒を/ぐつと飲みましよ一息に/春だ春だよ銀座は春だ/飲めよ歌へよ踊れよ春だ

喜劇王チャップリンが来日したのは昭和七年五月十四日であった。喜劇王チャップリンの来日とあって、新聞記者たちは連日一行を追いかけそのフィーバー振りは大変なものだった。東京における宿舎は帝国ホテル。翌十五日には時の首相犬養毅が青年将校らによって射殺されるという事件（五・一五事件）が起きている。この日、チャップリンは相撲見物をし、帰路、歌舞伎座に寄ろうとしたが、新聞記者たちの追跡がすさまじく、いったん、宿舎へ戻った。そして夜はサロン春に姿を現している。チャップリンがカフェーへ行くとしたら、サロン春以外にはなかっただろう。帝国ホテルからみゆき通り一本で行ける距離の近さはいうまでもなく、日本調の洗練されたしつらいはチャップリン好みであった。突然の来店に店内は沸いた。チャップリンは殺到する新聞記者に「新聞記者諸君には充分ニュースを提供した。これ以上はそっとしておいてくれ」と怒鳴ったという。同席する女給たちにも心惹かれるものがあり、来日中に再度訪れている（千葉伸夫『チャプリンが日本を走った』平成四年、青蛙房）。

十七日には凶弾に倒れた犬養首相を訪問することになっていた。この日の早朝、チャップリンは首相官邸を弔問に訪れている。孫の犬養道子は「果されなかった会見とそれにつづくわが家での「家族とだけの」食事を惜しんで、「一ばん可愛がられた孫のお嬢さんに」と、これはありきたりの立派やかな花ではなく、小さな白のつる薔薇に可憐な野の花のさまざまをあしらわせ贈ってくれたことも思い出す。彼は十七日の朝弔問に来て、弾痕ののこる現場でいつまでも頭を垂れていた」（『ある歴史の娘』昭和五十二年、中央公論社）と回想している。

また、この年の「サロン春クリスマスウキーク」の案内状（ギンザのサエグサ文化事業室蔵）には、「12月15日より開催／クリスマスプレゼント呈上／グランドホール新装なる／薔薇色と銀とのシックな感触によるスチール・フランセ／100余名のイレ・シャルマンがお待ち申し上げて居ります」と刷り込んでいる。

奥弘之はさらに交詢社ビルに喫茶店紫烟荘を出した。交詢社ビルに出入りする裕福で知的な人たちを当て込んだ出店ということがいえよう。

カフェー・タイガーもまたサロン春のあおりを受けて勢いを失い、昭和十年十二月に閉店している。

●カフェーの客

ここでカフェーの客について触れておこう。カフェー・プランタンができた頃は、文士、画家、新聞記者や、少し遅れて大学生たちが中心であったが、大正期になると第一次世界大戦の好景気をうけてサラリーマンなど中間層の人々や商店主に広がっていった。とくに文士や新聞記者たちは、カフェーという新しい風俗に強い関心を示し、新聞、雑誌、週刊誌にカフェーやそこで働く女給、そしてそこに集まる客について記事にし、あるいはその生態をゴシップ記事にまとめた。こうしてカフェーや女給は社会的関心事となっていった。

『週刊朝日』昭和三年十二月十六日号はその一端を記事にしている。「最近ゴンドラとか黒猫とかユニオンとか、アザミとか、ユングフラウーとかジュンとかモンマルトルとかいろいろ変つたバーやカフエーが簇出するので、これ等のバーやカフエーにおける文士の所属も違つて来てゐる。例へばタイガーで浮名を流した中村武羅夫が不同調の一派を従へ岡田三郎を合棒にして、モンマルトンに河岸を変へるとか、さうかと思ふと仲木貞一や、中村吉藏のやうにアザミに巣をつくつて、決して他に顔を見せないものがあつたり、またはジプシーのやうに、カフエーからカフエーと巣を移して行くものもある。その多くはこの浮動派に属し、近藤経一、横光利一、池谷信三郎、菅忠雄、酒井眞人、山内義雄、岸田劉生、安成二郎、川口松太郎、新居格、間宮茂輔等等皆な札附連である」といった具合である（「文壇噂ばなし」）。

4　関西系カフェーの進出と新興喫茶店

関西系のカフェーが東京に初めて店を出したのは、昭和三年、大阪のユニオンであった。銀座ではなく、日本橋人形町であったが、それほど話題とはならなかった。関西系のカフェーの銀座進出が世間の注目を集めたのは、震災後の復興も軌道に乗った昭和五年のことであり、銀座カフェー業界に転機をもたらすこととなった。木挽町（現在の銀座）生まれの新感覚派作家石浜金作が、昭和五年十二月号の雑誌『改造』に発表した「大阪カフェの東京侵略」は、大阪資本の東京進出をリアルタイムで捉えている。

美人座が初め新橋際のエビスビールの倉庫の所に現はれたのは、確かまだ今年の夏前であつた。それで今の銀座一丁目の所に移つてからは、夏枯れと不景気でどのカフェもバーも弱つてゐる最中、ゴンドラと並んで何時行つても客が充満してゐるといふ盛況振りだつた。内部はテーブルが所狭きまでにゴタ〳〵と並んで、またあまり綺麗でもないが、それで五十人余りの女給が皆忙《せは》しく賑やかに客を持つてゐるのであつた。

日輪は、まだつい此間（十月二十一日）京橋々畔のビルデイングの地下室に開店したばかりであるが、ビルデイング全体に及ぶ花々しい電飾と、日輪、ニチリンと書いた大巾赤白の引幕とで賑々しくスタートを切つた。大阪から五十人の女給群をつれて来たといふ噂でもある。初日、二日目はまだ中の客より外で眺めてゐる人の方が多かつたが、二十五日過ぎはサラリマンの月給日の関係であらうが最早や相当な客があつた。［中略］

赤玉はまだ現在（十月末日）店を開いて居ないけれど、元のクロネコの跡を買収して、資本金五十万円と称し、矢張り年末のドサクサを目掛けて開店しようとしてゐる。募集女給三百人、月収二百円と、景気のいい前振れで改築工事を急いでゐる。これで赤玉が開店すると、銀座一丁目附近は、美人座、日輪、赤玉と、大阪大カフェの支店が三つ鉢合せする光景になる。尾張町から京橋までの間は、同じ銀座でも今迄余り銀座マンの注意を引かなかつたが、これからこれら三つの大阪流大カフェのお蔭で特殊な銀座文化の空気を作り出すかも知れない。

美人座の経営者の杉山正人は大阪の人、大阪で美人座を始め、これに成功して銀座進出を図った。杉山はカフェー・クロネコが「箱の箱」と改称して続いていたのを引き継ぐ形で美人座を昭和五年六月、銀座一丁目東側喫茶店ブラジレイロの地下に開店させた。美人座は、ウナギの寝床のような細長い地下室に女給七、八〇名が「腕によりをかけたサービスが断然客を呼んで」、いままで銀座でこんなに混んだカフェーがあっただろうかといわれた（「ギンザ評判記」『モダン東京』創刊号、昭和五年十一月）。なお開店に際し、三十人の大阪娘を女給として、数回に渉って飛行機で輸送し一大センセーションを起こした。

日輪は、十月に京橋々畔のビルディングに進出した。その家賃千八百円、敷金二万円、設備費二万円、宣伝費二千円と伝え、全ビルディングを被う大阪式五彩の電気サインで賑々しく開店した。八〇名の女給をピンク色と白色の二組に分け、片や民政、片や政友と女給に競わせ、それぞれ浜口雄子（浜口雄幸首相）、犬養つよ子（犬養毅）、若槻総裁（民政党）、斉藤総督（朝鮮総督）と名前をつけ、客に対応させた。本物の代議士をはじめ、政治好きの連中が毎夜押しかけ、「議会カフェー」といわれたという（「ギンザ評判記」）。

次いで昭和五年十一月、大阪で赤玉を出して成功した榎本正は銀座進出をはかり、銀座二丁目の黒猫（昭和二年五月二十四日開店）跡に銀座會館を開店した。開店の挨拶状に、明治維新以来、生活環境は一変し、「今や最高潮時代を現出せんの情勢に」いたったが、「此の革新的転換期に当りひとり紳士淑女の社交機関のみが旧套を脱せず非公開的に隔靴掻痒の感あるは時代錯誤も甚だしきものと言はざるを」えないとし、当館は、「近代人の求むる享楽と慰籍の放散場」であり、「優雅と好尚に或る程度の気品を失はざる統制ある紳士淑女の社交場」を目指し、料理にも力を入れるとしている（「久米正雄宛挨拶状」ギンザのサヱグサ文化事業室蔵）。さらに翌六年六月十七日には「第二銀座会館」（のちに喫茶店、銀座コンパルとして改造）、昭和七年九月二十二日カフェー「銀座パレス」（勧工場「博品館」の跡地）をあいついで開店させ、世間の注目を集めた。永井荷風は早速翌日に銀座仲間と入っている。

銀座一、二丁目の、しかも表通りに関西系のカフェーが勢揃いした形である。

●銀座会館の榎本正

関西系のカフェーの東京進出にあたりその中心にあったのが赤玉改め銀座会館の榎本正であった。話題の人物であったため、立志伝中の人としていくつかの雑誌の取材を受けている。東京進出にいたる経緯について少し詳しく触れておこう。清水毎治「新興商店界を飾る人々――カフエー経営のナンバー・ワン榎本正氏」（『商店界』昭和五年十二月）〈A〉、宮前治清「一大カフヱー王国を築く　多額納税者榎本正」（『モダン日本』昭和十年二月）〈B〉や、「東京のカフエーを征服した青年」（『商店界』昭和十年十一月）〈C〉などがあり、榎本が大阪でカフェー業を始め、やがて東京に進出した経緯をたどっている。記事により異なる記述があるので記号で出典をあきらかにしておこう。

夜の銀座会館の外観

相場師だった父親は株取引に失敗し〈B〉、榎本が中学三年の時病で亡くなり〈A〉、母親が始めた旅館業で生計をたてていたが、榎本青年は地味な旅館業に馴染めず、暇さえあれば盛り場の道頓堀へ出掛けていた。よく行ったところが村井食堂であった。彼が語るところによれば、「この食堂は一寸上品な、東京ではモナミ程度の店でしたが、そこに自動ピアノなどがありまして、食堂としては割合に気分のいゝ店でした。そこで音楽を聞いたり、食事をしたりしてゐるうちに、之をモウ一歩進めてカフエー化したら面白くないか、ヒヨツトそこへ考へつきまして、友人と共同で店を出すことにしました。カフエーを考へついたのは、此時からです」〈C〉ということである（〈A〉によれば、北野中学を卒業後北浜の株屋に入ったという）。母親を口説いて五千円を用意し、友人の五千円とあわせて一万円を元手に、大正十四年六月十四日に玉造においてカフェーを始めた。華やかな店造りを目指して赤い電球を一三ばかり付け、テーブルに大理石を張り、女給に錦紗の着物を着せ、当時はやりのエプロンを廃止した。店の名は赤い電球にちなんで「赤玉」とした。評判となり流行ったが、店を拡張する、しないで、共同出資者と話があわず、早くも十二月十日には廃業（《C》）。その後母親が経営していた旅館を改造して料理屋を開いたが、これも失敗（《C》では繁昌）、ついで天神橋五丁目に「赤玉食堂」を開くが、開設にあたって関西劇壇の重鎮として活躍した食満《けま》南北《なんぼく》や「道頓堀行進曲」の作詞者日比繁治郎らに相談している。店内をボックス式にし、色電球をつけ、豪華なソファーに塗りのいいテーブルを配して高級感を出し、女給を四〇人置いた。店は繁昌し、道頓堀中座の東隣に支店を出した。大正十五年三月のことだった。その頃全盛を誇っていたユニオンに対抗するために、さらに道頓堀千日前に二百年の歴史をもつ名代のうどん屋「井筒」を買収してエジプト式カフェー赤玉を開店させた。その後もダンスホールを開き、ジャズバンドを持ち、大阪のカフェー業界に不動の地位を築いた。以後、大阪にはユニオン、美人座、日輪などのカフェーがあいついで開店している。

榎本の念願は東京制覇であった。東京での視察を繰り返し、銀座二丁目銀座通り東側の「黒猫」のところ一〇九坪を借地権二五万円で手に入れ、昭和五年十一月、大阪道頓堀赤玉東京支店として大衆カフェー「銀座会館」を開店させ、東京人士をあっといわせた。榎本はその時三十歳代半ばであった。「ギンザ評判記」によると、「赤玉事『銀座会館』の宣伝の物凄さはどうだ。女給数百名募集！　かういふ芸当は東京人には出来ない。『日本に初めての世界的大カフェーの出現』とは『銀座会館』の板塀にかゝつてゐた大看板の文句だ。内部の構造は絢爛たるものだ。衆目が華々しいこの店開きに集まつてゐる。」と伝えている。この記事の筆者は「銀座の繁華が南より北へ移動した」と云っているが、それはもちろん遊興についてのことである。榎本は、最盛期には東京以外にキャバレー赤玉、銀座会館大阪支店、京都祇園赤玉、金沢香林坊赤玉、東京銀座会館、銀座パレス、銀座コンパルの七店を持っていた。なお、榎本正を紹介する記事は、前記のほかに次のようなものがある。野方町人「没落の淵から大カフヱー王国を築き上げた変り種の奮闘児榎本正君」（『実業の日本』昭和七年十二月）、「カフヱー王　榎本正氏——三十八歳にして多額納税者となった人」（『実業の日本』昭和八年四月）、宮前治清「一大カフヱー王国を築く　多額納税者榎本正」（『モダン日本』昭和十年二月）、「相場師の小僧から一躍カフヱー王に」（『感激実話全集』第六巻、昭和十年、金星堂）などがあり、榎本正のカフェー経営を批判したものに、狂沢哲二「白粉の労働者群——カフヱー資本家の悪辣なる搾取の研究」（『サラリーマン』昭和七年十一月）がある。

女給の経験のある林芙美子は、昭和六年夏の銀座会館の様子を次のように描写している。

この銀座会館は有名な電気風車のネオンサインがくる〳〵屋上に廻つて、張り出した広告には、——特別サービス、蛍数千匹、館内総て木曽山中、帝都真只中に於て大蛍狩り、近江石山蛍数千匹、——また外のビラには、——昼間ノオチツプサービス和洋定食一円——さうして、館内は山鹿流の陣太鼓のやうなもの凄い喧騒、カラカラとすだれをくゞると、私は子供の頃の、村や町の祭の風景を思ひ出す。［中略］

こゝは三階が、紳士淑女のスペシアル・ルームで、私はかつて或外交官のお供で一度上つてみた事があるが、只々不健康な灯火の色と、造つた蔦のやうな格子の中のガタガタ椅子。扇風機が埃を巻いてブウンブウン唸ってゐる。又、時々男ボーイがとてつもなくトンキヨウな声で「ユウキコサーン、ムツーミサーン」なんぞと、まるで芸者の呼出しみたいに、各サロンの前をふれて歩るく。随分不快な声だ。まるで、女郎部屋の感がある。

林芙美子「カフヱー百話」『改造』（昭和六年八月）

と女性の目線は厳しい。

この関西系カフェーの東京進出は東京のカフェー業界に転機をもたらすこととなった。

銀座会館と美人座はしのぎを削り、火花を散らした。杉山は野球漫画を描き演劇界にも通じた随筆家の小《こ》生《いけ》夢《む》坊《ぼう》を顧問格に据え、新企画を出すなどしたが、その後、経営は家主に変わり、名もワイデに変わった（さらに後にクロネコに復する）。

ついで昭和八年十二月、銀座二丁目の銀座会館の北隣（服部時計店仮店舗跡）に銀座新興株式会社の李起東のグランド銀座が開店した。李起東はこのほかにも銀座ダンスホール（京橋交叉点京ビル）、赤玉（銀座三丁目）、第二グランド銀座、喫茶ロトンド（グランド銀座の一軒おいて隣）、銀玉（銀座西三丁目）、鶴見花月園ダンスホールなどを持つ新興勢力であった。グランド銀座も含め、銀座一、二丁目の中央通りには関西系を中心としたカフェーが勢揃いし、ネオンサインが瞬く不夜城の歓楽街となった。

グランド銀座の外観

昭和十一年二月李起東が朝鮮に帰国することになってグランド銀座をはじめ、喫茶ロトンド、銀玉などがサロン春の奥弘之の手に渡った。その頃のサロン春系列店は、交詢社ビルにサロン春と紫烟荘、銀座二丁目にグランド銀座と第二紫烟荘（ロトンド）、交詢社ビル裏に関西料理の新金春、そして教文館裏通りに新感覚料理の第二新金春などであった。
グランド銀座の新装開店にあたって、藤田嗣治による

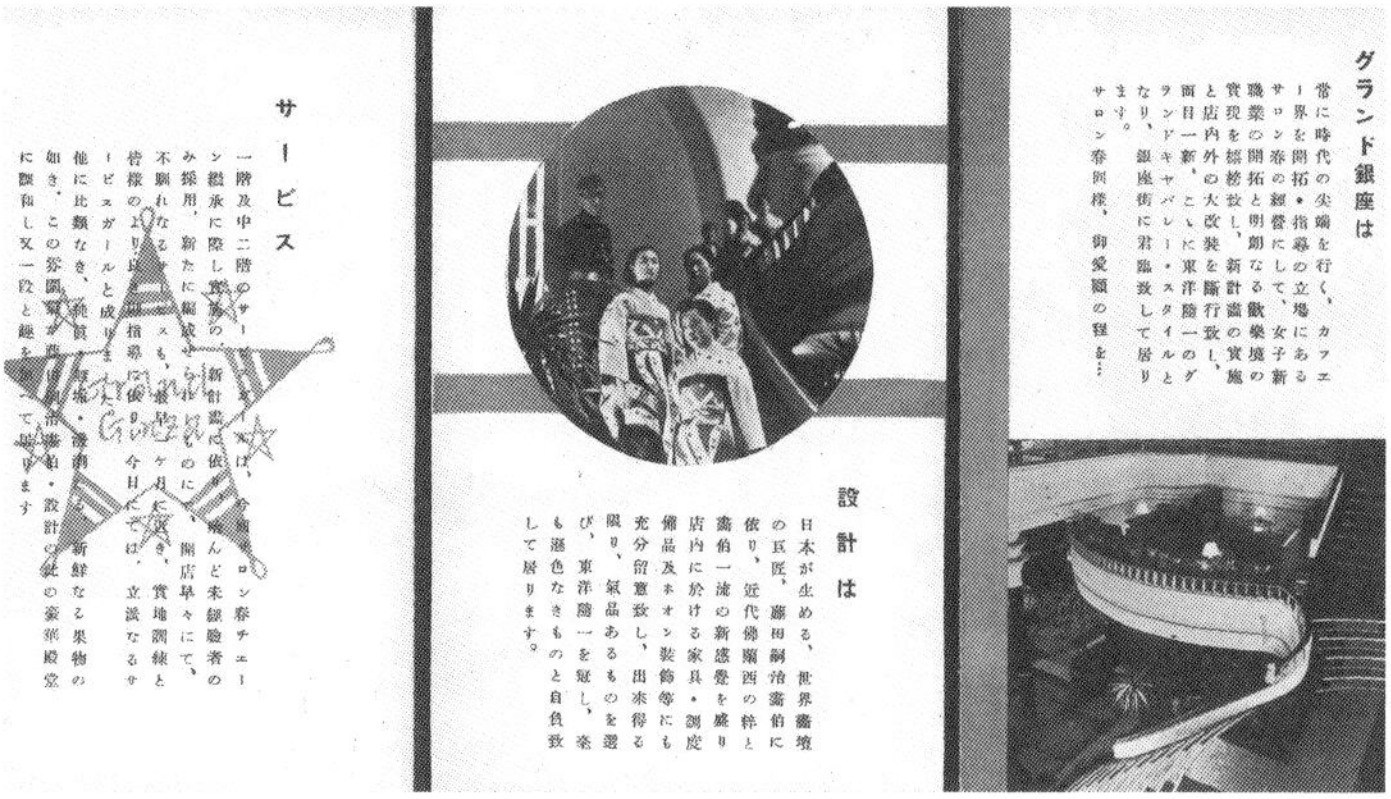

グランド銀座の新装開店のチラシ

店内外の大改装をおこない、「近代フランスの粋と画伯一流の新感覚を盛り店内に於ける家具・調度備品及ネオン装飾等にも充分留意致し、出来得る限り、気品あるものを選び」、東洋一のカフェーを目指した。一階はグランドキャバレー・スタイルとし、未経験者のサービスガールを採用し、給料制度により新たに編成し、サービス料を会計に含めるとした。そして二階はサロンとし、従来のカフェーと同じく女給を置き、チップも従来通り自由とした。さらにスタンド・バーも設け、ノーチップとするなど新企画を打ち出した（「サロン春チエーン グランド銀座グラフ」）。

これらカフェーの規模の大きさをみると、銀座会館チェーンの代表格の銀座パレスは、客席の延べ坪数四五〇坪、セットが一五〇で約六〇〇人の客を一度に収容できる。これに対して女給一五〇人、男子従業員八〇人で、合計二三〇人の男女が働いている。いっぽうサロン春チェーンの中で一番大きなグランド銀座は客席の延べ坪数五〇〇坪、セットが一四〇で約七〇〇人を一度に収容でき、女給は二五〇人、男子従業員一〇〇人、合計三五〇人というところである（峯島幸夫『これが世間だ』昭和十二年）。
関西系カフェーの経営は、東京のカフェーのそれと対照的であった。石浜金作はさらに説いている。

この大阪カフェの銀座進出について、対蹠的に考へられるのは、銀座のバーである。さしも流行を極めたあの銀行裏バーも、この不景気で客の足が減つてきてゐる所へ、大資本を以つて大勢の女給を擁し、その上比較的のんきで明るく、云はゞ百貨店式の大カフェがから三つも四つも現れては、確かに打撃に違ひない。［中略］

大阪式大カフェは、確かに大衆的で気易くのんきでパッとしてゐる。女給も客との個人的な交渉などより、店としてかひがひしく働いてゐるので、客の方から云つても常連でなくてもさう不愉快な目に会はない。バーのやうに、女給の個人的な天下でなく、店が女給をちやんと使用してゐる。美人座などでは、客との個人的な交渉を作らせないやうに、半月毎に女給を大阪と東京と交代させたりして、所謂馴染客とふりの客との区別を作らせないやうにしてゐる。

女給の立場から云へば、大カフェはバーに比べて面白味が少い。自由もきかない。女給気質《かたぎ》より職業人気質が勝つてくる。しかしそこが客の方から云へば気易くのんきなのである。

石浜金作「大阪カフェの東京侵略」『改造』（昭和五年十二月）

昭和五年前後はまだ、カフェーもバーも喫茶店もレストランも、カフェーなる用語にひとくくりにされていた時代である。カフェーで出した料理について松崎天民が触れている。

> カフエーと名のついたところでも、前に云つな《（ママ）》プランタンとか、ライオンとか、キリンとか、サロン春とか、オリエントとかは、相当に食べられる洋食を提供して居た。洋食の他に支那食を出したり、和食を出すやうなカフエーは、たとへばゴンドラとか、バツカスとか云ふやうな店のは、決して美味いと云ふのではないが、たゞ客の好みに応じられるだけが、客にとつても便利と云つて宜かつた。タイガーなども洋支二種の料理を出して居るが、何れかと云へば種類多く出来る洋食よりも、数の少い支那食の方に、タイガーらしい美味さが見られた。
>
> 松崎天民『三都喰べある記』（昭和七年、誠文堂）

また、昭和六年三月発行の雑誌『東京人』（創刊号、東京人社）に「コーヒーはどこがうまい（一）」という記事が載っている。「カフエーを二大別してエロを売る店と安息を売る店となる」として「安息を売る店」と「エロを売る店」それぞれ十四店をあげている。安息を売る店として、資生堂喫茶部、森永キャンデーストア、エスキーモ、東京パン喫茶部、コロンバン、モナミ、不二家、千疋屋、明治製菓売店、三共ファンテン、オリンピック、銀座アスター、佐々木ポンビアン、カフェーブラジレイロをあげ、エロを売る店として、日輪、美人座、バッカス、ユニオン、ナナ、銀座会館、ライオン、タイガー、ニチリン、朱雀、サロン春、ゴンドラ、銀座日本座、スペインをあげている。このコラムは資生堂から始まってコーヒーの味や雰囲気を連載する予定になっているが、第二号以下は未見、あるいは一号雑誌で終わったかもしれない。

この時期の同じようなカフェー観察を紹介しておこう。

モダンカフエーと云へば何と云つても銀座だ。女給の粒の揃つてゐるのも銀座だし、カフエーマンの質のよいのも銀座だ。そしていろいろな噂や話題はみんな銀座から生れる。

ちよつと一わたり目ぼしいのを並べて見ると、日輪、麗人座、美人座、ギンザ会館、クロネコ、バツカス、ゴンドラ、ライオン、タイガー、サロン春、ヤング、etc. etc.

女給の数はゴンドラの百五十人とタイガーの百二十人を筆頭に、美人座が六十人、サロン春が五十三人、その他大低《(ママ)》五六十人といふところだ。［中略］

女給の粒の揃つてゐるのはタイガー、お嬢さん気取りに澄ましてゐるのはサロン春、美人座は大阪向きで親しみ易い。ゴンドラ、赤玉、ヤングは中の設備も汚なくエロだけは百五十パーセントといふところだが、その代り感じが下品で不愉快だ。

『東京人』（東京人社、昭和６年３月）より

西尾信治編『東京エロ・オン・パレード』（昭和六年、昭文閣書房）

以上のように、銀座を舞台に関西系の大規模カフェーの進出、そしてその興亡により一世を風靡したカフェー・ライオンやカフェー・タイガーといった大どころが衰退すると同時に、裏通りの小さなカフェーも大阪カフェーのあおりを受けて衰退の道をたどった。昭和十年頃になると、銀座カフェー界を牛耳るのは、銀座会館、銀座パレス、銀座コンパルを束ねる榎本正と、サロン春、喫茶店紫烟荘などを束ねる奥弘之の二人となった。

●ふたたびカフェーの客

カフェーの客といえば、まず時代、風俗の動きに敏感な文士たちが挙げられる。文士たちはカフェーを書くことで飯の種ともなった。カフェーに出没する文士たちの行状が新聞、雑誌のゴシップ記事となり、突出した存在となったが、関東大震災後、とくに関西系のカフェーの進出後は、金融恐慌、世界恐慌のあおりを受けて深刻な経済不況に陥った時期と重なる。「大学は出たけれど」という言葉が流行語となった。劇作家で太平洋戦争後は軽妙な文体で辛口の随筆『ブラリひょうたん』を書いている高田保は、昭和四年十二月の『改造』に「カツフヱ・治安日本」を寄稿している。

サラリー・メンは侘しい。この侘しい人達が何でカツフヱへさうも通ふのか？　希望がない。明日何になれるか？　重役には重役の子供がなるのである。僅かにたゞ月給の昇率だけが希望である。しかもこれはあまりに果敢なすぎる。

しかもその身は大学を出た。大学は出たけれど——この知識階級過剰といふことが、そしてあまりにも明日に希望がないことが、どんな人心へ彼等を導くか？　といふこの事を考へて見給へ。鬱として気を酒にやり、女にやり、といふほどの明確な意識を持たぬにしても、自然なんとこれは仕方のないことではないか。

『改造』（昭和四年十二月）

働けど働けど先の見えないサラリーマンたちの鬱憤のはけ口であったのである。

●カフェー商法

林芙美子が生活のためカフェーの女給になったことはよく知られている。林芙美子は大正十一年に尾道から上京し、翌年の関東大震災をはさんで数年間、さまざまな職業につくが、いくつかのカフェーの女給を経験している。芙美子がカフェーの女給になるきっかけは、ある日、銀座に出た時、『都新聞』の広告欄に載った広告受付係の募集をみて、即座に応募して採用されたことに始まるようだ。新聞には女給の募集広告が多く載っていて収入が多いことに気付く。銀座のカフェーに気おくれがした芙美子は、大正十四年に新宿のカフェーで働きだした。芙美子は先にふれた「カフヱー百話」において、カフェーの裏面に及んでいる。銀座のカフェーも新宿のカフェーも程度の差はあれ、大きな違いはなかったと思われる。

私は、あまりカフヱーを好まない。

かつて私も、三年ばかり転々とカフヱーの女給をした経験があるせいか、カフヱーに行つて、カフヱーの空気や、女給達を見ると、まざまざと昔の自分の姿を見せられるやうで、まことに胸が痛む。裾が切れてゐはしないか、袖口が擦れてはゐないか、疲れるであらう、チップはどの位、そのやうな事を考へてゐると、酒の美味しい道理もない〔中略〕

あまり酒を呑まない客には料理を進める。金のありさうな客であると、なるべく大勢でたかる。勿論、店の料理と酒でなければならない。学生は十分位で駆逐する。〔中略〕又、むやみと女給を沢山置くので、順番が廻つて来ない事が度々であるし、春夏秋冬の何々デーには、各自フタンして、店から高価な揃ひの着物を買はされる。その着物の金は、日賦で、毎日強制的に取り上げられる。その着物は再び使ひ道のない部類の衣類である。又、店の備品何一つ破損しても、市価の通りの値段で、弁償させられる、酒の呑める女。着物についていつも注意を持つてゐる女。食ひ逃げの客を持つた場合、全部が、番の女給の弁償、客が店内で乱暴した場合の破損品も亦全部女給の弁償、等々転んでもタヾでは起きない仕組み、赤い灯青い灯の裏に、此様な経営者達のカラクリがあるのだ。

林芙美子「カフヱー百話」『改造』（昭和六年八月）

このように女給生活の苦い経験を語っているが、経営に携わる側から見た内情について、前銀座会館企画部長の門多栄男は、「殿堂式を誇る銀座カフヱーはどこへ行く」（『商店界』昭和八年十一月）を書いている。銀座会館をどのような事情で辞めたかわからないが、銀座会館および関西系カフェーの営業の実態はこうである。

「設備の改造、装飾の豪奢、それに伴ふ人件費の増加、電灯料の急増等、等、客の数に反比例する経費の膨脹を出来るだけ速やかに、回収せんがためには、飲食物の代価を最大限度まで高くして、客の財布から奪取しなければならなくなつた」とし、原価一本一六銭のビールを午後三時まで五〇銭、以後六五銭としたり、一個六〇銭のマスクメロンを六切れに切って一切れ三〇銭で出したりした。また、五〇銭券五枚綴りのチップ券を押し付けたり（銀座パレス）、客にその意志がないのに勘定書にサービス料一円を書き込んだり（銀座会館）するようになった。「この悪影響は、忽ちにして全市のカフエを風靡した。であればこそ、近頃銀座のカフエの女給の顔が客にとつてはエロか略奪者以外の何物でもなくなり、女給は客の顔が金と助平とにしか見えなくなつたと云ふやうな凡そ銀座にふさはしからざる風潮」を広げたという。

榎本が東京で経営していた銀座会館、銀座パレス、銀座コンパルの統制本部は、銀座会館裏の営業所で、女給受付、仕入部、庶務部、宣伝部、美術部の五部に分かれ、特に庶務部主任は慶應義塾出身者で、あらゆる雑務、人事関係、経理を一手に引き受けている。宣伝部長は一種の用心棒で、警察関係、その他対外関係一切を取り仕切った。美術主任は内装、看板からマッチラベル、メニュー、ポスターなどを手掛けた。従業員の勤務時間はほぼ十三時間であり、食事は各店の裏にある食堂で取るのだが、朝は午前十時前後、昼は午後五時前後、夜は午後十一時前後、この一定時間外には「テコでも食はせない」というものであった。従業員の収入は男子のそれが低く、女給の収入の三分の一か四分の一で、「男子従業員の暴威に対し、女給が実収を以て見事に復讐してゐる」という状況であった。

榎本は大阪式経営の行き詰まりを感じていたようで、第二銀座会館を喫茶店とし、素人娘を「少女給仕」に採用し、「インテリ・プロ大衆」を吸収し、銀座会館や銀座パレスを凌ぐ収入をあげた。

そして門多栄男は、「飲食物の値段を適宜に低下せしめ、女給のチップ強制徴収を撤廃し、俗悪な装飾は一切止め、銀ブラ人の主流インテリ・プロがビヤホールや小料理屋をノックアウトして、再び気分満点の憩ひの場所としてのカフエに帰るこそ、これむしろ銀座のカフエが活きる唯一の道なのである」と結論づけている。

●関西料理店の進出

関西料理を出す店が銀座に現れたのは、昭和三年の頃、関西系カフェーの進出と前後してである。どちらが早いかにわかに結論づけられないが、文藝春秋社発行の『話』創刊号（昭和八年四月）に長崎三郎なる人物が「大阪料理の東京進出」を書いている。

最近、銀座界隈に出来た大阪料理店のいかに多いかといふことは、一歩裏筋に入ると、どこの通りででもすぐ眼につくのでもわかる。こんなに大阪料理の店ばかり出来ては、終には共喰ひにをわるだらうと思はれるが、事実は案に相違して何れもそれ相等に客を吸収してゐるから、なか〳〵ばかにはならない趨勢である。この勢《いきほひ》でもつて行くと、やがて銀座のうまい物屋は、すべて大阪料理だけになつてしまひさうだ。

濱作が新橋の博品館（現在の銀座パレス）裏に、上方風の粋な腰掛店を開いたのは先頃のことだが、その当座は物好きな人か、または故郷の味を旅先で偲ばうといふ一部の大阪人か以外には、あまり噂をするものもないほど閑却されてゐたものだ。それが数年ならずして都人士食通の間に多くのファンを獲得してしまひ、今では、立派な土台を築き上げて大阪小料理店の生え抜きとなつた。［中略〕その濱作の顰《ひそ》みに倣つて、この種の店が方々に出来たのだ。濱作の店で手伝つてゐたおやぢの舎弟が分離してその裏筋に濱むらを開くし、大阪のはり半の婿がどうしたことか家出して来て、山下橋側に味覚を作るし、続いて、大阪の法善寺境内で永年売り込んでゐたつるげんのボテが、東京での状況を聞きこんで何糞と思つたか、ファンの付いてゐる店を勇敢に畳んでやつて来て、十一屋裏に開店するといふ具合で銀座界隈では時ならぬ大阪料理店の混戦が現出された。

最近ではこれにまた、つるげんが国民新聞社の近くに出井といふ支店を出し、つるげんにゐた板前が秀華の裏にみかどをはじめたが、それらの店がいづれもそろつて繁昌してゐるといふに至つては、この先どの位またこの種の店が簇生《ぞくせい》するものかわからない。

濱作をはじめとして、濱むら、味覚、つるげん、出井、みかどなどがあいついで銀座に出店し、話題となったことがわかる。そして、関西料理が東京人に受け入れられたのは、「元来、江戸前料理は生で食はせるのが持味だ。だが、大阪料理は技巧的だ。形にばかりでない。味に加工して複雑味を出す。江戸前が塩辛くて生一方であるに反して、大阪料理はコッテリとあまくて多辺的」のところが、東京人に受け入れられたのだという。

●女給と芸妓

銀座七、八丁目の西側には幕末の頃、芸者置屋や待合が置かれるようになって花柳街を形成していた。その起源は安政の中頃、拝領した金春屋敷に芸者置屋を住まわせたことから、芸者屋町が形成されたといわれる。はじめ金春屋敷にできたので金春芸者とも、新橋芸者ともいわれた。明治五年の大火で一時新橋南の烏森に移住したが、煉瓦街が完成すると、旧地に戻り、煉瓦地芸者ともいわれた。江戸時代は柳橋が一流といわれたのにたいし、新橋は二流以下に甘んじた。明治維新後、新政府機関が丸の内にできた関係から、明治政府高官たちが利用することによりにわかに繁昌するようになった。もともと柳橋は旗本、諸藩の武士、江戸商人たちが贔屓にしていたため、新政府の役人たちは柳橋を敬遠したこともあった。煉瓦街ができて、経済の発展とともに新興商人たちも利用するようになって、明治時代半ばから大正期にかけて全盛期を迎えた。そのような時期にカフェー・プランタンは新橋花柳街の一角で誕生した。

カフェーの発展にともない、ともに遊楽施設として競合関係にあり、ことに大正十二年の関東大震災後のカフェー、バー、喫茶店の乱立、とくに関西系の大規模カフェーの進出により、新橋花柳界は深刻な打撃を受けた。花柳界には古くからの仕来りがあり、芸者と遊ぶには必ず検番を通さねばならず、そこへゆくと、カフェー、バー、喫茶店は、「従来の貸座敷や、待合に於ける遊興より時間的にも経済的にも遥かに簡単であり、又それ等に求められない強烈な刺戟と新鮮な魅力とを、多分に有してをることが時流に投じたためであつて、今日のカフエー、バーや喫茶店は、最早単なる飲食店ではなくて、貸座敷や待合に代る新時代の享楽場」(重田忠保『風俗警察の理論と実際』昭和九年、南郊社)になったと、風俗取り締まりの立場にある人物からも認めている。この時期、花柳界を取り仕切る芸妓組合の幹部たちが川村徳太郎著『新橋の芸妓衆へ』(昭和四年初版、同十年再版、新橋芸妓屋組合)、三宅孤軒著『芸妓読本』(昭和十年、全国同盟料理新聞社)などを書き、その危機的状況に警鐘を鳴らし、芸妓に自覚を促している。『新橋の芸妓衆へ』では、内務省の調べとして、昭和四年の時点において芸妓が全国で八万七一七人、女給が五万一五五九人であったのが、昭和八年の時点において芸妓が七万四二〇〇人、女給が九万九三一二人となり、芸妓が六五一七人の減少、女給が四万七七五三人の増加となっていることをあげ、芸妓の減少が不景気のためばかりとはいえないとしている。そして「カフエーがなぜ繁昌するか」について、「一口に女給々々といふが、女給さんには随分美人がゐます。新橋芸妓《げいしや》の中へ入れても、決して見劣りのしないやうな、美しいのが沢山あります。そして彼等は、新聞や雑誌などもよく読んでゐて、芸妓からみれば遥かに理解がありますから、話相手にして面白いのです。その上『只今出たばかりです』の『後口があります』の『貰ひです』のといふことは無く、チップの十円もはづめば、五人十人の美しいのが、そこに居る間は相手になつて呉れる。そして料理の如きも、自分の欲する儘で、食べたい丈け食べ飲みたい丈け飲むことが出来る。時にはコーヒー一杯でも済まされるといふのですから、経済的で、併《しか》も内容が充実してゐる訳けです。時代の要求によつて生れたカフエーが繁昌し、時代に遅れつゝある芸妓が、段々世間から忘れられる理由は、ザツと、こんなものだ」と分析している。芸妓は芸を磨き、研鑽を積まねばならないのはもちろん、客の話題に応じられるように、政治、経済の知識も身につけ、時代に即応した接待に心がけ、「明治維新時代の先輩の意気、新橋の伝統的精神を呼び起こして」いかなければならないと説いている。

●カフェー、バーの取り締まり

カフェー誕生の初期には、給仕が仕事で、女給が客席に座ることはまずなかった。それが次第に同席するようになり、カフェーが乱立するようになると、店により隔壁や個室を設けるようになり、客引き・同伴外出などが常態化し、風紀上問題になってきた。

カフェー、バーに関する取締りは、以前は明治二十八年発令の「待合茶屋遊船宿貸席料理屋飲食店及芸妓屋ニ関スル取締規則」に拠っていた。カフェー、バーができたのは明治末年のこと、とくに取締の対象になることもなかったが、大正期にじょじょに増え、とくに関東大震災後急増し、風紀上の問題が浮上した。警視庁統監官房文書課記録係が編纂した『警視庁事務年鑑』昭和四年（昭和六年刊行）の「「カフエー」「バー」ノ取締」の項に、

最近驚クヘキ勢ヲ以テ増加シツツアル「カフエー」及「バー」ノ如キ其ノ顧客ノ多クハ賞味ニ口腹ノ満足ヲ得ムトスルヨリハ寧ロ嬌艶ナル婦女ノ媚ヲ購ハムトスルノ傾向次第ニ募リ種々ノ階級ヲ通シテ之ニ出入スル者其ノ数ヲ知ラス、斯クシテ今ヤ将ニ「カフエー」「バー」ノ全盛時代ヲ告クルニ到レリ。而シテ之等営業者ハ相競フテ客ノ欲求ニ応セムカ為ニ女給ヲシテ猥リニ痴態ヲ演セシメ場屋ノ構造設備亦客ヲシテ容易ニ享楽ノ気分ニ陶酔セシメムトスルノ工風ヲ凝ラシ以テ此ノ間ニ於テ密カニ風俗上ノ紊乱ヲ醸シ為ニ世上ノ批難ヲ招キ且弊風ノ及フ所知ルベカラザルヲ以テ之カ取締要綱ヲ左ノ如ク定メ、

として、昭和四年九月七日、保安部長名で各警察署へ通知している。役人が書いた堅い文章だが、要するに風紀が乱れてきたので取り締まりを強化するというものであった。立地の条件のほかに、別室・隔壁を設けない、客用の浴槽・舞台を設けない、照明を暗くしない、営業面では、営業時間は午後十二時までとする、舞踏・演劇・活動写真に渉りこれに類する行為をしてはいけない、客引き・同伴外出をしてはいけない、芸妓類似の行為をしてはいけない、経営者は出銭（女給から一定の金額を徴収するシステム）その他の名義で金銭物品を徴収してはいけない、という内容であった。

さらに昭和五年、関西系の大規模カフェーが相次いで乱立するようになると、二月二十五日、「保紀第五百十一号」の通牒を出し、「カフェー、バーハ洋式（椅子、卓子）ノ設備ヲ有シ酒類ヲ販売シ且婦女ヲ使用スル飲食店ヲ云フ」と規定した。そしてホテルの食堂や日本料理店、蕎麦屋、鮨屋、おでん屋、天麩羅屋、肉屋などを除外するとした。このことは早速、翌日の新聞（『東京朝日新聞』「カフエーとは何ぞや」）に報じられた。

銀座におけるカフェー（バーを含む）とそこで働く女給の数は断片的にしかわからない。昭和六年五月四日の都新聞に載った警視庁の調査は　表のとおりである。銀座は築地署と京橋署にまたがっていて、正確な数字はわからないが、両署合計の八割から九割と推定されるから、銀座のカフェー・バーの推定数は、営業者二七〇店、女給数一九〇〇人前後であろうか。

警視庁五警察署管内のカフェーの営業者・女給数

警察署管内	営業者数	女給数
築地署	二〇六	一五〇〇
京橋署	一一二	七八〇
四谷署	一八〇	六八〇
淀橋署	三二〇	二〇〇〇
巣鴨署	二二〇	八二〇
合計	一〇三八	五七八〇

永井荷風は小説『濹東綺譚』の「作後贅言」のなかで、「銀座通の裏表に処を択ばず蔓衍したカフヱーが最も繁昌し、又最も淫卑に流れたのは、今日から回顧すると、この年昭和七年の夏から翌年にかけてのことであつた。いづこのカフヱーでも女給を二三人店口に立たせて通行の人を呼び込ませる。裏通のバアに働いてゐる女達は必ず二人づゝ一組になつて、表通を歩み、散歩の人の袖を引いたり目まぜで誘つたりする。」と述べているが、風俗の乱れはいっそう進んだ。

警視庁は昭和八年一月二十一日、「ソノ通牒内容亦現在ノ取締実情ニ即セサルノ憾ミアリ」として、庁令をもって「特殊飲食店営業取締規則」を制定した。「特殊飲食店」とは、「其ノ名称ノ如何ヲ問ハス洋風ノ設備ヲ有シ婦女ガ客席ニ侍シテ接待ヲ為ス料理屋又ハ飲食店ヲ謂フ」として、カフェー、バーに特定せず範囲を広げると同時に、細部にわたって規制を設けたことである。詳細は略すが、罰則規定も強化され、営業者だけでなく「従業婦」(女給)にも責任をおわせたことが特徴である。とくに八条六項に「飲食店ノ料金其ノ他客ヨリ徴収スベキ一切ノ料目料額ヲ卓上又ハ客ノ看易キ箇所ニ表示シ置クコト」と規定したが、「執行心得」のなかで「其ノ他客ヨリ徴収スベキ一切ノ料目料額」とは、営業者が制定した「チップ」、「祝儀」、「サービス料」であるという。ここで重要なのは、客が任意にくれるチップとは別に、営業者がサービス料としてチップを料金に上乗せすることを認めたことである。

この措置は、カフェー、バーの業態に変化をもたらした。「新興喫茶」の登場である。これについては後ほど述べる。

このような「取締規則」が施行され、取締りが強化された。

昭和九年三月十三日の『東京朝日新聞』は「娯楽場盛衰記/女給すたれダンサー殖え」という記事を載せている。「来る年も来る年も増加の一途をたどつたカフェー・バーも漸く飽和状態に達してか、この下半期には珍しく激減、洋風のもの（カフェー・バー）は三五七軒を、和風のもの（小料理店・おでん屋）は一六七軒も減じたが、それでも帝都のカフェー・バーの現在数は一一三九七軒を数へる」という。警視庁では、昭和八年二月に施行された厳しい取締規則による影響もあろうが、客が飽きてきたとみている。そして女給の減少に対して芸者が四六八人、芸者屋が三軒が増え、芸者屋回帰が見られる。これらの数字は東京全体のものであって、銀座の実態を表すものではないが、むしろ銀座に集中した現象とみてもよいのではないか。

この記事が出た五日後、同紙は「袖ひくネオンの女に時ならぬ旋風／二十六人の女給街頭から署へ」という記事を載せている。銀座を管轄する築地署は、十七日夜、六時から九時まで私服での街頭での客引きの取締りをおこなっている。築地署に連行され、始末書をとられ、最高五円の科料に処せられた者二六名にのぼったという。

そして十月六日に警視庁は業者を呼び、学生のカフェー・バーへの出入りを禁止した。業者が学生の入店を黙許した場合は営業停止、学校にも通知することを伝え、十日から実施するとした。永井荷風はすでに昭和六年十月二十三日の日記に「銀座通り学生制服制帽のまゝにて三々伍伍散歩するもの日に多くなれり、カツフヱーにて泥酔して校歌を叫ぶもの今は珍しからず」と記しているように、学生の姿が目に付き、蛮行が眼にあまるほどになっていたのであった。しかし、「裏ギンザのカフヱ街《まち》。丸山警視総監の新取締令が徹底して、カフヱ街の表戸は時刻と共にいかめしく閉ざされるんですが、スクリーンの隙には仄々《ほのぼの》と灯影《ほかげ》が覗き、御常連のおなじみ客をとりまいた女給さんたちの艶めいた私語《さゝやき》が、忍びかに表へ漏れるんです」（龍胆寺雄「甃路スナップ」『モダンTOKIO円舞曲』昭和五年、春陽堂）という状況であった。

銀座二丁目の元カフェー・クロネコがワイデと名をかえ営業していたが、改装を機に元のカフェー・クロネコに戻し、完成した店で営業を再開しようとした矢先の十月十七日朝、「新装大工事徹底のため両三日休業仕り候」の看板を出した。実はカフェー・クロネコの女給の一人がお客と同伴外出外泊したという理由で、麴町警察署に検挙され、店は一週間の営業停止になったのである。店の打撃もさることながら、七〇名の女給は客のチップで収入をえている関係で、その打撃は大きかった。一女給の不品行が店主の責任にまで及ぶのは不合理であるとして、カフェー・タイガー、銀座パレス、銀座会館など築地、銀座両警察署管内の特殊飲食店組合の幹部たちが集まり、取締りの緩和につき当局に嘆願書を提出する動きにまで発展した（『東京朝日新聞』昭和九年十月十八日、二十日）。

さらに、昭和十年四月、警視庁保安部内部で、銀座をはじめ東京の目抜き通りからカフェー、バーを「退却」させ、皇居に近い丸の内一帯の興行街にも相当の制限を設けようという協議がおこなわれた。これまで主要市街の盛り場についてはカフェー、バーの新規開店に制限を設けていたが、あらためて取締りを強化する必要ありとして、まず東京の代表的な繁華街である銀座から始めようということになったと、昭和十年四月十日の『東京朝日新聞』（「カフエー、バーを銀座から駆逐」）は報じている。

風俗営業にたいする当局の統制も一段と厳しくなり、また戦時色も強まるなか、カフェー業界も不況に追い込まれていた。とくに地方の業者が苦境に立たされていた。昭和十年十一月十八日に全国のカフェー業者が不況突破の大会を開き、全日本カフエー聯盟を結成している。聯盟規約に「本聯盟ハ全国的聯繋ヲ計リ警民一如、業者ハ総親和総協力以テ業界ノ刷新向上ヲ期スルヲ以テ目的トス」（第三条）とうたい、早速傘下の業者にたいして飲食物とその値段、ホールの施設、女給のサービス、チップ、服装などについてアンケート調査をおこなうなど対策に乗り出している。そして昭和十三年に国家総動員法ができると、「全日本カフエー防諜報国団」を結成し、「外国諜報機関ノ蠢動ヲ防衛シ国民防諜ノ完璧ヲ期シ報国ノ誠」（第三条）を尽くすことを誓い、「申合せ事項」として業者はネオン、レコードの自粛、広告マッチ、アトラクションの全廃を、女給に対しては国防婦人会の結成を呼び掛け、外国映画女優の模倣、喫煙の禁止などを申し合せている。理事長には佐藤甚吾が、常任相談役には榎本正が就任している（『業界須知』昭和十五年版、全日本カフエー聯盟事務局）。

●銀座喫茶店組合の結成

そのいっぽうで、純喫茶であることを鮮明に打ち出し、銀座喫茶店組合を結成する動きがあった。昭和十年十一月三日発行の『月刊新協劇団』第七号（中央区立郷土天文館蔵）に埋め草のような形で、銀座喫茶店組合聯合会の記事が出ている。「カフェー・バーからはっきり分離した喫茶店が、社会的向上と発展を目指して純正たれとの旗幟の下に団結致しました。皆様の御愛顧を切に望んで居ます」として十月二十五日現在の銀座喫茶店組合加盟の喫茶店名が載っている。

耕一路、きゅうぺる、銀座喫茶、ル・プランタン、ニッポン茶館、紫烟荘、東京茶房、プエルト、銀座コンパル、アボン、柳、門、プリンス、松風、数奇屋茶廊、サラデエスペラ、ロードハウス、ヤマヤ、銀座茶房、ダット、都茶房、ミウ、マロニエ、ラインランド、サヴォイヤ、オルゴール、手風琴、ローン、八重洲園、どるちゑ、スカンポ、サンモリッツ、白百合、テラス・エーホ、近代茶苑、豊茶房、レピノ、大東京、以上三八店。

カフェー・プランタンもこの年、カフェーの名称を廃止して、「茶房ル・プランタン」と変えることとした。

この中の一店、東京茶房は料金にサービス料一〇銭を上乗せする新方式を市内で初めて採用した。東京茶房は銀座六丁目銀座通りの西側、コロンバンの隣の二階にあり、入り口ガラス戸に「正午より十二時まで、サービス料金十銭」と張り紙した。支配人の澤田稔はその理由を、「子供や学生の入る安ぽい店は、上層階級の紳士には物足らない、また、そんな連中と席を共にすることは面白くないであらう。その為めの入場料の意味でもある、またこの店を自分の事務所、応接室のように隔意なく用ふための使用料と思つて貰ひ度い。また、見ず知らずの他処《よそ》の人とニラミ合つてお茶を飲む不愉快さを避けるためそのグループだけでテーブルを占領してゐる占有料と見て頂き度い」と説明している（高山左門「新興喫茶店経営の諸調」『商店界』昭和十一年九月）。そのために調度品も香蘭社の豪華な紅茶セットや東洋金属食器会社の純銀コーヒーポット、さらに家具も特別なデザインのものを揃えている。

東京茶房は東京工房のチェーン店の一店で、ほかに本部と同居のテラス・エーホ（銀座三丁目昭和通り北角）、銀座茶房（銀座二丁目）、サロン・エーホ（芝佐久間町）、新橋茶房（新橋駅北口）があり、この東京工房が中心となって「東京茶店集団」という聯盟を組織し、東京工房傘下の五店に加え、カプリス（数寄屋橋）、キヨ（上野広小路）、数寄屋茶廊（銀座西四丁目）、スカンポ（歌舞伎座前）、サヴォイヤ（京橋際、ジャズを聴かせた）、きゅうぺる（銀座八丁目金春通り）、ヒュッテ（本所区石原町）の七店の計十二店が加盟している。きゅうぺるについては別項参照。

サロン春の系列店で、サロン春に隣接してある紫烟荘も純喫茶店である。室内を純日本風にまとめ、奥ゆかしさを出し、店の方針として女店員が客のボックスに入り込んだり、たばこを吸ったり、必要以外の雑談を客と交わすことを禁じ、女店員は和服で統一している。

このように昭和十年を境に、酒を出さず女給のサービスもしない純喫茶の方式を鮮明に打ち出し、カフェーやバー、さらに次に述べる新興喫茶店とは明確に差別化する動きが出て来た。

●新興喫茶の出現

榎本正の銀座会館系のカフェーと奥弘之のサロン春系のカフェーの二大勢力に対抗するかたちで生まれてきたのが新興喫茶であった。新居格は、昭和十三年七月の『中央公論』に「新興喫茶——純喫茶 風俗時評として」を書き、新興喫茶の登場の由来について触れている。

新興喫茶店は特殊飲食店規則によるものであるから、純喫茶店と異なり、女給のサービスが許されているので、客の席にはべり、会話をしサービスを提供する。その対価としてチップを受け取る。ただし従来のカフェーのように客が任意にするものではなく、少額ではあるが、伝票に書き込まれ請求される仕組みであった。

新居は、「新興喫茶は一方に於いて、バー、カフェーの勍敵《けいてき》（強い敵、筆者注）として出現し、他方に於いては純喫茶を圧倒したのである。新興喫茶はバー乃至カフェーと純喫茶との混血児とも称すべきもので、双方の機能を具備するものであつたからである」という。その先駆的な例としてかつてあったという「銀座喫茶」をあげている。銀座日吉町（現・銀座八丁目）の新橋芸妓組合事務所（検番）地下に

銀座喫茶の広告

あった「銀座喫茶」は、はじめ純喫茶であったという。ここで働く女給たちは雇員であり、チップ制でなく、月給制で給料が支払われた。女給は純喫茶の少女型でなく、「艶色を含みかけ」、「ぞろりとした美服」を纏った女性を置くようになり、そしてテーブルチップ料をコーヒー代に上乗するようになった。テーブルに座れば自動的に一五銭のチップ料がつく仕組みである。カフェーのようにチップを一円にしようか、二円にしようか思い悩むこともなく、美女に囲まれて一時を過ごすことができた。不景気続きのこの時代に、気軽に入れる享楽の場となったのである。

新居は、警視庁管内の統計を載せている。昭和十一年八月二十日現在、

一　純喫茶店　一一五六軒　そのうち特殊飲食店に属するもの　二六八軒
二　喫茶店で酒類を売るもの　一七一六軒　そのうち特殊飲食店に属するもの　七七七軒
三　喫茶店で酒類食事を出すもの　三三七四軒　そのうち特殊飲食店属するもの　一六〇七軒

そして同年末の調査で、カフェー、バーなどの特殊飲食店は、八八三七軒、従業婦三万二八一九名で、翌十二年末の調査では八四三三軒、従業婦二万九八四二名となり、減少傾向を示している。これらの数字は警視庁管内の数字であって、銀座についてはわからないが、銀座、新宿合わせると七、八割を占めるのではなかろうか。

この時期の新興喫茶店は純喫茶店から移行したものと、はじめからそれを意図して開店したものがあるが、新興喫茶店と純喫茶の割合をみると、九対一の割合であったという。新居はもはや新興喫茶は新興バー、新興カフェーというべきであり、もうそこにはコーヒーや紅茶を飲みながら静かにレコード音楽を味わい聴くところでもなく、友達と談笑する社交場でもなく、女給と語る場所になったという。新宿での話であるが、新居格がある日行きつけの喫茶店に入り、席に座ると少女がやってきてコーヒーの

注文を取ると同時に、「おじさん私にアイスクリーム取ってよ」といわれ、びっくりしたという。新居はそれを断り、二度とその店に立ち寄らなかったと書いている。

高浜虚子も句会での体験を語っている。虚子を師と仰ぐ、銀座の住人や銀座に勤める人たちの俳句同好会『銀座探勝会』の第十九回の例会が、昭和十四年二月、西銀座六丁目のレディ・タウンで開かれた。例会はその都度場所を変え、その場の雰囲気を俳句にするのであった。虚子は初めて入った新興喫茶レディ・タウンについてつぎのように描写している。

レコードがひつきりなしにかゝつてゐて、女給ともダンサーともつかぬやうな若い女が段梯子の途中にもをり二階からも覗いてをる、といふやうな処であつて、私達は二階に導かれて、其処に並んでをる椅子の一つに腰を下ろした。傍には熱帯植物の棕櫚や護謨？の木などがあり、壁やカーテンなども一色に赭い色で固めてあり、たくさんともつてをる昼の電灯は悉く光が蔽ひかくしてあつた。そして別の椅子には客が入りかはり立かはりして来るのであつたが、沢山ゐる女給が一人か二人其の傍について話をして、其等の客は菓子を食べたりお茶をのんだりして帰るのであつた。一体これはどういふ処かと聞いて見ると、近頃流行の茶房といふ処であるさうな。菓子ばかりを食ふ所かときいて見ると、酒を飲むことも出来るのであつて、近頃はカフエーといふものが段々衰へてこの茶房が盛んになりつゝあるとの事であつた。私達の仲間にも茶を運び菓子を運ぶ女給があり、其は洋服の裾を長く引き、腕を露はに出し、目の縁を青く塗り、ひき眉毛をしてゐたが、其風采に似ず態度は慇懃であつた。

虚子の句

春灯の蠟燭赤く部屋暗し

椅子にかけし頭のみ見え春灯

安田公久編『続銀座探勝』(昭和十七年)

もうひとつ新興喫茶について述べた冊子がある。館一平著『酒場女の裏を曝く』(昭和十五年、昭和書房)によれば、新興喫茶は、「安価にして大衆的な純喫茶店と称するハイカラ珈琲店を「婦女が客席に侍り接待しても宜敷い」と云ふ雰囲気に改良した」ものであるとする。「酒場へ来てチツプを払ふなんて馬鹿々々しいと思ふ人達は、みんなこゝへ集つて来る。この喫茶店らしい安値さと、酒場らしい雰囲気が、忽ちの裡に大衆の心をキヤツチしてしまつたのも無理ならぬことであらう」、「新興喫茶店は、かくて洪水の如く斯界に君臨してしまつたのである」という。さらに「この世界の女達は、すべて月給制度であるから、純然たる営業主人の雇人である。命令一下、マスターの為めなら(差別待遇も甚しきものであるが)その忠勤ぶりは、酒場なんぞのフリーランサーとは全然、素質を異にしてゐる。主人は彼女達を勇敢なる女兵士として、あらゆる営業の尖端化に腐心する。——昼間はサービスタイムを制定する。前借を許可する。売上競争を強要する。[中略]その結果、彼女達の乱酒が激烈を極める。酒の品質や分量は、出来得る限り誤魔化す為めに、彼女達は共犯の立場に立たされる」わけである。

野口富士男に「手暗がり」(『相生橋煙雨』昭和五十七年、所収)という短編がある。主人公は、昭和十年の初秋、むかし神田の喫茶店に勤めていた優子と何年振りかで、銀座七丁目あたりの横丁で遇う。つれていかれた優子の勤める店は新興喫茶であった。

銀座にそれまでの「純喫茶」とは違う「新興喫茶」というものが出来はじめて、そのビルディングの一階にあったS荘という当時としては大きな店も、コーヒーや紅茶やソーダ水といったものばかりではなくてビールも飲ますような場所であった。そういうところで働いていたために、優子も店のお仕着せを着せられていたわけだが、いわゆるカフェーでもバーでもないために、彼女等は空になったコップへビールの酌はしても、客とならんで椅子に腰を掛けることは許されていなかった。

このように昭和八年の取締規則の制定以後、新興喫茶店が徐々に増え始め、昭和十三、四年頃ピークを迎えた。

昭和十二年七月には盧溝橋事件に端を発する日中戦争が始まり、上海事件、南京事件と戦線を拡大した。九月には洋酒・コーヒー・紅茶の輸入が制限され、輸入量が激減した。輸入杜絶を予想してストックを蓄えていた店もあったが、蓄えがない店が閉店に追い込まれる事態がやってきた。翌十三年四月には国家総動員法が公布され、戦時動員が始まった。戦時色はいちだんと深まり、女給たちも工場で働き、会社で事務をとるものが多くなった。

カフェーやバーに使われていた欧米語の店名は、敵性語として日本語に置き換えられるようになった。銀座七丁目のグランドカフェーメトロが大和会館に、タイガーが太平洋に、ラインゴールドが赤倉、隣のランチェラが蘭に改名した。「まづ名を改めて決戦色を見せた飲食店、築地署管内の三丁目から八丁目まで五〇軒、京橋区管内の一、二丁目が二〇軒」あったという（野口富士男『私のなかの東京』昭和五十三年、文藝春秋）。さらに昭和十七年四月十八日、東京に初空襲があり、敵機襲来が現実味を帯びてくる。昭和十八年四月七日、東京料理飲食店組合喫茶部は警視庁保安部を訪れ、市内の喫茶店は空襲警報が発令されると同時に、防空従事員詰所臨時救護所とし、店員に応急救護に当たらせる旨を申し出て、受け入れられている。店員には救護の講習を受けさせるとしている。

●国民酒場

昭和十五年以降、奢侈品、贅沢品の製造・販売は禁止され、とくに翌年の太平洋戦争突入後、経済統制は一段と強まり、米をはじめとする生活必需品の配給が始まった。

昭和十八年になると、ビールの供給は産業戦士向けの配給が増え、飲食店の一般消費者向けは三分の一に減らされた。「産業戦士の日」が設けられ、さらに減った。ビヤホールでは一人二杯に制限され、開店前から行列ができ、ときに怒号が飛び交う状況になった。銀座四丁目角のビヤホールでは開店前の行列が四時半になり、四時になり、三時半になると、時局柄真昼間から銀座の真ん中で行列とは何事かということになって、券の配布を築地本願寺の境内に移した（キリンビール編『ビールと日本人』、昭和五十九年）。

決まった日に築地本願寺の境内に酒場やビヤホールの旗を持った人がやってきて、それぞれの場所で券を配った。人々はそこへ殺到し、一枚の券をもらうと、さっと駆け出して次の列に並び、運がよければ二枚をゲットできる。それがじつに整然とおこなわれたという。夕方その券をもって酒場やビヤホールへ行けば、一杯の酒、一杯のビールにありつけたのだ。それも空襲が激しくなるにつれ、持参した器にいれてもらうとそそくさとその場を立ち去る人が多くなったという（川崎房五郎「私の見た昭和の日本橋・京橋の移り変わり〈二〉」『郷土室だより』第七七号、中央区立京橋図書館)。

アジアに広がった戦線の劣勢が深まるなか、国内では物資の不足、食料の欠乏が著しく、飲食店の統制がさらに強められた。昭和十九年二月中旬、東京都(都制が布かれたのは昭和十八年七月一日)はビヤホール、百貨店、大喫茶店などを利用して雑炊食堂(十一月二十五日から国民食堂と改称)を開設した。そして三月五日、「決戦非常措置要綱」に基づき、警視庁は概算で高級料理店八五〇店、待合・芸妓屋四三〇〇店、芸妓八九〇〇人、バー・酒店二〇〇〇店の閉鎖を命じた。

五月五日には準備が整い、市内で国民酒場が午後六時いっせいに開店の運びとなった。酒を供する店五六店、ビールを売る店三九店が開店した。そして一か月後にさらに酒を供する店五店、ビールを売る店二店を追加し、七月一日にはウイスキーを売る店三二店の開店を認めている。開店に際して開店前の行列を硬く禁止している。

なお、これより前の昭和十八年九月、内閣は「国内態勢強化方策」を決定し、航空機生産優先、食糧自給態勢確立をめざし、「国内必勝勤労対策」に基づいて販売店員、行商、出改札係、車掌、集金人、給仕人、料理人、理髪師など十七職種への男子就業を禁止し、二十五歳未満の女子を勤労挺身隊として動員することを決定した。決定に際して演説した総理大臣東条は、「一億国民、一人残らず戦闘配置につく」べき時だと述べている。政府の広報誌『週報』(昭和十八年十月、情報局編)は、「日本の女性方よ、武装してソロモンに征けとは決して申しません。いや、むしろ女性の真価を十二分に発揮できる職場は、銃後の生産戦線であります。「空の要塞」(B29爆撃機、筆者注)に敢然体当りする機会はなくても、その体当り機を作り出す機会は、女子にも与へられてゐるのです」と、その覚悟を説いている。

こうして銀座から女給の姿が消えていった。

第二部

銀座を彩った人々

1　永井荷風と銀座

永井荷風はその人生の大部分、とくに戦前戦中に銀座とのかかわりをもって、日本の近代を見据えた人物であった。

永井荷風は明治十二年生まれ、東京英語学校を経て、高等師範学校付属中学校に編入学し、第一高等学校を受験したが、不合格。明治三十一年、その作風を敬愛していた広津柳浪に入門した。翌年かねてより人情噺をしたいと思っていた荷風は三遊派の落語家六代目朝寝坊むらくの弟子となり、三遊亭夢之助を名乗って市内の席亭をめぐり、修業していたが、ある日、永井家出入りの車夫の妻に発見され、家に知られることになり、噺家の道をあきらめた。明治三十三年小説家三宅青軒の紹介で歌舞伎座立作者福地桜痴に弟子入りがかない、作者見習いとして歌舞伎座へ通い始めたが、翌年福地桜痴が三十間堀一丁目（銀座四丁目）の日出《やまと》国新聞の主筆として迎えられたため、荷風も福地に従い同社の新聞記者見習いとして雑報欄の助手をつとめることとなった。しかし間もなく福地のやり方をめぐって社内に内紛が起こって福地は同社を辞し、荷風はそのあおりをうけて解雇された。明治三十五年金港堂の『文芸界』の懸賞小説に「地獄の花」をもって応募したが、落選した（のち同社から刊行）。その年の十月、『文芸界』に発表した「新任知事」は福井県知事をしていた叔父・坂本釤之助をモデルにしたものであったが、叔父の怒りをかい、絶交を宣せられた。父は叔父の一件もあり、荷風の行く末を案じ、実業家の道を歩ませようとしてアメリカ行きをすすめた。荷風は明治三十六年十月に渡米、父の配慮で正金銀行ニューヨーク支店に勤務することになったが、銀行勤務は苦痛で、芸術の国フランス行きを強く望んだ。フランス行きは実現したが、リヨン支店の生活に耐えきれず、辞職願を出した。それを知った父は帰国を命じ、明治四十一年七月帰国した。すでに作家を志していた荷風は、『あめりか物語』、『ふらんす物語』を執筆（発売前に発行禁止）、『東京朝日新聞』に「冷笑」を連載し、作家として地位を築いた。その頃から花柳の巷に出入りするようになった。

明治四十三年一月二十七日に銀座の交詢社において慶應義塾文学部の刷新の事が話合われ、その席上、森鷗外は教授に上田敏と永井荷風を推挙している。二月四日、荷風に伝達され、慶應義塾文学部教授就任が決まった（「日記」『鷗外全集』三五巻、岩波書店）。これにより荷風は『三田文学』の発刊、編集に携わることとなった。その前後、新橋花柳街に出入りするようになって芸者置屋新翁家の富松や巴家の八重次などと知り合い、交情が始まった。花柳街との関係が生まれたものの、カフェー・プランタンができる前であり、友達を待ち合せたり、散歩の疲れた足を休めたりする場所がなかった。いや、なかったわけではないが、一時間も足を休めているにはこれまでの習慣でビールを四杯も飲まなければ、気が引けて落ち着かない。そこで荷風が利用したのが新橋停車場内の待合室であった。ここは「最も自由で最も居心地よく、聊かの気兼ねもいらない無類上等の Café である。……這入りたい時に勝手に這入つて、出たい時には勝手に出られる」（「銀座」明治四十四年七月、『紅茶の後』、『荷風全集』第十三巻所収。ここで使用するのは昭和三十七年岩波版）場所であった。「冬には暖い火が焚いてある。夜は明るい燈火が輝いてゐる」待合室に本を読む荷風の姿があった。やがてカフェー・プランタンができ、常連客となるのであるが、その前に三等煉瓦家屋に関する貴重な証言があるので、触れておきたい。

のちに結婚することになる巴家の芸妓八重次と知り合い、交情を深め、八重次の家にも出入りするようになり、それらの体験、見聞から『紅茶の後』、『新橋夜話』、『腕くらべ』など多くの作品が生まれた。

当時の芸者置屋は現在の銀座七、八丁目に集中していて、三等煉瓦家屋であった。三等煉瓦家屋を写した写真も少ないし、家屋内の造作、間取りを描写した文章も少ない。実家の広壮な住宅に住んでいた荷風にとっては別世界であったろう。『新橋夜話』に収録された短編「風邪ごゝち」にその描写がある。

俗に三等煉瓦の貸長屋と云はれてゐる此の家《や》の二階は、今日では明治初年を追想させる荒廃した一種の紀念物とも見られるだけに、不思議な程拙なく不便に出来てゐる。立てば丈《せい》の届くほど低い天井は紙張りにしてある為めに、二目とは見られぬばかり、鼠の小便と雨漏りの斑点《しみ》と、数知れぬ切張りとに汚され、間数は襖を引き得べき敷居の溝を以て境とすれば三間《みま》と数へられるのであるが、梯子の下口《おりくち》の一間と、それに続いた次の間とには、丁度西洋室の暖炉の煙筒《シュミネー》を見るやうな太い煉瓦の柱が突出してゐる為めに、孰《いづ》れも二畳半と三畳半と云ふやうな不思議な畳の半数を示してゐる。他の一間だけは稍《やゝ》広く八畳ほどの畳が敷かれてあるが、後から付出した一間半《いっけんはん》の押入がこゝにも亦邪魔らしく突出してゐる上に、次の間を区切る敷居の上には、どう考へても解釈のつかない、飛んでもない処に、細い柱が然も二本並んで立つてゐる。

建築以来三十年以上経った古びた三等煉瓦家屋であったが、三等煉瓦家屋の佇まいがわかる貴重な記述である。

明治四十四年春、日吉町にカフェー・プランタンができると、早速そこの常連となった。荷風はカフェー・プランタンの開店をあえて「創設」と表現している。その理由は「巴里風のカッフェーが東京市中に開かれたのは実に松山画伯のAU PRINTEMPSを以て嚆矢となすが故である」(「申訳」)としている。

フランス在留経験のある荷風はカフェー・プランタンを本場のカフェーに近い最初のカフェーとみたのである。ある日、有楽座の新劇を見ての帰り、友人、有楽座の女優、八重次と連れ立ってカフェー・プランタンに立ち寄ったところ、押川春浪らにからまれ、逃げ出す騒ぎがあったこともすでに述べたところである。この事件以後、荷風はカフェーへ足を踏み入れなくなった。尾張町角に華々しく開店したライオンにも入らなかった。

明治四十四年七月に発表した「銀座」（『紅茶の後』）に、「この一、二年何のかのと銀座界隈を通る事が多くなつた。知らず〳〵自分は銀座近辺の種々なる方面の観察者になつてゐた」と書き、有楽座、帝国劇場、歌舞伎座などで観劇した帰りには、必ず銀座のビヤホールに立ち寄り、仲間と最終電車がなくなるまで劇評を戦わせている。荷風は銀座の街並みが変わり、社会、風俗、文化が日ごとに変わりゆく様を「丁度活動写真を見詰める子供のやうに」、「眼の痛くなるまで見詰めて居たい」と述べている。その成果は、小説、随筆、とりわけ日記に見ることができる。

なお、八重次とは大正三年八月正式に結婚したが、翌年二月、荷風の浮気に愛想を尽かした八重次は置手紙を残して家を出て、離婚している。以後結婚することなく気ままな生涯を送った。

荷風が日記をつけ始めたのは、大正五年三月に始まり、昭和三十四年四月末、死の直前まで続いた（大正五年三月から同七年十一月までは『毎月見聞録』、大正六年九月以降は『断腸亭日乗』）。荷風は外遊中にも日記をつけていた。病を得て身辺整理を思い立ち、手に取ったその日記を焼き捨てようとして読み進むうちに感慨ひとしお、捨てられなくなって、後日人に迷惑のかかるところを削って残したのが『西遊日記抄』である。荷風の日記は単なる個人的な記録ではなく、人に読まれることを意識して書かれた文明批評の作品であった。

荷風の日記には銀座における飲食、喫茶、遊興の記事が多い。一人暮らしの荷風は毎日、昼食、晩食のうち一食は外食で済ませる習慣になっていた。外での飲食、喫茶の記録は店の名前を入れて丹念につけているが、おそらく記載漏れもあろうし、また店名を示さずにただ「銀座で飰す」とだけ記載している場合が多い。この頃のことは、川本三郎『荷風と東京』の「『銀座食堂に飰す』――東京の復興は飲食物より」および「銀座の小さな喫茶店で」に詳しい。ここではこれらを参照しながら、荷風日記に記載された飲食、喫茶の動向を年代を追って覗いてみよう。なお、荷風の日記は長年にわたり、膨大な量にのぼるため、荷風が飲食店、カフェー、喫茶店等を利用した日、回数等については見落としがあるかもしれないことをあらかじめお断りしておく。

荷風の日記の中で料亭を除いて、日常的に使う飲食店として最初に出てくるのは凮月堂（正式名称は凮月堂であるが、荷風は風月堂を用いている）であろう。『毎月見聞録』の「大正六年四月中」の項に「銀座風月堂白魚のフライ風味よし」として出てくるが、おそらくそれ以前から利用していたと思われる。凮月堂は明治十年に南鍋町一丁目（銀座六丁目）に進出、菓子（ビスケットなど）の製造販売をすると同時に、フランス料理（カレーライス、オムレツ、ビフテキなど）を始めた。次に訪れたのは大正八年一月十一日であろうか。この頃は思い出したようにあらわれたが、十年九月になると回数が増え、夕食が多い。以後断続的に続いているが、昭和十年二月五日以降、凮月堂の名が見当たらないようだ。

カフェー・プランタンでの悶着があってからカフェーへの出入りを絶っていた荷風は、大正十五年八月八日の夜、はじめてカフェー・タイガーに足を踏み入れた。荷風は、「申訳」のなかで「大正十五年八月の或夜、僕は晩涼を追ひながら、震災後日に日にかはつて行く銀座通の景況を見歩いた時、初めて尾張町の四辻に近い唯《と》あるカツフヱーに休んだ。それ以来僕は銀座通を過る時には折々この店に休んで茶を飲むことにした」として、その理由を四つ挙げている。その第一が食事の問題である。「僕は十年来一日に一度、昼飯か晩飯かは外で食ふことにしてゐる」。カフェーの料理はほとんど口に入れられないほど粗悪であるが、自分で料理するのは面倒で、カフェーで食うのが便利である。第二に食事をするのに畳に座らないで食事ができる。大正九年に築地から麻布市兵衛町の洋館偏奇館に移り住んで以降、和服を着たことがなかった。第三に、カフェーに入らなくなって約二十年経っているが、時勢が一転した。自身の趣味も変わった。女給にたいしても、二十年前のライオン開店当時のような嫌悪の情を催さなかった。そして第四に明治文明は壊れ俗悪な風俗が表れてきたが、その世態批判に興味が勃然として湧き、まずその世態風俗を観察するためであった。

翌九日、十一日、十三日、二十八日、三十一日と八月は六日間、カフェー・タイガーに顔を出している。それ以後、荷風がカフェー・タイガーに来た日数を日記から拾うと、九月は五日間、十月一一日間、十一月一二日間、十二月一三日間、昭和二年一月一九日間、二月一六日間、三月一四日間、四月一六日間、五月一二日間、六月二一日間、七月一九日間と、月を追うごとに回数が増えていったが、八月に入ると、四日間、九月も四日間、十月なし、十一月四日間、十二月には三日間と激減する。

荷風はここでお久という女給と知り合う。「つゆのあとさき」の君代のモデルであるが、昭和二年十月にはお久と金銭問題でもめ、警察沙汰になっており、カフェー・タイガーには八月頃から遠のき、十月にはまったく足を踏み入れていないのはそのためであった。以後、顔見知りと逢い、入ることはあったが、回数は減っている。荷風のカフェー・タイガー通いは昭和八年七月で終わった（その後一回だけ昭和九年十一月十七日に神代、万本らと飲んでいる）。

荷風は行き付けの店では、座る席がだいたい決まっていた。きゅうぺるでもそうだし、カフェー・タイガーでは二階の窓際のテーブルだった。ここで小山内薫が主宰する『劇と評論』の編集の話を吉井勇を交えてしている（金沢慎二郎「昔恋しい銀座の文士」『笑の泉』昭和二十七年七月）。

荷風が単に食事をとるために通ったのは銀座食堂であろう。銀座食堂は銀座六丁目銀座通り西側に、関東大震災後に開店した食料品店兼食堂（二階）であった。ここの主人は奥清房といい、明治四十五年から大正七年まで麹町の星岡茶寮の料理長をつとめ、開店にあたり椅子席を設け、ウィンドーにいけすを活用したり、全国の珍味を販売するなど、食堂経営者として新機軸を打ち出していた（『銀座六丁目小史』昭和五十八年、銀座六丁目町会）。荷風が初めて訪れたのは昭和四年一月十日と思われる。同年三月三十一日に「蜆の味噌汁殊に佳なり」、同六年十一月十二日に「章魚の甘煮味佳なり」と記している。以後昭和十七年二月まで長期間にわたり利用回数は多い。荷風のお気に入りであったことがわかる。

次いで荷風は昭和七年一月十五日、千住大橋、荒川放水路を経て浅草公園をまわり、銀座二丁目東側の洋食屋オリンピックで夕食を取っている。三月二十五日の日記にオリンピックについてつぎのように記している。

黄昏銀座於倫比克《オリンピク》洋食店に飰す。この店三四年前開業してより今日に至るまで、連日食事の時刻には空席なき程の盛況なり。主人は多年米国沙市にて飲食店を営みゐたるものゝ由。客は男女事務員店員学生等にて、東京の言葉をつかふ者は甚《はなはだ》少く、又行儀作法を知るもの殆無し。我国文化の程度は此店の客の食事する様を見ても其一斑を窺ふに足るべし。［中略］二十年来風俗人情の変化実に驚くべし。余は平素世人と交らざるを以て折々此オリンピク洋食店に入り、現代民衆の動作会話を観察して、時に得る所あるを喜ぶなり。

広く庶民に利用され、繁昌している様がわかる。荷風はここを単に食事の場としてだけでなく、社会風俗の観察の場として興味を示している。三月には三回であったが、四月七回、五月十七回、六月三回、七月八回、八月二回、九月七回、十月十四回、十一月十三回、十二月十一回と、かなりの頻度で利用している。翌八年に入ると回数は減少するが、昭和十年一月までオリンピック通いは続いたようである。

昭和七年十月四日、荷風ははじめて元数寄屋町二丁目（銀座五丁目）並木通りにあったドイツ料理店ラインゴールドで夕食をとった。ラインゴールドは、後に触れるが、荷風の銀座仲間がたむろしていた万茶亭の隣にあった。開店はいつであったかわからない。万茶亭に出入りするうちに、ドイツ人経営で、女給にドイツ名を付けた酒場兼レストランに興味を持ったのであろう。荷風は十月十二日の日記に、酒の値段が日本のカフェーに比べれば遥にやすく、女給も案外おとなしく祝儀を貪らず、銀座辺では今のところもっとも居心地の好い店であると記している。よほど気に入ったとみえて、この月は一八日間顔を見せている。十一月は八回、十二月は六回と数を減らし、翌年になると二月十四日に顔を出して以後途絶えている。ここは昭和十六年に発覚するゾルゲ・スパイ事件のゾルゲが出入りし、愛人となる女給の石井花子と知り合った場所でもある。事件については別項「ゾルゲと「ラインゴールド」」にゆずる。

銀座に富士アイスと名の付く店が二軒あった。丸の内海上ビル地下にあった富士アイスと同じ経営で喫茶を中心に軽食も出した。一軒は銀座五丁目晴海通り沿いに、もう一軒は銀座四丁目教文館（昭和八年十月一日開業）地下にあった。荷風は銀座五丁目の店を「尾張町不二あいす」、「富士あいす」、「ふじあいす」などと表記し、教文館地下の店を「三丁目ふじあいす地下室」、「銀座富士地下室」、「不二氷菓

教文館地下にあった富士アイス　清水建設蔵

店」、単に「不二地下室」などと表記している。教文館地下の店を「三丁目」とするのは荷風の間違いで、あきらかに「四丁目」である。ここでは荷風に沿って銀座五丁目の店を「尾張町不二あいす」、四丁目の店を「不二地下室」と表記する。

「尾張町不二あいす」は昭和八年九月頃から利用回数が増えて昭和十三年九月まで続く。「室内の感じも落着いて丶宜い、女給さんもチップを取らぬ本位の店として親切で、いやにべた〱せず、きまり〱をきちんとやつてくれる」清潔感のある店だった（時事新報家庭部編『東京名物食べある記』昭和五年、七版）。外国人が多かったという。昭和十三年に足が遠のいたのは、料理の質が落ちて、値段も高くなったからのようである。「不二地下室」の方は昭和十二年四月から利用が始まり、翌年六月までに集中している。なお「不二地下室」の入った教文館ビルは昭和八年九月に竣工し、オープンと同時、十月一日に開店した。昭和十二年十月十四日の夜、こんな出来事があった。仲間と話していると、そこへ尺八を携えた一人の男が入ってきて、ボーイを脅してコーヒーをすすり、また、いやがらせのため尺八を吹き鳴らし、去っていった。その男は十年前、カフェー・タイガーにおいて荷風にからみ暴行を加えようとした男であった。その名は辻潤、ダダイスト、ニヒリストとして知られる人物である。一時精神に異常をきたし、晩年は虚無僧姿で尺八を持ち全国を行脚して門付けをしていた。辻の容貌は十年前とは一変し、ボーイに言われるまで辻潤とはわからなかった。

荷風が「荷風の側近第一号のように扱っていた人物」（柳田泉「荷風と帚葉山人」『荷風全集』月報二六号）、帚葉山人こと神代《こうじろ》種《たね》亮《あき》と知り合ったのは大正十年の頃という。『濹東綺譚』の「作後贅言」の中で荷風は、古本の市に行くごとに神代に逢って、いつともなく話をするようになり、その後昭和七年の夏、偶然銀座通りで逢った、意外なところで意外な人を見たような気がして、その日は立ち話をしただけで別れた、と書いている。その日を日記から探ってみると、夏ではなく、春三月十九日と思われる。「街上適神代氏に逢ふ」とあり、この日は食事をしていない。次にまた偶然逢ったのは五月二十三日の晩である。この日は晩飯を共にして別れている。その後、六月八日（付近のカフェー）、七月五日（カフェー・ゴンドラ）、十一日（岡崎栄の酒場）、十二日（カフェー・ゴンドラ）、十六日、十九日（岡崎栄の酒場）と交遊が深まった。そして翌二十日には神代と一緒に万《ばん》茶《さ》亭《てい》に行っている。

神代は荷風が表通りのカフェーを避けていることを知っていて、西銀座の裏通りにあってほとんど客のいない万茶亭という喫茶店へつれて行き、当分そこを会合場所にしようと提案した、という。そして以後、頻繁に通うようになり、日記には翌年二月半ばまで記載がある。

万茶亭は、「ブラジル帰りの老人が家の者に手伝わせて、小体に営業している粗末な店構えの、金五銭のコーヒーを商う風変りな喫茶店」(沢田卓爾「荷風追想」『荷風全集』月報二三号)であった。「時に彼の甥に当る映画俳優の大日向伝《ママ》が来て、店の手伝いしたり、私たちの雑談仲間に入ったりしました。当時の並木通りは、わけても万茶亭の附近は往来の少いひっそり閑とした町筋でありました。筋向うには美人揃いで有名なサイセリヤがあり、隣には入口の大酒樽を看板にしていたラインゴールドと云う洋食店が軒を連ねて」いた。この店の「女給たちは地味なジャケツを着、幼稚園の保母のような出でたちで給仕して」いたという(同上)。万茶亭とそれをとりまく情景はこのようなものであった。

荷風は「帚葉翁と共に万茶亭に往く時は、狭い店の中のあつさと蠅の多いのとを恐れて、店先の並木の下に出してある椅子に腰をかけ、夜も十二時になつて店の灯の消える時迄ぢつとして」(「作後贅言」)、神代と街の様子をかたっている。

作家の大谷藤子は、少女時代によく万茶亭に通っていた。「万チャン」といっていたようだ。

その主人は、客の前で、自分で珈琲をひいて、いれてくれたが、あんなうまい珈琲は、その後どこでも口にしたことがない。その店のことは、永井荷風の「万茶亭の夕」という名随筆となり、たしか「濹東綺譚」にも書かれている。万チャンを万茶亭と書くあたりいかにも荷風らしい。そういえば「万茶亭の夕」には、店の前に佇むと詩情あふれる夕ぐれの風景に接するように書かれていたが、私など殺風景なものしか感じなかつた。店の前は薄暗くてデコボコの狭い歩道で、いつも隣りの店のものらしいビール樽がころがしてあつたりした。荷風が書いているような詩情のわきたつ腰かけなどなく、そんなものをおけば、せいぜい二人ならんで通れる程度の小路だから、通行人の邪魔になり、こちらだつて居たたまれなくなつたにちがいない。それでなくてさえ、デコボコの薄暗い小路を蹴つまづいたりしながら、見かけのわるい万チャンへ私は入つて行つたのである。
「万茶亭のことなど」『新装』（銀座松坂屋全館完成記念号、昭和二十七年十一月）

毎週必ず二度、銀座教会に通った少女にはこのように映ったのである。

神代種亮は島根県津和野の出身、松江の師範学校を出て、地元の学校に勤めたが、やがて東京へ出てきて、海軍省文書課、慶應義塾図書館、一誠堂書店編輯部などに籍を置いた。神代は勤務の余暇すべてを読書に費やし、明治文学の研究に打ち込み、とりわけ文字に精通していて、校正に秀でていた。頼まれもしないのに、学者、文人の著作の誤りを指摘して著者に書き送った。その縁からその特技が認められるようになり、坪内逍遥、森鷗外、有島武郎、永井荷風、芥川龍之介、谷崎潤一郎、菊池寛、佐藤春夫らの校正をおこなうようになった。とりわけ芥川、谷崎などはすべての新刊の校正をしてもらいたいと申し込んだという（岡野他家夫『書国畸人伝』昭和三十七年、桃源社）。誰いうとなく「校正の神様」といわれるようになった。荷風には原稿の校正だけでなく、資料集めをも手伝っている。

神代は万茶亭で荷風と相対して並木の下の椅子に腰をかけている間に、「万茶亭と隣接したラインゴルト、向側のサイセリヤ、スカール、オデッサなどいふ酒場に出入《でいり》する客の人数《にんず》を数へて手帳にかきとめる。円タクの運転手や門附と近づきになつて話をする。それにも飽きると、表通へ物を買ひに行つたり路地を歩いたりして、戻つて来ると其の見て来た事をわたくしに報告する」（「作後贅言」）という具合で、荷風は神代から様々な情報をえていた。荷風のいるところ神代ありであった。神代は荷風と銀座で逢って半年後の九月十一日、荷風に「銀座遊歩記」という草稿を示して、荷風と二人の合作として東京日日新聞に掲載したい旨、持ち掛けた。荷風は「迷惑千万の事なり。此夜かぎり銀座にて神代氏に逢ふことを避けざる可らず」と記し、翌日には署名することを断る手紙を書いている。しかし翌日以降も何事もなく連日のように神代と逢っている。荷風にとって神代は別れ難い人物であったことがわかる。

　荷風を取り巻く銀座組が生まれたのは万茶亭においてであった。神代と同じく校正や編集の仕事をしていた、取り巻きの一人である広瀬千香が語るところによれば、「そも〳〵の始めは、荷風の云ふ万茶亭なのか」、「類は友を呼び、表通りをさけて、誰が定めるともなく、何処からか、何となく集って来て塊り、駄べつた。芋ずるのやうに連り集まる人々は、キッカケはそれ〴〵異つてゐた」が、銀座のそこかしこのカフェーや喫茶店にたむろするようになった。「これら一聯の一人《ママ》々は、表通りをぶらつく事は稀で、大抵は茶房の椅子にくすぶつてゐる。時間潰しの雑談は、盛り上がつたり低迷したりであつたが、中心は荷風に定まつて」いたという（広瀬千香『私の荷風記』平成元年、日本古書通信社）。

　広瀬千香が荷風と知り合うようになったのは、神代に連れていかれた交詢社筋向いの汁粉屋梅林であった。昔の餅菓子店風の店で、机椅子が二組ほど置かれ、大福餅を皿に乗せ、渋茶を汲んで出すといった店であった。広瀬は書いている。

　とある日、昼間の銀座六丁目、梅林といふおしるこやへ、神代氏は私を同道した。甘いものでも喰べたかつたのかと、お供をして店に入ると、一隅のテーブルにゐた一人の中老紳士に近づいて『こんにちは。』先方は『アァ、ア』と軽くお辞儀を返した。紹介されるのでもない、私もそのテーブルについた。なんと、この紳士は永井荷風先生その人であつた。『名刺を出したり、紹介なんてこと、先生大嫌ひです。』と、店を出てから氏は私に云つた。
連れて行つた人が、信頼する神代氏だつたせいか、私は夜の銀座の荷風を囲む人々の中へ、スイ

〳〵と合流してゐた。

広瀬千香『思ひ出雑多帖』（平成二年、日本古書通信社）

なお、『濹東綺譚』の校正は広瀬が当たったといい、荷風から『濹東綺譚』の原稿をもらっている（柳田泉「荷風と帚葉山人」）。

荷風の日記から万茶亭が消えるのはおそらく昭和八年一月三十日以降である。万茶亭の主人が亡くなって店を閉じたというから、主人が亡くなったのはこの頃であろうか。万茶亭にかわって登場するのが耕一路である。

耕一路は銀座西八丁目の並木通りの鉱業会館ビルにあった。荷風の仲間が探してきたのか、昭和八年二月二十日に立ち寄っている。二十四日は仲間の万本、生田、高橋、神代らと逢い、三月八日には高橋とオリンピックで夕飯を共にし、耕一路に寄ってから一同揃ってカフェー・タイガーに繰り込んでいる。十六日にはオリンピックで高橋に逢い、食後、街上で堀口大学夫妻とフランス詩人ノヱルヌーヱー（ノエル・ヌエット）と逢い、相携えて耕一路へ行っている。荷風はここが気に入ったようだが、三月二十二日の日記に「此夜西銀座喫茶店耕一路の主人神代氏を通じて予等一同の来集する事を謝絶す。何の故なるを知らず。思ふに神代氏昼の中より来り午睡などするがためならむ歟」とあり、他の客が入りにくい雰囲気になっていたのだろうか。荷風は翌々日耕一路の前を通りひそかに中の様子を窺っている。

店主は愛媛県出身で、早稲田大学にいる頃からコーヒーが好きで、パトロンを見付けて耕一路を昭和六年頃開店。店主の妻の語るところによると、店主は変わり者で、酒飲みは大嫌い、酒を飲んだ人はお断り、野球の早慶戦があって学生たちがワァーッと来ると店を閉めてしまうような人だったという

(「泰明小の元年っ子」『東京新聞』昭和六十年一月九日)。

出入り差し止めになった一同は、昭和八年一月三十一日にはじめて入った銀座八丁目、現在の金春通りの喫茶店きゅうぺるに本拠を移すことになった。四月は二回、五月は三回、六月七回、七月三回、八月五回と少ないが、九月に入ると九回、十月二一回、十一月二三回、十二月一七回、年を越して一月は二四回、二月一九回、三月一六回、四月五回と、ほとんどここが荷風を取り巻く人たちの溜り場となっていった。ところが、四月二十六日を最後にきゅうぺる行きはなくなり、それにかわって千疋屋(銀座八丁目)、エーワン(栄湾・罌碗などと表記、銀座八丁目)、アボン(阿盆・亞盆・亞凡、松坂屋裏)などをかなりの頻度で利用するようになった。きゅうぺる通いが復活するのは昭和十年三月八日からである。以前のような頻度ではなくなったが、きゅうぺる通いは同十一年末まで続き、翌十二年一月二日が最後になった。学生、酔漢が多くなり、静かに憩える雰囲気ではなくなったからである。きゅうぺるは道明真治郎が昭和七年四月八日に開店した喫茶店であるが、一つの物語になるので次項で詳しくみることとする。

きゅうぺるにかわって荷風たちが集まるようになったのは、西銀座角の桜屋(さくら屋)であった。昭和十一年十一月頃から利用していたが、翌年一、二月に足繁く通うようになった。荷風たちが気に入った店であったが、三月四日閉店ということで、「諸氏」みな集まって、蛍の光を合唱してのち、一同拍手して別れたという。

またこの頃、うなぎ屋竹葉亭で食事をとるようになった。日記には昭和九年十一月二日にはじめて登場するが、そのきっかけは奥歯を抜いて牛肉が食べられないという理由であった。うなぎが好物であったのであろう、十一月は一二回、十二月は一一回、翌年一月は一三回と頻繁に通い、以後断続的に昭和十一年六月頃まで続いた。

ここらで荷風を取り巻く銀座組の人たちに触れておこう。広瀬が挙げる人物は、築地に住む歯医者の酒泉、『劇と評論』の同人で早稲田、上智のドイツ語教師の杉野、NHKにいた高橋邦太郎(邦さんの名で通る銀座ボーイ)、六本木のうなぎ屋大和田主人の味沢貞次郎、築地小劇場の土方与志の配下の万本(銀座裏の通の通)、某電気会社のサラリーマン歌川、銀座並木通りに住む経師屋の阿部、松竹の斉藤(戦後すぐに東京劇場の支配人になる)などが常連で、ときどき顔を見せたのが松翁の息子松居桃太郎、のちの八代坂東三津五郎、市川団四郎、新劇の東山千栄子などであったという。これらの人たちが万茶亭、きゅうぺる、時に耕一路、アボンなど裏路地にある喫茶店にたむろして四方山話に時を過ごした。いつもその中心に荷風がいた。高橋邦太郎によれば、このほかに「堀口大学、ノエル・ヌエット、ウィッテク嬢、生田葵山」(「荷風先生とぼくたち」『荷風全集』月報二二号)も加わった。

酒泉は名を健夫といい、築地二丁目で開業する歯医者で、芝居関係者や新橋花柳界の患者が多かった。万本については後述(「道明真治郎と「きゅうぺる」」)。

杉野は名を昌甫といい、山一證券の社長・杉野喜靖の息子、ミュンヘン大学に留学し、農民の野外劇などを研究して帰国し、早稲田、上智などの講師を歴任し、のちに早稲田大学の教授となる。ペンネームを杉野橘太郎といった。広瀬によれば、荷風と知り合ったのは新橋の金兵衛においてというが、杉野本人によれば、「「きゆうぺる」へ荷風が現れたのは昭和八年の一月末頃だった。私は此処をこの一、二年前から仲間の芝居人たちと落ち合う根城としていたが、毎夜のように飄然と現れる荷風といつとはなく口を交えるようになった。今から思えば、あの私淑し思慕する人の実に数多い、しかも何とか一目たりとも近より度いと願い乍らその機会を得ない程な文豪と、思うともなく自然な知己となったことは我ながら不思議とも思われ、又名誉なことゝとも」(「濹東綺譚前後」『荷風全集』月報九)思ったとあり、初対面はきゅうぺるであった。

この頃、荷風が銀座に出ると、必ず銀座の仲間と逢っている。座の中で聞き手にまわることが多かったようであるが、話が森鷗外に及ぶと姿勢をただしたという。荷風にとって気の置けない楽しいひと時であったろうが、時にわずらわしさを感ずることもあった。昭和八年六月十一日の日記に「此頃銀座裏の喫茶店又はカッフヱーにて知り合ひになりたる人多く、毎夜応接に遑あらず、疲労を覚るを以て此夜はわざと独り太訝（カフェー・タイガー）に入りて休む」と記している。

昭和六年九月、関東軍が中国奉天郊外柳条湖の満鉄線路を爆破し、これを中国軍によるものとして総攻撃を開始して、満州事変がはじまった。翌七年一月、上海事件勃発、三月には満州国の建国宣言、同八年三月には国際連盟脱退、同十二年七月に盧溝橋で日中両軍が衝突し日中戦争に突入した。荷風はこれらの事変を苦々しく思いながらも意識的にコメントを避けている。昭和十一年二月の二・二六事件と荷風とのかかわりについてはすでに述べた。昭和十三年五月には国家総動員法が施行され、国民生活全般にわたり統制が強まった。食糧事情も厳しくなった。昭和十四年六月三日、エーワンでは、「改築の後いよ〳〵まづくなりたり」とあり、九月二十三日に入った時には「バター及チーズ品切なりとて之を用ひざれば料理無味殆ど口にしがたし」と記している。また、十二月二日には、「銀座食堂にて晩飯を命ずるに半搗米の飯を出したり。あたりの客の様子を見るに、皆黙々としてこれを食ひ毫も不平不満の色をなさず」と、翌年八月一日には、「南京米にじやが芋をまぜたる飯を出す」と食事がとれればよしとする時代となった。開店時間も翌二日から昼食は十一時より午後二時頃まで夕食は午後五時より八時頃までと決められた。

このように、食糧事情が厳しくなる中、荷風が最後に頼りにしたのが新橋駅烏森口駅前の金兵衛であった。よく「芝口の金兵衛」、「芝口の鮓屋横丁金兵衛」として出てくる。

昭和十九年一月二十一日の日記に客の一人が調べた話として、金兵衛の女将の数奇な生い立ちの話が出てくるが、「震災の頃は新橋藤都にて与作といひし芸者なり。佃茂と云ふ佃煮屋の倅の妻となり、赤坂より昭和五六年頃今の処に」移ってきたという。荷風はすでに昭和八年六月十一日の日記に「帰途藤林の妓某に逢ひ烏森の佃茂に小酌す。佃茂の内儀は元煉瓦地藤都家の妓なり」と記している。この日が佃茂ののれんをくぐった最初であろうか。九月に入り頻度が増し九回、十月は一四回、十一月一一回、十二月九回と通いつめているが、翌年三月以降途絶え、昭和十年十一月二十六日に顔を出した後、翌十一年元旦に雑司ヶ谷墓地に墓参の帰り、「酒肆金兵衛」に寄り屠蘇を飲んでいる。この頃、店の名前を佃茂から金兵衛に変えたのであろうか。昭和八年十一月四日の日記に芝口の地図が描かれているが、そこには「金兵衛佃茂」と書き込まれている。その後の利用はまばらで、昭和十五年七月二十二日に芝口の路地で偶然金兵衛のかみさんに久しぶりに逢い、夕食をとっている。九月二十六日の日記に「小鰺の塩焼、里芋田楽味甚佳し。この店にては仙台より精白米を取寄する由、久振りにて茶漬飯を食し得たり」と記している。食糧事情が悪くなる昭和十六年以降はもっぱら金兵衛で食事をとっている。金兵衛では一見客を断り馴染みの客のみに限定して食を供した。荷風は馴染みの客として戦局がきびしくなった昭和十九年一月までここで食にありつけた。

荷風は銀座において世態、人情、街並みの変化をつぶさに観察しているが、自然観察も怠らない。荷風は大正三年八月、『三田文学』に『日和下駄』の連載を始めるが、東京は明治維新以来、四五年が経過し近代化・都市化が進み、昔ながらの名所旧跡、街の佇まいが破却されていく姿に「無常悲哀」を感じ、「生れてから今日に至る過去の生涯に対する追憶の道」を辿ったのが『日和下駄』であった。『日和下駄』には「夕陽」の項目があって「月」はないが、銀座でよく月を観ている。

大正十三年九月十一日の日記に「月明かにして風なく蒸暑き夜なり。明後日の夜は中秋なりと云」うとあり、十三日には「月は雲に掩はれしが、帰途渋谷に着する頃再び月を見る」と記し、翌十四日には「既望の月皎々たり」とあり、その月影に満足している。

昭和八年十二月二日には「陰暦十月十五夜の月鏡の如し。〔中略〕月光ます〳〵冴渡りて昼のごとし」と書き、翌日の日記には「十六夜の月服部時計店の屋根上に照輝きたり。銀座通は日曜日の人出夥しければ裏通を抜けて築地明石町の河岸を歩み月を賞す」と記している。

荷風は昭和十年十二月に「町中の月」（『冬の蠅』）を書いている。

灯火のつきはじめるころ、銀座尾張町の四辻で電車を降《お》りると、夕方の澄みわたつた空は、真直な広い道路に遮られるものがないので、時々まんまるな月が見渡す建物の上に、少し黄ばんだ色をして、大きく浮んでゐるのを見ることがある。

時間と季節とによつて、月は低く三越の建物の横手に見えることもある。或はずつと高く歌舞伎座の上、或は猶高く、東京劇場の塔の上にかゝつてゐることもある。

街路の上はこの時間には、夏冬とも鉛色した塵埃に籠められ、一二町先は灯火の外何物も能くは見えないほど濛々としてゐる。その為でもあるか、街上の人通りを見ると、誰一人明月の昇りかけてゐるのに気のつくものはないらしい。

そして「わたくしがたま〳〵静に月を観やうといふやうな――それも成るべく河の水に流れてゐるあたりへ行つて眺めやうと云ふ心持になるのは、大抵尾張町の空に、月の昇りかけてゐるのを見る夕方である」としている。その頃三十間堀の河岸は自動車と酔漢をよけるわずらわしさに耐えられない、築地川は劇場（東劇、歌舞伎座か）の灯火が月を見るには明るすぎる、勝鬨の渡し場は架橋の工事中で近寄ることができない、という状況で荷風が月を見て歩く道順は「佃のわたし場から湊町の河岸に沿ひ、やがて稲荷橋から其向ひの南高橋をわたり、越前堀の物揚場に出る」ルートであった。

昭和十五年九月十五日の日記には、「暗雲幾望の月を覆ふ。時に小雨来るあり。明夜中秋の天気知るべからず」と記したが、翌日月を観ることはできなかった。そしてこの日、日記を繰り返して大正十五年から昭和十四年の中秋の日の月を列挙している。十四年間中「月色清澄」、「徹宵月明」の年は五年に過ぎなかった。十八日には銀座を独歩し月を観ている。

昭和十九年十月二十九日に詠んだ句、

月も見ぬ夜になり果てゝ十三夜

敗戦から一週間目には、

庭の夜や踊らぬ街の盆の月

九月二十日には、

すき腹にしみ込む露やけふの月

月見るも老のつとめとなる身かな

と詠んでいる。

昭和十一年春から「濹東綺譚」の取材のため玉ノ井あたりをめぐり始めた。当然、銀座通いも減ったが、夜は竹葉亭で食事を済ませ、きゅうぺるで昼の疲れを癒している。

2　道明真治郎と「きゅうぺる」

昭和七年店を開いてもう二十年。当時築地小劇場で実験劇といふことをやっていたので、一つ自分も喫茶の実験室といふものを始めようと思ったわけ。［中略］喫茶店は当時レコードときれいな女の子というのが定石であったが、その定石を外し、この銀座から遁れ、煩雑な用務から頭を休める〝街の応接間〟で行こうと、当時を分析して、実験を始めた。

応接間は食堂とか議論する会場でないから先ずは第一に安楽な椅子を作ることである。友人にパテントをもったスプリングでお召列車のソファを作っているのがいたので、それに頼んでお召列車専用の柔かな深い椅子を作った。そして店の者が無暗に挨拶したり客同士が議論したり、婦人が喫煙したりする、当時の喫茶店は大体がそういう場所であったが、そうなることから極力避けた。

道明真治郎「喫茶実験室」『日曜日』（増刊、昭和二十七年三月）

「きゅうぺる」は銀座八丁目の金春新道にあった。銀座通りから一本西に入った通りである。「きゅうぺる」の主人・道明《みちあき》真治郎は明治十九年生まれ、祖父は土佐で「三品伊賀守藤原道明」という刀鍛治で、明治維新後平民でも姓が許されることになって「三品」という姓を付けたいと届け出たら「サンボン」とは宮様の位である、恐れ多いというので、下の名をとって道明としたという。当時築地にあった工手学校（現、工学院大学）採鉱冶金科を卒業し、明治三十六年から昭和四年まで二十六年間農商務省（後に商工省）の東京工業試験場で貴金属の研究試験に従事していた。かたわら口演童話作家として活躍している。今でいう読み聞かせを中心とした童話作家であるが、大正六年みずから「青い鳥童話会」をつくり、語る童話の発展に努めた。また、講話者たちの交流や技能研究を目的とした「回字会」や「童話喃々会」に参加し研鑽をつんだ。「静かにゆったりと語る語り口で、庶民的な雰囲気を持ちながらも、洒脱な風格が感じられる人柄」（谷出千代子『日本児童文学大辞典』）であったという。東京工業試験場を辞めるとすぐに新橋で幼稚園と食堂を一緒にしたような店を出したが、失敗におわり、それからパン屋をやって、昭和七年四月八日に「きゅうぺる」を始めた。「街の応接間」を目指した「きゅうぺる」の雰囲気は、童話作家でもあった道明の資質から生まれたものである。

開店から一年後の「きゅうぺる」の評判は、「セットもよし、客も静かだ。『キユウペル』にはガンチーに似た風貌の人がゐる。よき調和だ。劇壇関係の人達が割合に集まるとのこと」（新居格「喫茶店・珈琲店」『銀座』昭和八年十月）であった。

道明は俳句もやり、俳号を「三九」と号した。銀座の住人、銀座に勤めをもつ人たち、同好の士が集まって、高浜虚子を師と仰ぎ、昭和十二年五月から毎月一回句会をやっていた。いつしか「銀座探勝会」と名がついた。翌年出された句集『銀座探勝』（安田公久編、昭和十三年）に道明は随想「影法師」に生い立ちを綴っている。「銀座探勝会」についてはのちほど触れる。

店は、金春通り西側、小若松家という、大変常磐津の上手な芸者が住んでいた家だった。さらにさかのぼれば、ここは三等煉瓦家屋で、高崎というハイカラな茶の湯の師匠が住んでいた芸者置屋だったという。「之れがハイカラな師匠で、椅子、テーブルで、当時、ぽつぽつ来朝した毛唐人に茶の湯を教へてゐた家だといふから、うれしさ余つてよろこばしい限りである」と綴っている。明治三十五年の住宅地図である『東京京橋区銀座附近戸別一覧図』によると、「銀座八丁目金春通り西側」つまり南金六町一四番地に「茶道生花指南栄松亭旭雅高橋たえ」と記載されている。道明が「高崎」というのは聞き違えで「高橋」が正しいのではないか。

きゅうぺるを始めた頃の金春通りには、「森川家を筆頭に一流の芸者家が軒をならべていて、その間に、日本料理の濱作、大隈、新三浦、銀八、吉喜。西洋料理のスコット。私の店などが散在していたのですが、吉喜の店さきには、金春稲荷の小さな祠が残っていたし、金春湯の前には三紋という俥宿があつて、夕方になると彼方此方の芸者家から、女中が門口に立つて「サンモンさん……」と、姐さんのデのクルマを呼ぶ声が艶めかしく聞えて、なかなか風情のあつたものです」という（道明真治郎「濹東綺譚を書かれた頃」『文芸』臨時増刊『永井荷風読本』）。

「きゅうぺる」といえば、永井荷風の名を落とすわけにはいかない。道明は続けて書いている。


先生が、はじめて店へおみえになつた時、カウンターに近い席に坐られたのが縁で、それからずうつとそこが先生の席のようになつて、先客があつてもかならず先生に席を譲られたものです。〔中略〕先生が、この席で、いつも談笑されたのは、高橋邦、安東、杉野、竹下、酒泉、樋田、万本の諸氏で、特に当時万朝報の記者であつた樋田氏の話には、呵々大笑されたものです。先生が玉の井へ足を踏み入れられたのは、昭和七年のはじめだそうですが、昭和十一年の春ごろから足繁く通うようになられたのも、この樋田氏の話が、その一因になつているのではなかろうかと思われます。先生は玉の井から帰られると忘れないうちにと、よく玉の井の地図をこまごまと半紙に書いておられましたが、私もその下書をいただいたことがあります。

荷風がはじめて「きゅうぺる」に来たのはいつであろうか。荷風の日記『断腸亭日乗』を繰ってみると、昭和八年一月三十一日である。「晴れて暖なり。夜オリンピク店頭にて神代氏に逢ひ旧金春通の喫茶店キユペルに憩ふ。この辺もとは妓家のみにて他の商売をなすものは湯屋車屋位なりしが、今はカッフヱーおでん屋喫茶店の如きもの多く、妓家は却て稀になりぬ」とある。

次に出てくるのは三か月後の四月二十九日、天長節の日で、夕食を土橋のエーワンでとり、五月人形で賑わう露店をひやかし、「きゅうぺる」で高橋、酒泉、竹下に会っている。翌三十日は日曜日、この日は岡鬼太郎や酒泉、竹下と同席している。それ以後、頻繁に利用することになる。それまでよく利用していた喫茶店「耕一路」の主人が三月二十二日、神代を通じて荷風ら一同が参集することを断ったことについてはすでにふれた。一月三十一日に最初に訪れてから四月二十九日まで三か月弱、日記には「きゅうぺる」の記述がない。五月は一日、七日、二十七日の三回、六月は七回、七月は三回、八月は五回、九月九回、十月二一回、十一月二三回、十二月一七回と月を追うごとに回数が増えていく。荷風は「きゅうぺる」の常連となり、いつしか仲間の中心となっていった。夕方から看板の十二時頃まで何度も出たり入ったりして、谷崎潤一郎や正宗白鳥たちと会い、自分の応接間のように使っていた。

道明真治郎が挙げた常連についてみると、さきに「永井荷風と銀座」のところで広瀬千香が挙げた酒泉、杉野、高橋、万本のほかに、シャンソン作詞家で松竹歌劇団員の安東英男、劇作家の竹下英一、万朝報記者の樋田行雄らの名前が出てくる。万本は名を定雄と云い、広島県呉市の出身、江田島の海軍工廠で製図係りをしていたらしい。その後東京へ出てきて、土方与志の厄介になり、ついで築地小劇場の小道具部にいて、小劇場解散までそこに席を置いていた。清貧に徹し、店に入ってきてもコーヒー一つ飲んだためしがなかった。安東英男の回想（「写真について」『荷風全集』月報二四号）によれば、建築デザイナーの万本が「きゅうぺる」の店を設計したという。これが一時銀座を風靡したネオ・スパニッシュ調のバーや喫茶店のはしりであった。なお三十間堀のバー、ボルドーの建築の手伝いもしている。万本は銀座の情報に詳しく、つぶさに荷風に提供していたという。なお、ボルドーの開店は昭和二年、銀座に現存する最古のバーであったが、平成二十八年十二月二十二日、数々の歴史を刻んだ八九年の歩みに終止符を打った（『朝日新聞』平成二十八年十二月十日）。

この永井荷風を囲む仲間たちがどのようにしてできたのかについては、別項で述べたが、万本は道明の求めに応じ、「きゅうぺる」の設計をしたのであるから、道明と万本とは旧知の仲であり、その後、荷風が評判を聞いて訪れたのであろう。ここに集った人々についてはすでに述べたが、つねにその中心にいたのが荷風であった。

冊子『銀座往来』 昭和８年

荷風と親交のあった神代種亮が昭和八年一月に発行した趣味的な豆冊子『銀座往来』の第二冊（同年四月発行）にきゅうぺるの紹介文が載っている。「銀八ノ西裏金春新道の喫茶店きゅうぺるは西班牙風の設計が眼を惹く。品もあり落附きもあつて、なごやかな感じが漂つてゐる。珍らしい飲物もあり、手軽なランチもある。二階には小集会向きの室がある。四月八日で開業満一年。誰にも親しまれて気受けがよいのは主人の人徳である。ガール三人のサービスぶりも丁寧で快活。殊に伝言が確実である」ときゅうぺるを紹介している。

新劇の実験劇場を標榜した築地小劇場にヒントを得て開店したことや、築地小劇場の小道具部屋にいた建築デザイナーの万本定雄がきゅうぺるを設計したこともあって、築地小劇場の丸山定夫、東山千栄子、千田是也、滝沢修、宇野重吉など新劇の人たちや井上正夫ら新派の関係者が多く利用した。慶應義塾の学生だった戸板康二がある日、きゅうぺるに入っていくと、奥の方に一人の婦人を囲んで談笑しているのが目に入った。


それはサロンとでもいった風景であった。その真ん中にしずかに微笑んでいるのが東山千栄子だったのである。

私は小山内薫のいた時代の築地小劇場の舞台に立つ東山さんは見ていないが、この「きゅうぺる」という荷風の愛した店で垣間見たその女優、アール・ヌーボウのスタンドのあまり明るくない照明が陰翳を作っている空間にいたその女優には、たぐいない華やかさがあり、まさに「サロンの女王」と呼ぶにふさわしい趣があったといえる。


戸板康二『あの人この人――昭和人物誌』（平成五年、文藝春秋）

そのサロンのなかにいた旧友から「われらのマダムを紹介するから来いよ」と声をかけられたが、戸板は気後れがしてその誘いに応じなかった。

東山千栄子は、築地小劇場創設当初からの女優で、「桜の園」のラネーフスカヤ夫人役が当たり役となり、貴婦人役を多く演じた。戦後は文学座に属し、映画にも多く出演し、小津安二郎監督の「東京物語」の老いた母親役で知られている。

築地小劇場は、関東大震災のあった翌年の大正十三年六月、土方与志と小山内薫によって新劇の実験劇場として、築地二丁目に開場したことについてはすでに述べた。銀座が近いこともあって芝居が跳ねると、俳優たちは銀座のカフェーや喫茶店へ繰り出したのである。

「きゅうぺる」とは直接関係ないが、「カフェー・プランタン」の名付け親でもある小山内薫に触れておこう。昭和三年十二月、上田(円地)文子作「晩春騒夜」の上演中のことである。二十四日の夜、兵役が解除になった滝沢修の歓迎と、伊達信の送別を兼ねた忘年会が銀座裏のカフェー・リッツで開かれた。出席者四十数名、小山内はこの日ビロードの乗馬ズボンに長靴という身なりでやってきた。中山太陽堂の広告部の顧問をしていた小山内の下で働き、築地小劇場では機関誌『築地小劇場』の編集兼発行人だった千早正寛は、遅れてきて空いていた小山内の前の席に座った。その時の様子を千早は綴っている。「其のうちに『思ひ出』の歌が始まる。『どん底』の歌が出る、先生も共に歌ひながらホークを叩いて調子を取つて居られる。スッカリ昔の小山内さんだ。隣室の数人の外国人が居て、こつちの歌にオッ被せるやうにして、太い調子で『砂漠に陽が落ちて……』とやる。夫れが可笑しいといつて高笑しながら、『負けるな、やれ〻〻』と嗾かける」。この時の小山内は元気そのものだった。そして翌二十五日は「晩春騒夜」の楽日であった。この日、次回の上演作「桜の園」の打ち合わせをおこない、また劇場の財政上の窮状を訴える檄文「舌代」を書いていた。その晩、作者上田の招待で日本橋の中華料理店偕楽園においてささやかな宴が開かれた。会するもの小山内、上田兄妹、北村喜八、友田恭助、山本安英、村瀬幸子、滝蓮子の八名であった。そして三〇分後、小山内は胸の痛みを訴えて、そのまま帰らぬ人となった。「舌代」が絶筆となった(千早正寛「リッツの会」『築地小劇場』小山内薫追悼号、昭和四年二月、築地小劇場)。

「きゅうぺる」主人・道明真治郎は昭和十年の年賀状につぎのように認《したた》めた。

移り変りの多い喫茶店の歴史をふり返つて見ますと、昨年ほど、その変化の目まぐるしかつた年は、かつて無かつたことと存じます。単なる娯楽場として一部の方々にのみしか意味をもつてゐなかつた喫茶店も、今日では家庭の方々にも利用されるやうになり、都会生活に於ける必須な文化的役割を果たして居るものと信じます。……『きゆうぺる』は単にお茶を召上る処ばかりでなく、該当の書斎であり、応接間であり、街の中に延長された家庭生活の一部で御座いますから、学生でも、御婦人でも、気軽く、自由に、お這入りになれる健康的な店として、その品位を高め、新しい意義を果すことに努力して居ります。従つて、昨秋、施行された制服制帽の学生出入禁止取締も当店には適用されることなく、学生の方にこそ自由に利用して頂きたいと存じます。

(久米正雄宛年賀状　ギンザのサヱグサ文化事業室蔵)

さらに続けて、客のすすめに応えて、銘酒菊正宗、本場新巻鮭のお茶漬け、風流な江戸茶漬けなどをメニュウに加えたことを付け足している。

「きゅうぺる」がいつも静かな雰囲気を保っていたわけではない。昭和十一年十二月三十一日、永井荷風は銀座の「不二氷菓店」で夕食をとり、浅草に出て仲見世の歳末風景を見て、玉ノ井の「いつもの家」に上がり、ふたたび「きゅうぺる」に寄ろうとするが、「知る人もなく、酔漢のみ多きを以て直に去る」と記している。

昭和十一年二月二十六日、日本を震撼させた二・二六事件の夜のことである。蜂起部隊は陸軍中枢を動かすことによって国家改造をなしとげようとするものであった。二十八日になって蜂起部隊は反乱軍とされ、鎮圧が開始され、翌日事態は沈静化した。

慶應義塾予科の学生で演劇研究会に属していた手束正一は、築地小劇場にも出入りしていて、よく「きゅうぺる」の二階の日本座敷をコーヒーとケーキ付きで借りて、築地小劇場の芝居の合評会を何回となく開いた。時に劇作家・秋田雨雀や生江健次らを招いて演劇の話を聞いていた。永井荷風とは何度もここで顔を合わせている。

手束正一の記憶では二十六日の夜、「きゅうぺる」で永井荷風に会ったという。その晩、「きゅうぺる」の客は手束と荷風で、店の主人夫妻と四人だけだったという。

私が、もっとも強烈に思い出すのは、二・二六事件の夜に、「キュウペル」で、偶然に、出合った永井荷風氏と、長い間話し合った時の思い出である。

昭和十一年二月二十六日いわゆる二・二六事件の日は、雪であった。試験が中止になって日比谷から桜田門、赤坂など反乱軍の占領の場所をめぐって、私が「キュウペル」についた時は、夜の八時頃であった。その時私のほかに誰もいなかった。そこに永井荷風が入って来た。戦前の彼の特徴である、ソフト帽をかぶって、ステッキを持ち、ストーブの私のそばに腰をおろした。そして、おやじさんと呼んで、めずらしく大きな声で二・二六事件の軍の横暴なやりかたを非難し始めた。そして強い調子で、日本の将来についての不安と、軍部への憤りを強い調子で語った。いくたびか、この店で荷風氏に逢ったが、このような怒りと憤りとを見せたのは初めてであった。聞き手は、主人夫妻と私と三人だけであった。外は静かで、ガストーブが赤々と燃えていたのを覚えている。

手束正一「銀座の「キュウペル」と二・二六の夜の永井荷風」（『年輪』№12）

ところが、永井荷風の日記『断腸亭日乗』の昭和十一年二月二十六日の項をみると、電話で騒動を知ったが、「市中騒擾の光景を見に行きたくは思へど降雪と寒気とをおそれ門を出でず。風呂焚きて浴す。」とあり、荷風は外出していない。荷風は日記に「きゅうぺる」を「久邊留」、「久邊児」、「茶店久邊留」、「喫茶店久邊留」、「茶館久邊留」とさまざまな字を当てているが、この頃、頻繁にきゅうぺるに顔を出している。昭和十一年に入ってからは、一月二日、六日、八日、十五日、十九日、二十二日、三十日、二月一日、十日、十二日、二十一日、二十二日という具合である。二十六日には寄っていないが、翌二十七日、二十八日、二十九日と連日顔を出している。

二十七日の項に、

午後市中の光景を見むと門を出づ。東久邇宮門前に憲兵三四名立つ。道源寺阪を下り谷町通にて車に乗る。溜池より虎の門のあたり弥次馬続々として歩行す。海軍省及裁判所警視庁等皆門を閉ぢ兵卒之を守れり。桜田其他内曲輪へは人を入れず。堀端は見物人堵をなす。銀座尾張町四辻にも兵士立ちたり。朝日新聞社は昨朝九時頃襲撃せられたる由なれど人死は無之。印刷機械を壊されしのみなりと云ふ。銀座通の人出平日よりも多し。電車自働車通行自由なり。三越にて惣菜を購ひ茶店久邊留に至る。居合す人々のはなしにて岡田齋藤等の虐殺せられし光景の大略及暴動軍人の動静を知り得たり。〔此間約一行抹消〕歌川竹下織田の三子と三十間堀河岸の牛肉店末広に至り晩餐をなす。杉野教授千香女史おくれて来り会す。談笑大に興を添ふ。八時過外に出るに銀座通の夜店遊歩の人出いよ〳〵賑なり。

と書いている。文中に出て来る荷風の取り巻きのひとり、広瀬千香の『思ひ出雑多帖』（平成二年、日本古書通信社）によると、「翌二十七日夜、例の茶房へ出かけてみると、意外に多勢の顔振れが集つてゐる。虎ノ門先きの荷風まで、チャンと来合せてゐるのには、どんな裏道を通つて来られたのかと、一驚された」とあり、荷風の記述と微妙なずれがあるが、きゅうぺるあるいは末広において「多勢の顔振れ」で事件について語っていたことがわかる。手束がここで荷風と会い二・二六事件の感想を聞いたことは、強烈な印象として残ったであろうし、荷風の日記も間違いないと思われる。謎は深まるばかりである。

日本を震撼させたこの事件以後、世の中は重い空気に包まれた。三月二十四日にはメーデー禁止が通達され、中国での戦線が拡大すると、民衆の示威行動は規制され、街頭から消えていった。

この頃になると、「きゅうぺる」の客層にも変化があらわれたようである。昭和十年の新年の挨拶状に「學生の方にこそ自由に利用して頂きたいと存じます」と書いたことが効果があったのか、学生の来店が増えたようである。昭和十一年二月一日の日記に「喫茶店久辺留を過ぐ。高橋竹下万本酒泉の諸子に逢ふ。隣席に二人の客あり。泥酔放歌傍人の迷惑を顧ず往々猥褻なる言語を発す。」と記しているように、静かにコーヒーを飲み、談笑する雰囲気がなくなってきた。明けて昭和十二年一月二日の日記に「空庵（酒泉）と久辺留に立寄り見るに酔漢多く、其中に海軍士官一名水兵一人泥酔するを見るたれば、直に立去り汁粉屋梅林に少憩して家に帰る。」とあり、この日以後、荷風の日記から「きゅうぺる」の文字は消えている。そして前年の十一月頃から通いはじめた桜屋(さくら屋)が次なる溜り場となった。

また、昭和十四年五月、アナーキスト遠藤斌を中心に草野心平や北川冬彦などを講師に招いて「詩の会」の第一回会合が「きゅうぺる」でおこなわれている。以後毎月日曜日におこなったという。

新派の俳優井上正夫もここの常連であった。戦後、読売新聞の取材で訪れた女優の丹下キヨ子は、店の壁に井上正夫の写真と画家の三岸節子の絵が掛けてあるのを見ている。壁にはもう一つ「お願」の額があった。文面は、「①御婦人方の喫煙　②ほかのお客様に話かけること　③無作法な振舞　④放歌喧嘩　⑤長居　右自粛自戒被成様お願申上げます　店主」というものであった。これは井上正夫が書いたものであるという。丹下が訪れた時には井上はすでに亡くなっていて、これも記念で外せないということだった(丹下キヨ子「銀座に童話調コーヒー店」、読売新聞社社会部編『味なもの』昭和二十八年、現代思潮社)。「きゅうぺる」ではレコードをかけなかった。

●銀座探勝会

さきに触れたように、道明は俳句を吟じた。銀座に暮らす人々が高浜虚子を呼んで俳句を吟ずる会に銀座探勝会というのがあった。道明も一時期その会員であり、俳号を三九と号した。昭和十三年五月八日、「きゅうぺる」が句会の場所として使われている。虚子と会員あわせて十六名、店前の垣根を新しくしているところであった。当日詠まれた句。

野路ゆけば垣つくろうてゐる小家　　虚子

垣なほし先づ柱焼き竹を曲げ　　孔甫

よき花の咲けと苗札しるしけり　三九
声かけぬ垣繕ふてゐる人に　實花
春寒く郷土人形の打ちならび　三九
キユーペルの主人下駄はき春暖炉　實花
春の人寄れば銀座やキユーペルに　虚子

孔甫は銀座八丁目の古い酒屋喜久屋の主人、銀座探勝会の発起人の一人である安田孔甫。實花は新橋の名妓とうたわれた人、俳人山口誓子の実妹であり、高浜虚子に見出され、芸妓のかたわら俳人として名をなした人である。幼い頃、実母が自殺し、兄妹はばらばらになり、實花は花柳界の人となり、後年兄山口誓子と再会を果たすという数奇の人でもあった。

銀座探勝会はヒョンなことから生まれた。日本コロムビア社員の深川正一郎はその経緯を書いている。

ある日、丸ビルのヱレベーターの中で、偶然孔甫が虚子先生と一つ箱に乗り合した。先生がうしろから「孔甫君」と言葉をかけられた途端に、腹をきめてゐた孔甫が、

「先生、銀座へお出でになつて俳句を作つていたゞけませんか」

と、ずばりお願ひした。

「えゝ。」

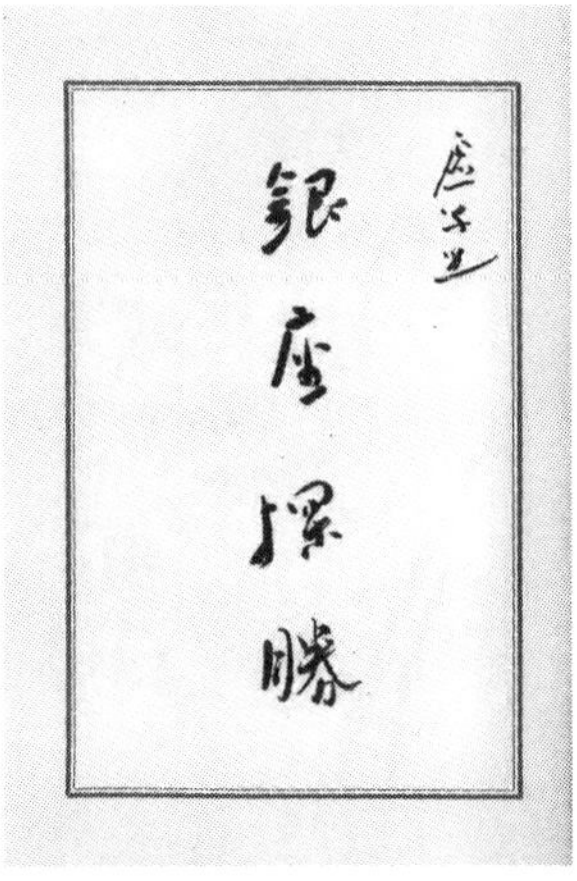

『銀座探勝会』より発行された冊子（非売品、昭和13年）

それできまつた。飛んで帰つた孔甫と、一丁目の茶舗池田園の主人池田木芽と私の三人で煉瓦亭の一隅の椅子に腰かけ第一回の「銀座句会」の手筈万端をきめた。

「銀座探勝」『ほととぎす』(昭和十六年四月)

昭和十二年五月九日、銀座松坂屋の社交室で第一回を開催、初夏の銀座に散らばって作句した。こうして銀座地区内に場所をかえて集まりを持った。松坂屋社交室、尼寺、朝日倶楽部、山茶寮、キュウペル、はせ川、菊水パーラー、レデー・タウン、東京パン、万年堂、本陣、煉瓦亭、銀座茶房、漫談屋、美松グリルなどであった。はせ川については別項に譲るが、はせ川で開かれたのは昭和十三年三月、はせ川の主人・長谷川金之助は、俳人渡辺水巴の門下で、春草と号した。久保田万太郎とは俳句仲間であったが、出雲橋たもとで小料理屋を始め、文士や俳人仲間で賑わった。春草は病をえて昭和九年七月になくなったが、久保田万太郎らの応援で、妻湖代があとを継いでいた。湖代もまた夫らの導きで俳句を詠んだ(安田公久編『銀座探勝』〈非売品〉昭和十三年および昭和十七年)。

昭和八年十月二十五日の荷風の日記に「喫茶店主人(道明氏)所蔵の諸家短冊折帖を示さる。披見るに子規竹冷漱石小波諸老の墨蹟あり。」とあり、道明には諸家に書を求める趣味があった。

おそらく太平洋戦争後のものと思われるが、手元に「きゅうぺる」の芳名帖(折本)が二冊ある。表題はなく、後付けの帯に「銀座茶房「きゅうぺる」芳名帖、志賀直哉、川口松太郎他」とあり、来店者に署名して貰ったものである。総数八一名、各界有名人の名が並ぶ。

文学者・評論家関係

多田裕計　中田耕治　中野好夫　志賀直哉　森田たま　神近市子　阿部知二　井上究一郎　神西清　北原武夫　川口松太郎　丸岡明　崎山正毅　嘉治隆一　関嘉彦

映画・演劇関係

香川京子　北村喜八　田中絹代　轟夕起子　河竹繁俊　印南喬　滝沢英輔　川島雄三　南部圭之助　成瀬巳喜男

編集者

香西昇　池島信平　竹内道之助　雲井貞長

学者

本間久雄　尾島庄太郎　白井健三郎　金沢誠　武者小路実光　水戸多喜雄　斎藤勇　矢野目源一　辰野隆　関根秀雄　高津春繁　鈴木信太郎　渡辺一夫　小川和夫　林健太郎　高村勝治　桜庭信之　中村英勝　中島文雄　成田成寿

画家

宮田重雄　中村研一

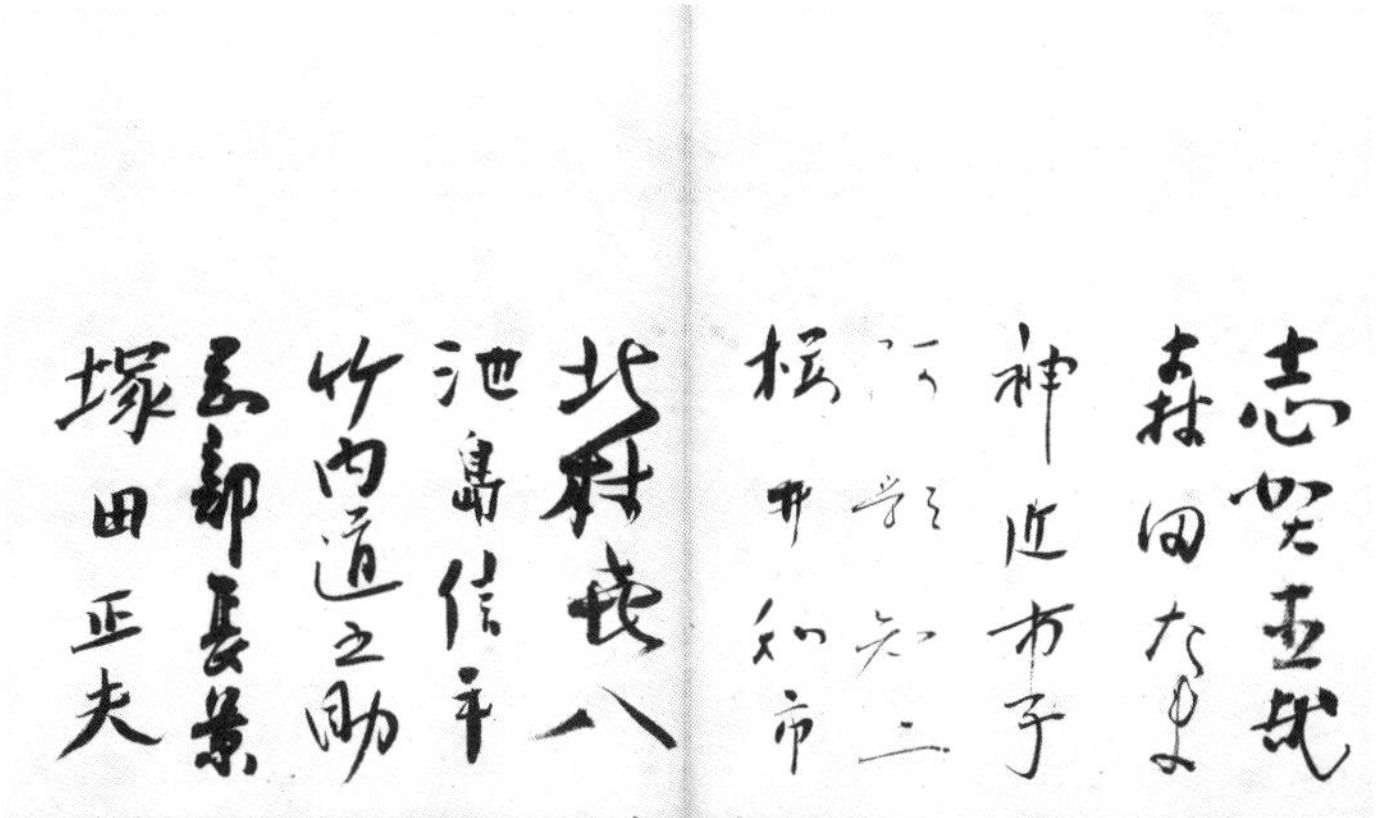

銀座茶房「きゅうぺる」芳名帖より

その他

塚田正夫　坂崎坦

多彩な有名人に愛されたかがわかる。

平成二十七年七月に東京古書会館で開かれた「第50回記念明治古書会七夕大入札会」に和綴の「銀座茶房「きゆべろ」芳名帖」が出品されていた。原本の表題は「秋山吟客」とあり、「銀座茶房「きゆべろ」芳名帖」は出品のための後付けである。筆者所蔵帖の帯と「秋山吟客」に貼り付けられた後付けの筆跡は同一のように見受けたが、こちらは「きゆうべる」となっている。「七夕大入札会」の目録によると、「「太宰治、今官一、木山捷平の「海豹」同人会、他　昭和8～14年」、「岡本一平、杉浦幸雄「漫画自由研究会」、小山祐士「劇作」、丸山定夫「PCL火曜会」等団体、遠地輝武、芦田淳等の即興絵画など」とあり、多くの有名人が署名している。銀座においてこれだけの名の知られた人物が通った喫茶店に「きゆうべろ」という名の喫茶店はない。これは明らかに「きゅうぺる」であろう。

この芳名帖をみるかぎり店の隅に置いておき、来店者が勝手に署名するというものではなく、主人道明真治郎がこれはと思う人物に署名を頼んだように思われる。この芳名帖にここの常連であった永井荷風とその仲間の名はなかったようだった。道明も遠慮して署名を頼まなかったか、あるいは荷風がきゅうぺるから遠のいた頃のものであろうか。

3　永瀬義郎と夜店「アカシヤ」

銀座の住人の思い出によれば、大正二、三年頃、銀座四丁目東側において竹久夢二ら二、三人で露店を出していたという。

屋台の暖簾に「明石屋」と書いた店を出していた。あざやかな色彩を施した手捻りの土人形とか、たわいのない物であったが、絵画の小品なぞを並べて売っていた。夢二の作品もたくさんあったことだろう。夢二もちょいちょい顔を出していたが、いつも仲間三人ばかりで話をしていて、商売気はさっぱりであった。金は欲しいのだろうが、これでは売れるはずもなく、半月か一ヵ月で店をたたんでしまった。

野口孝一編著『明治の銀座職人話』（昭和五十八年、青蛙房）

この本は銀座四丁目で葛籠屋を営む秋田屋主人・浅野喜一郎が書き残したメモ書きをまとめたものであるが、竹久夢二の関連本に夢二が銀座に夜店を出していたという話は出てこないので、疑問に思っていた。竹久夢二のことを調べていて、「明石屋」が版画家永瀬義郎の「露店アカシヤ」ではなかろうか、ということにたどりついた。教えてくださったのは、竹久夢二研究家・荒木瑞子氏である。同氏の論文「竹久夢二の研究――童謡から見た八十との互換性について」（『研究論叢』十七、両備檉園記念財団）に、「露店アカシヤ」について紹介されている。

永瀬義郎は明治二十四年、茨城県岩瀬町生まれ、上野美術学校（現在の東京芸術大学）や京都絵画専門学校（現在の京都市立美術大学）など転々とするが、大正二年（一九一三）に文芸雑誌『假面』の同人となり、長谷川潔と隔月に版画による装幀、表紙・裏表紙・油彩の口絵を製作し、好評を博した。大正五年には長谷川潔、広島新太郎と三人で日本版画倶楽部を結成している。永瀬はかねてから工芸の民衆化ということを考えていた。晩年に永瀬が語り、雑誌記者・矢口圭振がまとめた『放浪貴族』（昭和五十二年、PHP研究所）の中で「アカシヤ」について、永瀬自身「それまでは工芸といえば高級なものでブルジョワの所有品の感が強くて、一般の民衆に工芸作品がいきわたらない。そこで僕は民芸露店のアイデアを思いついて『假面』同人の稲田乙彦に相談した」と述べている。

稲田は大喜びで、ぜひ露店ワゴンの設計をやらせてくれということで、長谷川潔、西条八十、日夏耿之介らがいろいろアイデアを出し合い、「出来上がったワゴンは、ロシアの童話にでも出てくるようなペルシャ風の車のついた折りたたみの露台で、トランクみたいに小さくなる」といったものだった。銀座街頭での開店は大正三年八月一日であった。売り子はロシアの民族衣装を着た老婆であった。永瀬もルパシカを着て売り場に立った。

いよいよワゴンが出来上がり、かねてより命名していた「露店アカシヤ」という名で、『假面』などに広告もだしていたとおり、僕たちは夕闇せまる銀座の街角に車を引いて行った。第一日目はまあまあの売り上げでね。アカシヤ開店の祝いを『假面』の同人たちと一緒にビヤホールでやった覚えがある。民芸細工をほどこしたミニチュア額に入れた絵だとか、煙草盆や木彫人形などをこしらえて並べるんだ。これが当時の洒落者の銀ぶら族たちを魅了してしまってね。大変な好評を博して銀座名物になってしまった。それだけじゃないんだよ、読売新聞にいた土岐善麿がいろいろ応援して記事を書いてくれたんだ。ベストセラーは西条八十の童謡『銀の笛』を特別に装幀した壁かけだったが、あまりの好評で制作方のほうがとても間に合わないほどだったね。

『放浪貴族』（昭和五十二年、ＰＨＰ研究所）

西条八十は、『唄の自叙伝』（昭和三十一年、生活百科刊行会）のなかで、童謡「王様の馬」を書いて、「永瀬義郎君が「アカシヤ」という美術品の露店を銀座の舗道に出したとき、この詩を楽譜入りの美しい折本にして、たしか一部五銭で売ったこともあった」と書いている。娘の西条嫩子《ふたばこ》は『父西條八十』（昭和五十三年、中央公論社）の中で八十から聞いた話として、八十作の「王様の馬」はいつのまにか八十の知らぬ間に誰かが作曲して学生の間で盛んに歌われていたという。『假面』同人永瀬義郎は銀座に「アカシヤ」という店を出していた。手製の木彫などにまじって売られていたこの詩の曲譜を、若い人たちがよく買いもとめていったと、聞いている」という。この曲譜の表紙には「アカシヤ民謡No.1」と刷り込んである。

「王様の馬（悲しき民謡なれど）」
王様の馬の首の鈴／ちんからかんと　鳴りわたる／日はあたたかに　風も無し／七つの峠が　晴れわたる（以下略）

「王様の馬」が「露店アカシヤ」で売られるようになった経緯について『假面』大正十三年十月号の

「Bell-tower Gossip」欄に出てくる。

西条が或る処て(ママ)知つた青山学院の生徒に会つたら「君、この頃学校などではもうカチューシャの唄は流行《はや》らなくなつて王様の馬つてのがはやつて来たよ。唄つて聞かさうか」と云ふので、聞いて居ると、何だか心覚えがあるやうなので、よく〳〵聞いて居ると不思議なことには、それは夫子自身が曾て假面に出した、自分の詩で有つた。しかも誰が付けたとなく悲愴な譜までちやんと付いて居た。

これには流石の西条も少なからず驚いたさうである。それから方々聞いて見ると、この唄がお茶の水だの京華だのいろ〳〵の学校に流行つて居る。

そこで西条はこの唄の出版を思い立った。この話を聞いた永瀬は、「それは面白い、民謡の改革には僕も兼ねての素願がある。まづアカシヤから唄ひ出して東京に広めやう」と言い出し、話は発展して、まず西条の唄を第一号として、新しい民謡や童謡を目指す詩人たちの作品を第二、第三として「露店アカシヤ」から売り出そうということになった。そして銀座街頭で若い音楽家に唄ってもらおうということとなったという。実際に唄われたかどうかはわからないが、「王様の馬」の折本の表紙に「アカシヤ民謡No.1」と刷り込まれたのはそのことを示している。

ここで売った民芸品はみんながアイデアを出し合って作った数少ないもので、並べるとその日のうちにたちまちに売れた。連日、自家用車を乗りつけて買いにくる女優もいるほどだった。『假面』第二〇号（大正三年九月号）には、「夜店アカシヤは、かつての吹聴通り八月一日から銀座の街頭に現れた。［中略」永瀬だの稲田だのと言ふ不器用さうな男が、どうしてこんなうまい物を作るのかと怪しまずには居られない。その前はいつも群集が押すなオスなとごつた返して居る。毎晩だいぶ売れると言つて主人公はほくほくものである。」とその繁昌振りを伝えている。

あまりに有名になったので、まわりの露天商の売り上げにひびいた。永瀬たちも日々の制作に身ももたないところまで来た時に、「とても丁寧な物腰の、言葉つきなども大変に礼儀正しい露天商の親方という人」が現れて、永瀬たちの店があまりにもはやるので、自分らの商売は上がったりだ、「おたくは趣味道楽でやっておられるが、こっちはめしを食うための身体を張った商売なのだから」（『放浪貴族』）ということで、永瀬らはここらが潮時とみて結局数か月で「露店アカシヤ」は閉店となった。

『放浪貴族』には竹久夢二の名前は出てこない。大正三年といえば、最初の妻たまき（他万喜）と離婚後、たまきのために東京日本橋呉服町に絵草紙屋港屋を開店する二か月前である。この四月に白馬会原町美術研究所でおこなわれた記念祭の余興を契機として画学生だった永瀬義郎、鍋井克之、小出楢重、山田実（漫画家）、竹久夢二らが鍋井と同郷の宇野浩二の牛込若松町の下宿をたまり場として相談の結果、劇団「美術劇場」が結成された。翌五月、旗揚げ公演として秋田雨雀作「埋れた春」と田中介二作「博多小女郎浪枕」が上演されたが、これに参加したのが小出楢重、山田実、竹久夢二、宇野浩二らであった。その後、松井須磨子と喧嘩をして芸術座を脱退した沢田正二郎らが入ってきて、大正三年四月、美術劇場第一回公演と銘打って有楽座において秋田雨雀作「埋れた春」他を上演した（松本克平『日本新劇史』昭和四十一年、筑摩書房）。この時、竹久夢二は岡本帰一、水島爾保布《におう》らと「埋れた春」の書割を描いている。この後、美術劇場は経営難のため解散している。このような交友関係からいって、夢二の絵も「露店アカシヤ」で売られていたとみてよいだろう。銀座の住人の思い出では、はやらなかったという

第一回美術劇場公演のパンフレット

露店アカシヤのメンバー　ギンザのサエグサ文化事業室蔵

のは、品物がすぐに売れてしまったため手持ち無沙汰にしていたのであろう。ともあれ露店アカシヤの主人は夢二ではなく、永瀬であった。このように夜店の造作、品物、かかわった人物が詳しくわかる例は少ない。

大正三年八月二日発行の『美術週報』(第一巻参拾九号)の「藻雑逸句」欄に「永瀬義郎と云ふ変つた人が昨夜から銀座のアカシヤの影に一台の車を曳き出し、新しい安価な小芸術品を並べ、露店を開き、露店アカシヤと命名するさうだ。又其の傍にはメーゾン鴻の巣のビーヤスタンドが設けられると云ふ。日本も中々ハイカラになつたものだ。」と開店の噂を伝えている(金沢湯涌夢二館学芸員川瀬千尋氏の教示による)。銀座の街路樹はいうまでもなくアカシアではなく、この当時柳だが、露店アカシヤの傍にメゾン鴻乃巣のビアスタンドが出るというのは、初めて聞く話である。実際に出店したかどうかはわからない。前述のようにメゾン鴻乃巣といえば、日本橋川に架かる鎧橋の袂に明治四十三年に開店した西洋料理店で、若き文学者、芸術家たちの溜り場となったことで有名である。当時は京橋二丁目に移転していた。

明治三十年、日本橋浜町に生まれ築地で育った舞台装置家の吉田謙吉も永瀬義郎の露店に足繁く通った一人である。謙吉は、現在築地の東劇のところにあった東京府立工芸学校の鋳金科に入ったが、手先が不器用で鋳金の勉強よりも図案の勉強に熱を入れていた。府立工芸時代、農商務省主催の図案展「農展」に応募して入選したり、当時、読売新聞社会部にいた土岐善麿が主宰していた『生活と芸術』に投稿したりしていた。土岐の家に出入りするうちに、新劇俳優の伊庭孝とも知り合い、チェーホフの「桜の園」で伊庭がトロフィモフを演じていた時に着ていたルバシカ(ルパシカ)にあこがれた。

ぼくは「桜の園」の伊庭孝のトロフィモフの着ていた白いルバシカ姿に憧れたのだと言えよう。土岐さんに頼んで、そのルバシカを借りて、自分で縁模様などを図案したばかりでなく、それを着て銀座を歩くことを唯一の夢にしていた。さらにその当時、銀座の白牡丹の隣りの第一銀行の前に永瀬義郎、稲田乙彦の二人が、ルバシカを着てそれぞれ自分たちでデザインした袋や楽焼の壺や団扇などを並べた露店を出して人目をひいていた。そこへ土岐さんも、白いルバシカ姿で時折現われたし、北原白秋などの顔も見えた。ぼくも自分でデザインし工作したドングロスの袋など提げて、毎晩のようにその露店を訪れた。だが、さすがにまだ府立工芸の学生の分際では、ルバシカは着られなかった。

吉田謙吉「私だけのデザイン小史」（日本デザイン小史編集同人編『日本デザイン小史』ダヴィッド社、昭和四七年）

なお、吉田謙吉は大正四年十二月の土岐宛の手紙によれば、「ルバシカはきのうの朝、やっと出来てきました。ぼたんをかけてぎゅっと紐をしめた時に、僕は一種の新しいキモチとならざるを得なかったのです。同時にがっかりしたような、そうです、勝利の悲哀とでも言ったようなキモチになったのです。二十六日過ぎないしは一九一六年となってから、銀座あたりで、お目にかかるでしょう。」（塩澤珠江『父・吉田謙吉と昭和モダン』平成二十四年、草思社）と晴れてルバシカを着て天下の銀座を闊歩する高揚感を述べている。

露店の位置が銀座四丁目ではなく、銀座五丁目であるのが気になるが、幸い「露店アカシヤ」をスナップした絵葉書がある（ギンザのサヱグサ文化事業室蔵）。絵葉書の背景のビルはその佇まいから銀座五丁目東側の東海銀行と思われる。銀座の住人が竹久夢二の露店「明石屋」が銀座四丁目東側にあったというのは、日によって場所を移動したのか、銀座の古老の記憶違いと思われる。絵葉書にはワゴン車に小物の作品が並べられ、ロシア風洋装の売り子のおばあさんと五人の仲間が写っている。

なお、永瀬は昭和四年に版画研究のためフランスに遊学しているが、ナチスの台頭により昭和十一年に帰国した。パリで生活したことのある人たちが銀座で結成した巴里会の会員でもあった。

●竹久夢二と岡田道一

竹久夢二の名が出てきたので、夢二と親交を結んだ銀座育ちの医師岡田道一について触れておこう。岡田道一は京都で竹下夢二の絵の展示を観て夢二の絵にひかれ、夢二が死ぬまで交遊を続け、死後も夢二顕彰のため尽くした人物である。岡田は、明治二十二年十月和歌山県田辺市で生まれたが、父延吉郎が銀座南佐柄木町三番地（銀座六丁目）で小児科医院を明治三十二年に開業したため、ここから泰明小学校に通い、独協中学校、第一高等学校から京都大学医学部へ進学した。岡田医院は「車夫や使用人も置いていて、開業医のモデルといわれるくらい、盛況であった。有楽町駅を降り、数寄屋橋から銀座六丁目に出たところに医院はあった。ちょうど電通がはす向かいに見えるところだ。三階建ての「岡田医院」は、戦前の建物と思えないくらい立派なものであった」（岡亭・博子『遥かなる永遠の今』平成十七年改訂版）。

岡田医院については、古老の思い出話に「岡田小児科医院」として出てくる。「物腰のやわらかな人柄は小児科の先生には打って付けと云う感じで、この界隈の人たちに親しまれていた。さすがに小児科の名医だと云おうか、十人を越える子福者だった。［中略］今なおその何番目かのご子息があとを継いでいらっしゃる」(野口前掲書)。
延吉郎は子宝に恵まれたが、「十人以上」ではなく、五男二女の七人兄弟姉妹であった。そのうち四人が医師となり、岡田医院を継いだのは三男信六であった。信六は「銀座の良寛さん」と呼ばれ、「バスに乗ってせっせっと往診していた」という。岡田医院は戦後のバブル期に銀座を去った(岡亭・博子前掲本)。

道一は、父親の関係から歌人佐々木信綱に和歌の手ほどきを受け、和歌の素養を身につけた。第一高等学校では一高短歌会に所属し、そこで久米正雄、吉植庄亮、阿部龍夫らと知り合う。京都大学でも杏林短歌会に入会し、知り合ったばかりの夢二を大正六年四月に開かれた杏林短歌会に誘い、夢二は出席している。その頃から夢二との親密な交流が始まり、それは終生続いた。

道一は医業のかたわら短歌に熱をいれ、大正七年、茅野雅子、与謝野晶子、三ヶ島葭子、茅野蕭々、安成二郎らとともに春草会を立ち上げた。夢二も道一の誘いを受けて会員になっている。歌集に『花ざくら』、『麦踏』、『紅玉』、『道ひとすじ』などがある(荒木瑞子「夢二の短歌と春草会」『らぴす』第二七号平成二十三年十二月)。

夢二最愛の女性・笠井彦乃は、夢二が離婚したたまきのために開いた日本橋呉服町の絵草紙屋港屋に開店間もなく訪れ、絵心のあった彦乃は夢二に絵を見てもらううちに、深くつきあうようになった。彦乃の結婚相手を決めていた父親の猛反対にあったが、絵の勉強に行くという名目で父親の許可をえて、京都の夢二のもとへ走った。出迎えたその日に夢二は道一と野長瀬晩花を誘い、四人で南座において「菅原伝授手習鑑寺子屋の段」を観ている。夢二と彦乃は京都、金沢と至福の時を過ごすが、やがて二人の関係を父親に知られ、また、彦乃は結核に倒れ、東京に連れ戻される。傷心の夢二は、短い間の思い出を短歌に託して『山へよする』を出版するが、出版祝賀会の司会をつとめたのが道一であった。また、夢二が病に倒れ、富士見高原療養所で療養中に夢二重篤の知らせを正木不如丘に知らせ、没後、雑司ヶ谷墓地に埋葬するにあたって尽力している。道一は夢二の没後、一周忌を機に発足した夢二会の会長を太平洋戦争後つとめた。なお、彦乃の姪にあたる坂原冨美代は、『夢二を変えた女 笠井彦乃』(平成二十八年、論創社)を出し、彦乃の自立した人物像を描いている。

道一は、大正七年京都大学医学部卒業後、東京にもどり、東京市学校衛生技師となり、校医制度を提唱し、また、衛生婦(のちの養護教諭)の配置や、林間学校、臨海学校の開設などを提案し、学校衛生の向上に先駆的な役割を果した。

写真は、明治初年に建てられた二等煉瓦家屋である。表通りの一等煉瓦家屋を写した写真は多いが、二、三等煉瓦家屋の写真は少ない。建設当時の姿を留める貴重な写真である。この写真は岡田道一の長女岡博子氏の手元に残された一枚である。

道一とは泰明小学校で同窓の喜多川浅次なる人物がいる。商人ということであるが、どんな商売をしていたかわからない。場

岡田小児科医院外観(明治期) 岡亨・博子『遥かなる永遠の今』(私家版、平成17年)より

所は文章から類推すると、銀座一丁目の京橋川に近いところである。喜多川は銀座や日本橋の思い出を綴った『下町物語』（大正五年、保文社出版部、国立国会図書館蔵）を出している。「はしがき」によると、四五年前にその一部をある雑誌に寄稿していたが、商売にいそがしく文筆から遠ざかっていたところ、「今年の四月、親友岡田道一、池田清の二君と共に、窪田空穂氏を訪問した時、芸術に関する種々な談話を交はすうちに」、ふと「下町物語」の編纂を思い立った。そして竹久夢二が喜んで装丁の労をとってくれたという。こうしてみると、喜多川と岡田は泰明小学校の同窓であり、岡田を通して夢二と知り合ったとみてよいであろう。その時期はちょうど永瀬義郎が銀座に「アカシヤ」を出した頃である。喜多川はもう一冊『べらんめえ』を出しているが未見である。

4　三ツ喜ビルの人々

●川喜田煉七郎の新建築工芸学院

銀座七丁目の並木通り、資生堂本社ビルの向かい側に三ツ喜ビルがあった。

東洋と西洋の文化の違いも歴史の重みもまだ判らなかった二十台の私は、幼馴染みの慶応ボーイだった金杉惇郎とひょんなことから、学生演劇テアトル・コメディを作って、それが六年間続いた。そのコメディの稽古場がいまも並木通り資生堂本社の前にある木造建ての古びた三ツ喜ビルなのだ。三ツ喜ビルは当時の所有者だった喜多さんの喜をとり、その親戚だった仲田定之助氏が、ドイツのバウハウスシステムを見学されて帰朝されていたので、この建物の借り手は芸術に関係した人たちが大半を占めていた。一階には世に出たばかりの川上澄生の版画が並べてあったし、二階はコメディの稽古場で隣の部屋には伊藤喜朔さんの六人会、三階は林和氏の演劇研究所があったので坪内逍遥がみえたこともあった。同じ三階には浜田増造の商業美術学校もあり、アトリエ社の商業美術全集はここから出版した。それをそっくり引きついで、川喜多練七郎が始めたのが「バウハウスシステム」による造形教育学校で、当時最も進歩した日本の造形運動がここから始まった。

長岡輝子「私の銀座・三ツ喜ビル」『銀座が好き』（平成元年、求龍堂）

この思い出を語るのは、テアトル・コメディのもう一人の創設者・長岡輝子である。文中に伊藤喜朔とあるのは伊藤熹朔、浜田増浩とあるのは濱田増治、川喜多練七郎とあるのは川喜田煉七郎が正しい。

　三ツ喜ビルは昭和初期の建築だが、ここに昭和八年、川喜田煉七郎の新建築工芸学院、濱田増治の「商業美術家協会付属研究所」、伊藤熹朔の「六人の会」（「伊藤熹朔舞台装置研究所」）、金杉惇郎・長岡輝子夫妻の「テアトル・コメディ」の稽古場、林和の「演劇研究所」などが入っていて、有名無名の建築家、演劇人、舞台装置家、映画人、商業デザイナー、店舗設計家、写真家、服飾家、フラワーデザイナーたちが出入りしていて、「いわば分科のアジト」の感があったという。川喜田煉七郎「デザインブームの前を駆けるもの」（『日本デザイン小史』）、三村翰「川喜田煉七郎論」（『商店建築』一九七六年九月から七七年十二月まで断続的に掲載）などを手掛かりに探ってみよう。

三ツ喜ビル外観

　三ツ喜ビルの所有者は、喜多といい、新進の美術家仲田定之助は親戚だった。仲田は東京日本橋生まれ、ドイツ留学中にバウハウスを訪問し、帰国後大正十四年に雑誌『みずゑ』に紹介記事「国立バウハウス」を書いた。これが、日本における最初のバウハウスの本格的な紹介とされる。そのような関係で、新築したビルのテナントを探していた喜多は、仲田の話を聞いて、借り手を芸術系のテナントに絞ったものと思われる。
　一階には世に出たばかりの川上澄生の版画が飾ら

れていて、二階に劇団「テアトル・コメディ」の稽古場、その隣は舞台装置家伊藤熹朔の「六人の会」の事務所、三階は林和の演劇研究所と濱田増治の商業美術学校があり、濱田は仲田らと『現代商業美術全集』（アトリヱ社）を刊行している。

川喜田煉七郎は今では忘れられた建築家の一人であるが、商店建築の分野の開拓者として異色の建築家であった。川喜田は、明治三十五年、日本橋の米屋の家に生まれた。大正十三年蔵前高等工業学校（現、東京工業大学）建築科を卒業した。帝国ホテルを設計したフランク・ロイド・ライトのもとから独立した遠藤新に師事する一方、在学中に山田耕筰に師事して作曲を学んだという。そして山田耕筰が日本交響楽協会の「究極の目的」として計画した「霊楽堂」設計を分離派建築会第六回展覧会に出品し、入選している。その縁で山田耕筰の家に出入りして作曲に励むとともに、山田のもとに集まる小山内薫、土方与志、石井漠、村山知義らと知り合い、音楽、舞踏、演劇に眼を開かれる機会をえた。川喜田は、三ツ喜ビルに新建築工芸研究所を立ち上げたが、建築家としての本格的デビューは、昭和五年、革命後のソヴィエト・ウクライナ共和国主催の、ハリコフに建てる劇場の国際コンペにおいて、弱冠二十七歳で四等に入賞した時であった。バウハウスの創始者グロピウスがこの時八等であったことを考えると快挙といわなければならない。

その後、設計の仕事を中止し、「新芸術一般の最も進歩的な実験研究所」として昭和八年五月一日に新建築工芸学院を開講した。ここは「むづかしい、まわりくどい一切の文句や算数方程式の羅列が抹殺されて、分かりやすい図解的な方法で新らしい建築と工芸が啓蒙される」とし、「新しい芸術の創作と鑑賞の技術を、一つの基本的な訓練法を以て短時間に学ばせ、進んで夫々の専門的な知識の概念を得させる」ものとし、講師陣に市浦健（映画館、劇場）、岡田哲郎（商店、レストラン）、川喜田煉七郎（構成練習）、新海覚雄（彫塑）、園池公功（舞台演出）、田中忠雄（色彩学）、西川友孝（造園）、野崎詔夫（舞台構造）、橋本徹郎（デッサン）、牧野正巳（構造練習）、宮本三郎（クロッキー）、山脇巌（写真、舞台装置）らであった。修業期間は六か月、毎週月水金曜日に開講した（「編輯だより」『土木建築工事画報』昭和八年五月）。

川喜田は仲田定之助との関係からバウハウスの影響を受け、バウハウスの方法を取り入れたと思われる。バウハウスに留学して帰国した建築家山脇巌を招いたのもそのためであった。のちに山脇巌の妻道子も織物の講師として参加している。

川喜田は、帰国間もない山脇巌家（数寄屋橋公園裏の徳田ビル）をしばしば訪れ、「整理もつかない自分たちの資料が筆の早い彼によってはじから、たちどころにその教材となり、また当時の洪洋社から月刊で出版されていた「アイ・シー・オール」に立派な記事や論文となって掲載された。」（「日本へ渡ったバウハウス」『日本デザイン小史』）と、山脇は含みのある発言をしている。

山脇巌は長崎県対馬の出身、明治三十一年生まれ、旧姓は藤田。昭和元年東京美術学校建築科を卒業し、横河工務所に勤めたところで、山脇道子と結婚、山脇姓を名乗った。山脇道子は明治四十三年、東京京橋区新湊町五丁目（旧外国人居留地のうち雑居区域であったところ）で生まれた。純粋の居留地に隣接するエキゾチックな地域であった。古くは大阪の造り酒屋であったといい、祖父の時代に江戸に出てきて新川で酒問屋を営んだ。父は善五郎といい、父の代にはすでに酒屋は廃業し、地代と家賃で生計をたてていた。巌は道子と結婚し山脇家に入った。夫妻は結婚するとすぐにドイツに渡り、ドイツ帝国崩壊後、ヴァイマール共和国のもとで美術と建築に関する総合的な教育をおこなうことを目的に設立された国立のバウハウスで巌は建築、道子は織物を学んだ。帰国後、父親の計らいで、泰明小学校と数寄屋橋公園を背にした銀座西六丁目の徳田ビルに新居を構えた。

徳田ビルは昭和七年、旧帝国ホテルを設計したフランク・ロイド・ライトのもとで働いた土浦亀城が設計したモダンなデザインの六階建ての建物だった。ビルの所有者・徳田鉄三は、歯列矯正を専門とする歯科医師で、東京歯科医科専門学校（現、東京歯科大学）教授でもあった。二階に歯科医院を開き、四五階を住居としていた。山脇夫妻は徳田ビルの三階の三分の一と五階の半分を借りて住居と仕事場とした。ここから巌は川喜田の研究所へ通い、写真と舞台装置について教鞭をとった。道子はドイツで学んだ成果を資生堂画廊で「山脇道子バウハウス手織物個展」（昭和八年五月）として発表している。その後、服飾の世界で活躍し、「新建築工芸学院」において織物科を担当した。また、『資生堂グラフ』や昭和十二年創刊の『花椿』の編集顧問をつとめた（山脇道子『バウハウスと茶の湯』平成七年）。

徳田ビル外観　『新建築』昭和７年10月

新建築工芸学院で学んだ研究生にグラフィックデザイナーの亀倉雄策、ファッションデザイナーの桑沢洋子、花道家の勅使河原蒼風、デザイナーの伊東茂平ら、そして高崎で建築家ブルーノ・タウトのもとで信頼された助手として働いた水原徳言らが学んでいる。

川喜田は店舗の研究に興味を持ち、「店舗の設計を店舗経営学の一分科」と考えるようになり、「経営と設計のアイダにたつこの特殊な仕事をあくまで開拓し、この特殊な技術によるニッポン商店の躍進を、ヒトツの社会運動としてゆきたい」と考えるようになり、三ツ喜ビルに「川喜田建築能率研究所」を開設した。この活動は銀座をはじめ全国に展開され、商店建築の権威となった（川喜田煉七郎『店舗設計陳列全集』1「パンカシ店・喫茶店」）。

昭和七年、油絵専攻の学生として女子美術学校を卒業し、出版社の編集部に勤めていた桑沢洋子は、川喜田煉七郎の新建築工芸学院の夜学へ通うことになった。生徒は年配者が多く、建築技師亀倉雄策もそこで学んでいた。

桑沢はこの夜学にすっかり魅了されてしまい、勤めの都合がつきさえすれば、川喜田の事務所にいってドイツの新しい建築雑誌やインテリアの雑誌をむさぼるように読んだ。桑沢は、「川喜田氏の構成教育にはじまり、建築界における機能主義の思想と作品の一端にふれ得たことは、当時の私に素晴らしい刺激をあたえたと同時に、その後の仕事と人生に大きな示唆をあたえたものであった」（桑沢洋子「日本デザイン前史の頃の人々」『日本デザイン小史』）と回想している。翌年の秋には出版社をやめて、川喜田の紹介で雑誌『住宅』の取材記者になった。『住宅』誌は大阪に本社があり、桑沢の仕事は東京で活躍している新進の建築家の作品の紹介や原稿を依頼することであった。雑誌の写真は銀座西五丁目にスタジオを持っていた建築写真家渡辺義雄に依頼していた。多忙であった渡辺にかわって部下だった田村茂が『住宅』の建築写真を撮った。桑沢は仕事をとおして田村と親しくなり、二人は銀座西一丁目裏に事務所兼住まいの所帯をもった。

師岡宏次著『銀座写真文化史』（昭和五十五年、朝日ソノラマ）によると、「並木通りに、銀座には珍しいお稲荷さんがある。その横をはいると田村茂氏のスタジオがある」とある。正確には銀座西一丁目七番地五、「田村写真工房」である。「お稲荷さん」は幸稲荷神社である。大家さんが熱心に働く若い二人に惚れ込んで貸してくれた部屋は、リノリューム張りの六畳一間と二畳二間と小さい台所と便所という家だった。二畳一間を改造して暗室にした。幸運なことに一年半後、大家の好意で一軒おいて隣の空き地に家を建ててくれてそこに移った。広くなった仕事場で精力的に仕事をこなした（桑沢洋子『ふだん着のデザイナー』平成十六年、学校法人桑沢学園）。

その頃、新建築工芸学院のスタッフのひとり、橋本徹郎は、二科会の画家であると同時に、商業美術家、建築室内設計家と多彩な才能を持った人物で、銀座西一丁目に設計事務所兼工芸の店を出していた。橋本は、カフェ「サロン春」系の会社の美術の主任であった。後に「銀座会館」、「美松」系の会社の美術部に移った。「サロン春」の姉妹店である喫茶店「紫烟荘」は橋本の設計になるものだった。インテリア・デザインの一部に、日本の行灯式照明が施され、この種のデザインのさきがけとなり、当時評判となった。

橋本からくる仕事は比較的実入りが多く、「サロン春」をよく撮った。桑沢は『婦人画報』の編集の仕事のかたわら田村の助手となり、照明、集金を手伝った。昭和十七年に戦時色が強くなったころ、『婦人画報』の仕事をやめ、桑沢服飾工房を銀座西二丁目の橋本徹郎事務所を譲り受け開設し、服飾デザイナーとしての第一歩をしるす。このような生活が昭和二十年、東京大空襲で焼けるまで約九年間続いた。

師岡宏次は、「このころは一般の婦人雑誌では、きちんとレイアウトされて、整ったグラビア・ページは、ほとんどない。その中でずばぬけてみごとな写真と、それをきちんとグラフ的なレイアウトで処理されたページを作っていたのは『婦人画報』である。この田村茂氏のスタジオで、桑沢洋子さんがデザインした服装が撮影され、それが亀倉雄策氏に渡ってレイアウトされ、編集担当の熊井戸さんが受け取る。こういうチームワークによって、そのみごとな『婦人画報』のグラビアページは作られていたのである。」（『銀座写真文化史』）と書き留めている。

田村・桑沢夫妻の家には橋本徹郎や名取洋之助が始めた日本工房の土門拳、亀倉雄策、藤本四八らがよく顔を見せた。田村の交友関係のなかに、作家のタカクラ・テルの紹介で知り合い親しくなった画家の柳瀬正夢がいた。柳瀬は『種蒔く人』や『無産者新聞』、『戦旗』などに挿絵を描いていたプロレタリア画家であったが、写真が好きで、プロ級の腕を持っていた。昭和十五年に『中央公論』に写真グラビア「北京生活の観照」、「雲崗石仏」、「雲崗鎮の三日」をあいついで発表するが、ある日柳瀬がやってきて、暗室を貸してくれといい、現像、焼付けをやったのが『中央公論』の仕事である（桑沢洋子『ふだん着のデザイナー』昭和三十一年および田村茂『田村茂の写真人生』昭和六十一年）。この写真展「柳瀬正夢北支風物写真展」は、昭和十四年四月、銀座七丁目の西洋食品店亀屋階上で開かれている。

桑沢は戦後、服飾デザイナーとして活躍、昭和二十九年桑沢デザイン研究所を、同四十一年にはより高度な美術・デザイン教育機関を目指して東京造形大学を設立し、同大学学長に就任したことで知られる。田村とは昭和二十六年に離婚。

●テアトル・コメディ

三ツ喜ビルに金杉惇郎、長岡輝子夫妻の劇団「テアトル・コメディ」の稽古場が入っていた。金杉は慶應大学の仏文科の学生、野球部の資金カンパをするために芝居の上演を計画していた。長岡輝子は、昭和三年築地小劇場の研究生として演劇人生をスタートさせた。金杉惇郎も築地小劇場を受験していたが、不採用だった（その後エキストラとして出演）。長岡は父親の勧めもあってその年の五月フランスへ留学、パリで二年間演劇の修業をし、昭和五年十月に帰国した。ふたりはたまたま房州鱚ヶ浦の避暑地で知り合い、築地小劇場の試験を受けた仲だったことを知った。その後ふたりが偶然神田神保町で再会、芝居の話になって、長岡がフランスから持ち帰ったマルセル・アシャールの「ジャン・ド・ラ・リュンヌ」という喜劇を上演することになった。翌六年二月「テアトル・コメディ」を結成、仁寿講堂においてはじめて上演された。そして二人は翌年結婚。はじめ稽古場は文化学院の地下室、赤坂の石黒邸、麻布の加藤子爵邸、有島武郎邸などを転々としていたが、昭和八年頃金杉の慶應仏文の同級生の前川篤二郎（「銀座プレイガイド」社の次男坊）が見つけてきた三ツ喜ビル二階に移った。

団員たちは数寄屋橋側対鶴ビル館一階にあった明治四十四年創業の理髪店「ヤング軒」で役柄にあった髪型に調髪してもらっていた。また、銀座六丁目みゆき通りにあった「コロンバン」にもよく出入りした。「コロンバン」はフランスで洋菓子の修業をして帰朝した門倉国輝が開店したものであるが、門倉夫妻は長岡らを贔屓にして初日や千秋楽にはいつも大きな菓子を届けてくれた。

「テアトル・コメディ」はミュッセ作「マリアンヌの気まぐれ」の公演を最後に、昭和十一年五月、「その運動の第一期を完了し得たという幸福な確信のもとに解散」した。「さらに飛躍するためにはテアトル・コメディを一時解体して、一人一人が個々の独立した行動をとり、社会との緊密な接触を持たねばならぬ」というものであった。二階の稽古場で黄色の団旗を焼いて解散式をおこなった（長岡輝子『父《パッパ》からの贈りもの』昭和五十九年、草思社、同『ふたりの夫からの贈りもの』昭和六十三年、草思社）。

敗戦後、疎開先から東京へ戻った輝子は、早速銀座へ行った。三ツ喜ビルは焼けずに残っていた。二階の稽古場は「ガランとしてかびくさかった。ふと天井を見上げて驚いた。昔、クリスマスをしたときの星がひとつペタリと天井にくっついていた」（『銀座が好き』）という。

林和は朝鮮のプロレタリア詩人、文芸評論家。本名は林仁植。普成高等普通学校を経て昭和四年東京に留学、帰国後、同七年からカップ（朝鮮プロレタリア芸術同盟）書記長となる。同年カップの解散後は古典研究、近代文学史研究、朝鮮文庫の経営に当たった。解放直後に朝鮮文学建設本部をソウルで李源朝、金南天らと設立。これは昭和二十一年二月、朝鮮文学家同盟に発展、その間、林和は封建的文化・植民地的文化を排除し、「近代的な意味での民族文学」の樹立を追求して左翼文学の理論的指導者となった。

●名取洋之助の日本工房

山脇巌夫妻が住んでいた徳田ビルに写真家名取洋之助らが「日本工房」を設立したのは昭和八年七月であった。名取は明治四十三年東京で裕福な家庭に生まれた。慶應義塾普通部に入学したが「いつも仮及第で進級していた成績劣等、学校札付きの不良少年」（「報道写真談義」２『カメラ』昭和二十七年二月）だったとみずから語っている。見かねた両親は昭和三年、名取をドイツに留学させた。ここで商業美術を学び、手織物工場で働いていたが、たまたま妻エレナが撮った写真をミュンヘンのグラフ誌に投稿したところ、これが採用となって大金を手にした。これで生活できると考えた名取は、ジャーナリストとしての写真家を目指した。ヨーロッパ最大の週刊グラフ誌『Berliner Illustrierte Zeitung』の契約写真家になり、昭和七年特派員として日本を撮影取材した。翌年ドイツではヒットラーが政権をとり、ドイツでの就職ができなくなり、帰国した。

昭和七年に野島康三を中心に、木村伊兵衛、中山岩太、伊奈信男らが参加して写真雑誌『光画』が創刊されたが、野島邸のパーティにドイツから帰ったばかりの名取も顔を出していた。出席者の一人、デザイナーの原弘によると、「ぼくはグラフという形式に興味をもっていたし、ドイツのデザイン界の事情もわりあい知っていたので、話がよく合った。日本工房は名取氏の出資で、木村、伊奈、岡田桑三氏（当時は映画俳優山内光）にぼくが参加して作られた。」〔中略〕工房は数寄屋橋の山脇巌氏設計になる純白の徳田ビルから、日本橋丸善裏の写真館に移された。」（原弘「デザイン彷徨記」『日本デザイン小史』）という。徳田ビルの設計者はさきに述べたように山脇ではなく土浦である。

しかし、一年たらずで同人の間で意見が対立し、木村と原らは日本工房を去り、銀座五丁目の西銀座ビルの木村の事務所で「中央工房」を立ち上げた。名取は一人となり、報道写真家として、需要の少ない国内向けの仕事よりも、外国向けの仕事に活路を見出した。名取は、戦時色強まるなか、対外文化宣揚を目的に昭和九年に設立された国際文化振興会や、陸軍省新聞班、参謀本部、海軍省普及部などに働きかけて、同十月対外文化宣伝グラフ誌『NIPPON』を創刊した。これに参加したのが山名文夫、河野鷹思、亀倉雄策であった。事業が軌道にのり、公募で入社してきたのが報道写真に興味をもった土門拳であったが、修業中の土門を名取が厳しく仕込み、交詢社七階（九年五月に移転）の暗室で土門が泣いたという話がある。

名取はますます国際文化振興会や内閣情報部発行のグラフ誌『写真週報』（昭和十三年二月創刊）との関係を強め、政府の対外文化宣伝工作の一翼を担った。昭和十四年五月、日本工房は「国際報道工芸株式会社」に改組し、社員も八〇名以上に増え、木挽町（東銀座）の鈴木ビル全館を借り切り、移転している。事業はこのようにして続いたが、戦局の悪化にともない、『NIPPON』は昭和十九年九月号が最後となった。

戦後は『週刊サンニュース』の発行、『岩波写真文庫』の編集に携わったことで知られる（白山眞理・堀宜雄編『名取洋之助と日本工房［1931〜45］』平成十八年、岩波書店）。

原弘は、現在の東京劇場（東劇）がある場所にあった東京府立工芸学校を卒業し、そのまま二十年間にわたり助手・教師として勤めた。先輩に舞台装置家の吉田謙吉がいる。

吉田謙吉は明治三十年日本橋区浜町生まれ、間もなく築地へ移り、京橋小学校に入学し、府立一中に進むが、父の事業の倒産にあい、東京府立工芸学校に入学した。大正六年に東京美術学校図案科に入学、卒業後、第九回二科展に「街に沈んだ機関車庫」で初入選、さらに「アクション」、「三科」など新興美術運動の設立に参加した。

大正十三年六月、小山内薫、土方与志らによって新劇の実験劇場として設立された築地小劇場の舞台美術を担当し、第一回公演「海戦」の舞台装置を仕上げ、評判を呼んだ。ロマン・ロラン作「狼」、イプセン作「幽霊」の舞台では、「丸太組み立て舞台」を考案して、新進舞台装置家として認められた。築地小劇場分裂後は新築地劇団で活躍、同時に関東大震災後のバラック建築の設計では、今和次郎らとともに「バラック装飾社」に拠りやがて再建築されることを前提に自由な発想のもと設計されたものである。代表作に銀座のカフェ・キリンがある。さらに震災後、大きく変わった風俗について克明に記録した考現学（モデルノロジオ）は主として銀座をフィールドとしたものであった（塩澤珠江『父・吉田謙吉と昭和モダン』平成二十四年、草思社）。

昭和七年銀座一丁目五番地に川元良一設計の奥野ビルが建つと、吉田は早速入居し、同二十年までここに住んだ。銀座は吉田がもっとも愛した街であった。

5　藤田嗣治の壁画と巴里会

画家藤田嗣治は、昭和十年前後の少なくとも五年間、銀座と濃密な関係を持った。

藤田嗣治は、森鷗外の後を継いで陸軍軍医総監になった藤田嗣章の四男として東京市牛込区に生まれた。十四歳で油絵を描き始め、この時すでに画家を目指したという。明治四十三年に東京美術学校洋画科を卒業、四十五年に絵の修業のため渡仏し、苦労の末、フランス画壇で認められる画家となった。昭和四年、十七年ぶりに帰国、東京朝日新聞社のギャラリーと三越で個展を開き、成功する。その後いったんパリにもどるが、ふたたび二年半の中南米の旅をして、昭和八年末に帰国、一時従軍画家として戦地に赴くが、敗戦後まで日本に滞在することになる。

帰国した藤田の日本での生活の中心は銀座であった。最初の個展は昭和九年二月、銀座五丁目外堀通りにある日動画廊においてであった。以後昭和十三年に従軍画家として中国へ渡るまでの約五年間が藤田にとっての銀座時代であり、銀座のカフェーや洋装店に壁画を描き、巴里会に集う人たちとの交流を深めた。

震災復興後、ビルが建ち並び、多くの階層の人々が訪れるようになった銀座において、藤田はビルの内部壁面に注目した。藤田は壁画について述べている。

　壁画と云へばシャヴアンヌ風の、又は天平時代を思はせるもの、或は文学的、哲学的、象徴的な既往の壁画概念を一掃して、実社会のレアルを描いたところの壁画が生れてゐゝ時代である。街頭に進出することは、美術館に作品を飾られると同じ意義を持つもので、美術家の街頭進出が展覧会のみによらず、壁画といふ新領域へ向つての進出は大いに奨励したい事である。

「壁画の新しい方向」『アトリエ』（昭和十一年七月）

最近出来た鐘紡の如き又昔乍らのゑり治の様な旧家も、三越も松屋も松坂屋も、伊東屋も資生堂も千疋屋もと言つた様に東宝も有楽座も日本劇場も、交詢社もサロン春もメトロポリタンも、皆壁画を競つて内部装飾を呈したらば豪華版銀座名物は永久的の国宝ともなるであらう。

「現代壁画論」『改造』（昭和十一年三月）

商業と大衆を結び、大衆へ向かって開かれた壁画の方向性を示したものであった。

●ブラジル珈琲販売宣伝本部

昭和九年十月、銀座四丁目の銀座聖書館一階にあるブラジル珈琲販売宣伝本部のアッスムソンとブラジル大使館の依頼で、同宣伝所の喫茶室、販売所を兼ねた事務所の幅一〇間（十八メートル）、高さ二間（三・六メートル）の大壁面に「人物四十七人、動物十五匹、ブラジル、リオ・デ・ジャネイロ附近の町から田舎、丘へかけて、コーヒー農園を遠くに描いた」（「現代壁画論」）。銀座聖書館は教文館ビル後方部分を占めているが、同ビルは昭和六年九月に竣工、帝国ホテルを設計したフランク・ロイド・ライトのもとで働いたチェコ人建築家アントニン・レーモンドの設計になるもので、その関係から藤田を推薦したのはレーモンドであったという。「一昨年の九月五日から十月五日迄一ケ月間で描き上げた。朝の九時から夜の九時迄毎日十二時間づゝ其の間すべての不義理を入れて貰ひ、招待其他一切を謝絶して全く一ヶ月間毎日十二時間づゝ都合三百六十時間かかつて描き上げた。すべて文房堂の国産の材料で描いて見た事も日本の材料の発達を証明して見ようと言ふ気持であつた。モデルも使はなかつた。下図もなかつた。友人にもかくれ、新聞社にも秘密にして描いた」（前掲「現代壁画論」）という。藤田の下で助手をつとめたのが東郷青児、海老原喜之助、鶴田宏の三人の若き画家たちであった。この時、藤田は四十八歳、画家としてもっとも充実した時期であった。

ブラジル・サンパウロ州政府からブラジルコーヒーの販売宣伝の権利をえたアッスムソンは、最初日比谷の三信ビル（三井信託ビル）においてブラジルコーヒーの販売宣伝本部を開設したが、昭和九年七月に銀座四丁目の教文館ビル内の聖書館一階に移り、宣伝効果をあげるため、ブラジルのコーヒー農園風景を描いた壁画を、南米を回って帰国した藤田に依頼したのであった（佐々木靖章「藤田嗣治「大地」の全貌」『日本コーヒー文化学会ニュース』第六九号、平成二十八年六月）。

ここを訪れた人は、入り口を入ると壁面いっぱいにひろがるブラジルのコーヒー農園の風景と人物に圧倒され、無料のコーヒーを振舞われた。

昭和十五年暮れ、ブラジル国内の事情や太平洋戦争前夜の戦時統制のもとで、この宣伝所は閉鎖され、壁画はアッスムソンによって剥がされ、ブラジルに持ち帰られ、自宅壁面に飾られることとなった。その際、壁面に合わせてサイズを縮め、上下左右が切断され、中央にあったサンパウロのマークを消した。そして、この壁画は昭和五十一年、数奇な運命をたどり、ブラジル出身のパリの画商ポール・ハイムによって三十六年ぶりに姿を変えて里帰りした。現在、広島のウッドワン美術館のコレクションとなっている。銀座聖書館の壁画については、『《大地》日本へ還る』（フジタ工業株式会社、昭和四十六年、教文館社

コロンバンの天井画を描く藤田嗣治　（株）コロンバン提供

長渡部満氏の教示による）および林洋子著『藤田嗣治　作品をひらく――旅・手仕事・日本』に拠るところが大きい。

なお、ブラジルコーヒーといえばブラジル政府からコーヒー豆の提供を受けてカフェー・パウリスタが誕生したことについてはすでに述べたが、昭和初期に銀座一丁目にあったカフェー・ブラジレイロは、昭和八年八月号の雑誌『改造』に掲載された広告によると、ブラジル・サンパウロ州政府珈琲局直営であり、銀座のほかに大阪梅田新道、神戸三宮、京都四条河原町に出店している。また、銀座二丁目のラインは三井物産直営店であった（マッチラベルの表記による）。

●コロンバン

ついで、昭和十年秋、藤田は洋菓子店コロンバンの店主門倉国輝の依頼で店の天井に六点の絵画を描いた。「各幅七尺（二・一二メートル）高さ五尺（一・五一メートル）であり、柳、オリーブ林、リンゴの花、林、ポプラーの並木、樫の木の丘、葡萄畑等仏蘭西のノルマンヂー地方、ブルゴーギュ地方、ドルドーギュ地方、セーヌオワーズ地方、南地中海マリチム地方等を代表した、室内装飾十八世紀ルイ王朝時代の風俗画として」（前掲「現代壁画論」）描いたものだった。室内に足場を組み、苦心の作であった。藤田は、「画家が、いたづらに名門富豪の、固有的愛玩のみに奉仕すること無しに、大衆のための奉仕も考へなければいけないと思ふ。国民全部に美術を愛好観賞する機会を解放することに努力しなければならぬ」という気負いから製作に臨み、「コロンバン氏が、この挙を敢てして銀座をして、美術に眼を開かしめた功は大いに讃ゆべきである」（「壁画に就て」『あみ・ど・ぱり』昭和十年十一月）としている。

随筆家の森田たまは、「珈琲はコロンバンが一番うまいといふ人があるが、前述のとほりで私には珈琲の味はわからない。しかしあのコロンバンの壁画はうつくしい。藤田画伯独特のとけいるやうな色彩で、あの画を見ながら休んでゐると、何を飲んでもおいしい気がする」と述べている（「銀座随筆」、福田勝治『銀座』昭和十六年、玄光社）。

門倉は、明治二十六年横浜市に生まれ、宮内省大膳寮に入るが、芝三田のフランス料理およびフランス菓子の東洋軒に転職、在職中に菓子製造研究のため渡仏した。当時、パリ一流ホテルのホテル・マジェスチック、ついで菓子店「コロンバン」にて修業して、大正十一年にコロンバンの名を使用することの許可をえて帰国。大正十三年三月に独立して東京大森にコロンバンを創業、純フランス菓子の製造・販売をおこなった。コロンバンが銀座通り西側の交詢社通り角に店を構えたのは昭和六年十一月であったが、それ以前に同じ六丁目の三角堂に店を出したというが、その三角堂の場所がわからない。昭和四年十月発行の築地小劇場機関誌『築地小劇場』第六巻第九号（編集兼発行人高橋邦太郎、築地小劇場）と昭和五年一月発行の『築地小劇場』第七巻第一号（ともに中央区立郷土天文館蔵）に銀座コロンバンの広告が掲載されている。「純仏蘭西式喫茶店」とし、電話は「銀座一八〇九番」となっているが、番地の記載がない。ともかくコロンバンの銀座開店は昭和四年十月以前ということになる。

この前後のことと思われるが、門倉は、「私は最後の仕上げをするために、五六年前に二度目のフランス旅行をしましたが、その時、私は妻を途中から呼んでヂュスクといふチヨコレート工場に女工として働かせました」と言っている（「郊外の小商店から銀座の真中へ進出するまで」『実業之日本』昭和十一年七月）。

昭和四年十月発行の劇団築地小劇場の機関誌『築地小劇場』（中央区立郷土天文館蔵）に載ったコロンバンの広告はしゃれたものなので紹介しておこう。

シツク《Shic!》　シツク《Shic!》　シツク《Shic!》
この言葉は英語にも独逸語にもありません。仏蘭西語だけにある言葉です。

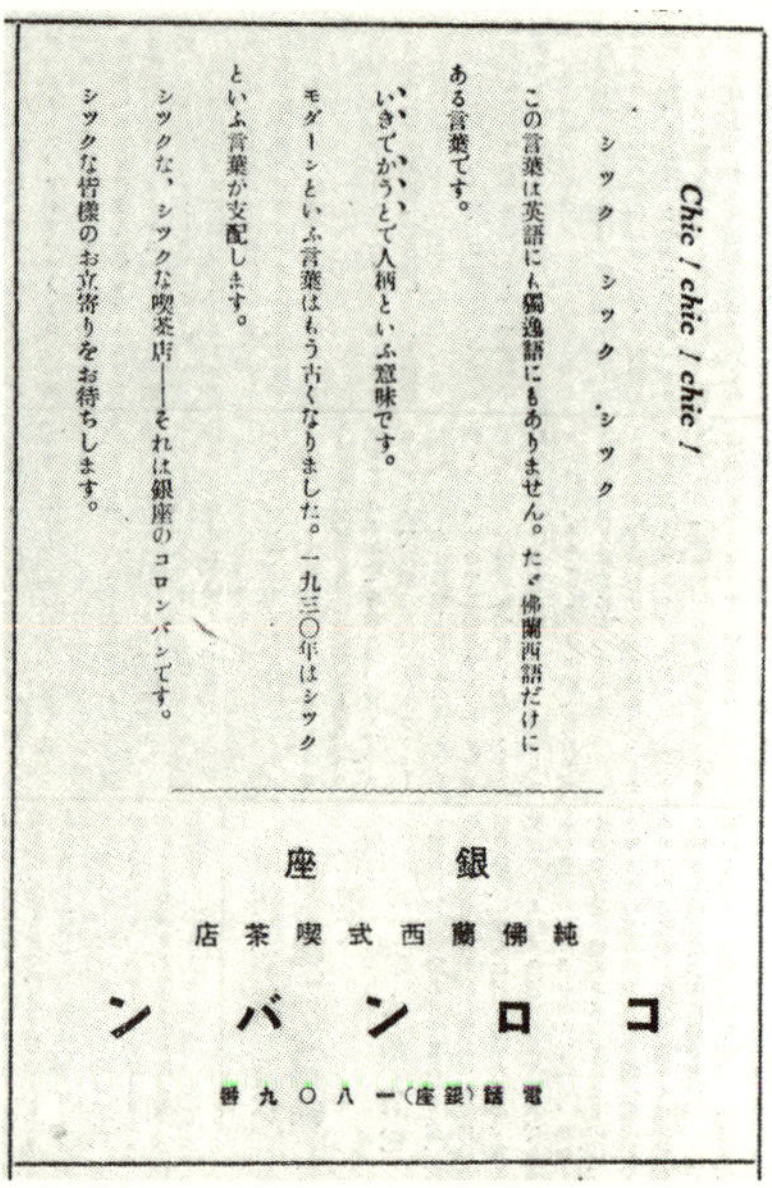

機関誌『築地小劇場』に掲載された、昭和4年10月のコロンバンの広告　中央区立郷土天文館蔵

いきでかうとで人柄といふ意味です。

モダーンといふ言葉はもう古くなりました。一九三〇年はシックといふ言葉が支配します。

シックな、シックな喫茶店――それはコロンバンです。

シックな皆様のお立寄りをお待ちします。

第七巻第一号には

1930年の合言葉
シック　シック　シック
シックな喫茶店へ
お立ち寄りください。

とある。

『築地小劇場』に広告を出したことからもわかるように、門倉夫妻は新劇ファンであった。俳優たちも「コロンバン」にもよく出入りした。長岡輝子らのテアトル・コメディの芝居がかかった時には夫妻は初日や千秋楽にはいつも大きな菓子を届けてくれたことについてはすでに述べた。銀座六丁目みゆき通りの店は階下を近代風にしつらえ、螺旋階段を上がった階上は古代フランス風の本格的な喫茶室とした。その後、フランス滞在中に通ったオープンテラスのカフェーが忘れられずテラスを設けたが、日本人にはなじみが薄く、かつ埃舞う銀座になじめず、昭和九年十月に廃止している。

門倉が銀座に店をだした翌年十二月、パリ帰りの人たちの親睦、交流のクラブとして「巴里会」（後述）が結成されたが、門倉もその有力な会員であった。藤田も帰国後加わり、例会の席で天井画作製の話は決まった。なお、天井画完成から六か月も経たない昭和十一年一月二十七日夜、隣接の銀座茶房から出火し、階下のゼンヤ靴店、洋品雑貨商美濃常が全焼し、北隣の大西錦繡堂と南隣のコロンバンが半焼した。天井画は水と火炎で燻ってしまった。風邪で伏せていた藤田は、風邪をおして駆けつけ、「三日間ブッ通しでこの壁画の修復にかゝつた。そして今ではすつかり出来上つて、以前にも増す豊かな芸術的な慰め」を与へてくれたという（「銀座往来」欄『銀座』昭和十一年二月、銀座社）。

巴里会の世話役のひとり、武藤仁叟は、「コロンバンの壁画（天井画と云った方が正しいかもしれぬ）は、当時、パリに一時帰国していたマドレーヌ夫人の面影が、縦から横から、到るところに描かれている」、「描かれた人物の、どこかに恋女房の頬が、唇が、眼が、つきまとうほどに、うるさく、これでもか、これでもかと描き込まれている。むしろきざみ込まれていると云いたい。此の画の特徴は其処にある。」という。

流石のフジタ夫妻にも倦怠期が来ていた。フジタにつきまとっていなければ気のすまぬマドレーヌは、一刻はおろか一瞬の憩も巨匠に与えなかった。私は夫妻と一緒に旅行したことがあったが、度々フジタは行方不明になった。長時間ではないが、私はマドレーヌにうながされて一緒に索がしに行ったものである。漂然として、山を見たり、風邪のささやきを聞きたくなるのではなかったのか。［中略］

夫妻は銀ブラをよくやった。マドレーヌは、何かと、フランス人風に銀ブラを娯しんだ。その都度、呼び出された。理由は決まっていた。フジタは、マダムから見るもの聞くもの事こまかに訴きただされるのに疲れきって仕舞って、筆者に応援を求めるためであった。性格もやや子供っぽかったが、ナンでもカでも得心のいくまできただされるのは僕にもうるさかった。［中略］その一連のフジタの心境がマダムのフランス行きを許したのである。夫妻にとってそれは双方の救いであったろう。但し、さらでも金使いの荒っぽかったマドレーヌの、パリ滞在中にフジタにかかった負担は並々ならぬものがあった。そこに、この壁画が生まれたチャンスもあった。コロンバンの壁画は、フジタ夫妻が、東京とパリに別れ住むかもしれない運命の行きがかりを、天使の如く天から舞いおりて来て正しい道にもどしてくれたのである。コロンバンの負担も大きかったが、フジタの精進ぶりもスゴかった。当初、フジタは嬉しさを押しころし乍らもナカナカ承知しなかった。

武藤仁叟「コロンバンの壁画」『風景』（昭和十二年十一月）

コロンバンの天井画制作のうらにはこのような秘話があったらしい。なお、藤田はマドレーヌが帰仏中に日本橋の料亭で中居の堀内君代と出会った。マドレーヌが日本にもどってすぐ、昭和十一年六月に急死すると、年末には君代と結婚している。

天井画六枚は戦後、門倉により赤坂の迎賓館に寄贈された。

コロンバンには、画家、作家、女優など巴里会の人々で賑わった。昭和九年六月発行の『あみ・ど・ぱり』にコロンバンの広告が出ていて、こんな詩が載っている。

美しい人をうんとこさ抱へこんで／銀座は嬉しそうに肩を揺つておる／流れこむ……こぼれる／こ

ぼれむ……流れこむ／人だ、人だ、人だ、人だ！

テーラス　コロンバンの前で／皆一度は中の方を覗き込む／巴里帰へりのたまりだ／『アローアローアロー！／だいたいいつけえつたんだい？／『アヴアンチエール』／『アヴアンチエール？・／『俺んとこまだ通知来ねエぞ』／『だが君、三時間こゝに坐つてたら／会ひたい奴には皆会つちやつたい／今更通知もなくなつちやつたい……』

パリ帰りの、だれかれとなく集う様子が伝わってくる。なおこの時期、先述のように、藤田は交詢社ビルにあったカフェーのサロン春の芸術顧問になり、同じ系列の喫茶店紫烟荘の設計を手掛けている。

●ロンモ洋装店

昭和十一年二月、藤田は銀座五丁目の銀座通り西側の千代田婦人帽子屋の二階にあったロンモ洋装店内の壁面に線画を彫っている。「壁全体を黒地にペンキでぬりつぶした。その上に女の姿をナイフで彫り、黒ペンキの下にある白壁を線によつて出す方法で、支那の石ずりの様な結果を出して見た。女、娘、子供、動物等十幾つの群像である」（「現代壁画論」）という。

ここの経営者は中島要子といい、夫を亡くしたあと、昭和七年三月、生活のため洋装店を始めた人物である。中島が語るところによれば、「周囲の壁には、新聞等にも載りました壁彫と云ふのが彫つてあります。これは私がお店を修繕して新しいモードのものをかけたいと思つて居る所に、藤田嗣治先生が来られて、全くの無料で美しい壁彫をなさつて下さつたのでございます」（「二階に店を持つ婦人洋装店」

『商店界』昭和十一年七月、文化学園大学博物館学研究室植木淑子氏の教示による）とある。親切さと洋裁の上手なことで銀座を散歩するお嬢さんの間で評判だったというから、藤田もこの評判を聞いてふらっと立ち寄ったのかもしれない。

藤田との関係からか、巴里会が発行した『あみ・ど・ぱり』に広告を出しており、中島要子はパリ在留の経験はないものと思われるが、巴里会の例会にも顔を出している形跡がある。『あみ・ど・ぱり』の広告には、壁画を背景に藤田が描く姿（昭和十一年三月）と、壁画を背景に店主中島要子と思われるベレー帽姿（昭和十一年四月）の広告が藤田のサイン入りで掲載されている。

中島は、大阪生まれの京都育ち、ミッションスクール出のクリスチャンで、結婚して男三児の母となったが、突然夫の死を迎えた。生活のため最初は看護師の見習いとなったが、体が弱く続かず、好きだった洋裁の仕事を選んだ。夫が残した遺産のなかから一万円を開店資金にあて、「ミシン、たち台、家具等は二千円、雇つた人数は男女半々で四、五人と云ふところで、月に二百円位の給料でした。それにこゝの家賃は二百円、相当に金はかゝつた方で」あった（「婦人の経営振り　洋装店のマ

巴里会発行『あみ・ど・ぱり』に出された、ロンモ洋装店の広告　昭和11年

ダム中島要子女史」『経済知識』昭和十年一月)。応接間をかねた店舗にし、親しく相談できる雰囲気にした。親切さと洋裁の上手なことで若い女性たちの間で評判となった。

男女半々で四、五人の従業員を雇ったという。昭和十年の頃には女性十二人、男性六人の従業員を雇っていたというから、盛況を極めた売れっ子服飾家であったといえよう(「洋裁店のマダム中島要子女史」『経済知識』昭和十年一月)。

昭和十一、二年には雑誌『婦女界』に「春の婦人服流行だより」(昭和十一年三月)、「簡単に出来るレインコートの作り方」(昭和十一年五月)、「新型セエーター」(昭和十一年十月)、「春の婦人服流行だより」(昭和十二年三月)などの洋裁記事を書いている。「春の婦人服流行だより」では、「絹に恵まれた国の私たち、織物や染物に繊細な鑑賞眼をもち、仕立の一様な日本服にあれだけの変化ある味や趣を出す私たちが、日本人にふさはしい洋装を産み出すことは容易な業でありませう。傑出した日本のモードを広く世界に送る日が来るのも遠い夢ではないかも知れません」と述べている。先見の明があったというか、ただ洋服をつくるだけの洋裁師ではなかったように思える。

この壁画は惜しいことに後年家主によって取り壊されたという。

以上三か所のほかに、藤田以外で銀座には野田英夫の銀座コットンクラブ壁画、確田克己の酒場ネグル(交詢社ビル一階)の「ネグル(ネグロ)三十二種族競演の壁画」があった。野田英夫の壁画は『アトリエ』(昭和十一年七月)に、確田の壁画は『あみ・ど・ぱり』(昭和十一年八月)の広告でその輪郭がわかる。

また、絵画ではないが、写真を壁面に大写しにした試みもあった。銀座五丁目西側にあったカフェー・タイガーの跡に入ることになった森永キャンデー・ストアーは、建築家前川国男の設計で模様替えをしているが、その二階店内壁面（高さ約三メートル、横幅四・五メートル）に、昭和十年十一月に来日したスペインの舞姫マヌエラ・デル・リオをモデルにして、顔を大きく写して中央に配し、舞姿の写真四枚をモンタージュして構成したもので、写真家師岡宏次は日本で最初の試みであるといっている（『銀座写真文化史』昭和五十五年、朝日ソノラマ）。撮影者は森永製菓宣伝部の嘱託カメラマンであった堀野正雄。堀野は報道写真家として名取洋之助、木村伊兵衛と並ぶ存在であり、いっぽう舞台写真家としても知られる。築地小劇場初期の舞台写真は堀野が撮ったものである。

銀座はこのように画家や写真家の斬新な試みの実験場となった。

●「巴里会」の誕生

銀座に巴里会（パリー会の表記もある）が誕生したのは昭和五年十二月のことだった。パリには留学、公用、商売、視察、観光などの目的で在留する人々のうち前年の世界恐慌のあおりで、帰国を余儀なくされる人が多かった。パリへの郷愁や追憶を強めた時期でもあったのだろう。

第一回の巴里会は、新橋駅近くの東洋ビル（麴町区内山下町）にあるレストランパリ（店主ピネリー）で開かれた。第一回の巴里会の案内状（ギンザのサヱグサ文化事業室蔵）がある。昭和六年一月の「パリー会一月例会御案内」には、「パリーの縁浅からざる貴下の御出席によつて一段の光彩と歓喜とを得たく御案内如此御座候」と呼びかけ、世話人としてつぎの人々が名を連ねている。浅野研真（社会学者）、ブリンクレー、石川三四郎（社会運動家）、ガツサン、原田三千夫（大倉精神文化研究所大倉邦彦秘書）、黒田鵬心（美術評論家）、小林芳次郎（女学校校長）、前田公篤（デザイナー）、松山芳野里（声楽家）、中村研一（画家）、同夫人、武藤叟（僧侶出身、職業を転々とする。後述）、岡登貞治（手工芸家）、大脇礼三（フランス文学者)、佐山学順(宗教家)、矢沢弦月(画家)、山田五郎、柳亮(美術評論家)の十八名、この日の出席者は二五名であった。例会は、フランスの革命記念日に合わせ、毎月十四日と定め、例会の幹事役は持ち回りでおこなっていたようだ。ブリンクレーはアイルランドの名門貴族の出で、海軍のお雇い外国人として来日、後にジャーナリストに転じ、ジャパンウィークリーメール紙の主筆として活躍した親日家のフランシス・ブリンクリーの息子であり、立正大学教授(仏教学)であった。ガッサンについては不明。

第一年目の委員には、伴野商店の伴野文三郎、東宝の秦豊吉、凮月堂の久岡松楠、山水楼の宮田武義、田屋の永田正雄、松坂屋の澤田東作、内外編物の依田耕一があたり、藤田嗣治、川路柳虹、西条八十を顧問に据えた。伴野商店は日仏貿易の会社、山水楼はしばしば巴里会の例会に使用した中華料理店であり、澤田東作は松坂屋銀座店店長として蚤の市開催など巴里会に便宜をはかった人物である。このうちとくに伴野文三郎は物心両面で貢献度が高い。

伴野は明治十六年生まれ、名古屋商業学校の高等科を卒業後、東京築地の貿易会社堀越商会(明治二十七年創立)に入り、英語とフランス語に堪能だったことからパリ支店長になったが、そこを退社後、第一次世界大戦の頃大阪毎日新聞の臨時特派員として活躍した。大正十三年帰国後、銀座に日仏貿易会社伴野文三郎商店を設立し、パリに支店を開設してイギリスの高級香水アトキンソンと小型映写機パテーを主力商品として扱ったが、パリに伴野旅行部を設け旅行の斡旋もおこなっていた。戦前においては数少ない邦人商店であった。伴野商店は業績を上げ、『在外本邦実業者調』上巻(外務省通商局、昭和十二年)によれば、同十年十二月現在、資本金五〇万円、売上高二五〇万フラン、従業員は日本人三名、外国人五名の規模になっていた。

昭和九年三月、銀座六丁目四番地に自社ビルを竣工し、銀座八丁目資生堂パーラー裏手の出雲町ビル一階からここに移ってきた。出身地が尾張であったことと、ここの元の町名が尾張町であったことにちなみ、尾張町ビルと名付けた。伴野は六階建ての最上階を事務室とし、残りを貸室とした。そして六階の一部屋を巴里会の事務室に無料で提供した（「父・伴野文三郎と巴里会の記憶——伴野龍蔵氏インタヴュー」、聞き手・鈴木貴宇、西村将洋、『パリへの憧憬と回想』『あみ・ど・ぱり』Ⅲ）。

尾張町ビルに事務所を設ける一か月前、会報『あみ・ど・ぱり』が発行された。例会報告と会員の消息を中心にしたもので、編集は武藤叟が担当した。武藤は外向的な性格から会の運営に深くかかわり、巴里会にはなくてはならない人物となった。福岡県の出身で、生まれは川上姓であったが、寺に養子に入り、武藤仁叟と改名した。京都の臨済宗大学（現、花園大学）に入学するもすぐに退学し、上京、伊藤証信の無我愛運動に加わり、無政府主義者石川三四郎らと知り合う。大正十年に渡仏。パリ滞在中に日本大使館内にあった国際連盟帝国陸軍代表部に勤務し、その間に滞在中の多くの日本人と知り合い、人脈を広げた。パリでオリンピックが開催された大正十三年には、都新聞の特派員となり、日本に大会記事を送っている。その後帰国し、昭和三年に再度渡仏するも、翌年に帰国。昭和五年に巴里会が結成されると、それに参加し、昭和九年頃から石黒敬七、藤田嗣治らと会の中心となって会の運営にかかわった。

レストランパリー（新橋）、レストランデンツー、山水楼（日比谷）、レストラBRレストラン、松本楼（日比谷公園）、千疋屋（銀座）、二葉（柳橋）、レストランパリジェン、鎌倉山ロッジ（鎌倉）、鹿鳴館（銀座）、凮月堂（銀座）などを会場として例会を開き、また客船スファンクス号、ダルタニアン号、仏国汽船ポルトス号で船上パーティを開いて洋行気分を楽しむこともあった。

●蚤の市

蚤の市は、パリの蚤の市の賑わいを日本でも味わおうという意味合いと、欠損続きの『あみ・ど・ぱり』の印刷代稼ぎのために計画された。会員たちは不慣れということで、一切を澤田東作が店長をしている松坂屋に任せた。その時の様子が昭和九年十一月の『あみ・ど・ぱり』の「第一回蚤の市報告」に載っている。

初日はその道の達人商売人等で身動きもならず、夕方にはさしもうづ高く積上げられた商品もなくなつて、翌日の補充に頭痛鉢巻きの態だつた、商品の補充は実に困難を極め、売れて行くのが恨めしい位だつた、五日間を通じて入場者二万を突破したと言ふから盛況は推して知るべし。そのあふりを喰つてお隣りの片多徳郎氏遺子後援展覧会は赤札がべた貼りにはられたし、食堂は何時行つても満員続きであつた。『藤田嗣治画伯御指導蚤の市料理』と言ふ料理が汚たならしい連想があらうものを、売切れ又売切と言ふ盛況だつた。さすがにポムフリットは藤田画伯御手づからの御指導と言ふだけあつてとてもうまかつた、此の五日間は巴里会が松坂屋で倶楽部を開業した様に何時でも何処でも『ヤアー』『ようー』と歓声を交換した。

第一回蚤の市は主催者の予想を超えて盛況に終わった。銀座の露店とは趣が異なり、舶来の品が中心であったため評判となった。翌十年三月に第二回目を、また芝の増上寺境内でも開いている。

●みゆき通り名の由来

帝国ホテルの脇から山下橋を渡り、銀座五丁目と六丁目の間を経て築地へ抜ける通りを「山下橋通り」と呼んでいたが、この通り筋に巴里会の会員が多かったこともあって、この通りを美しい街路にしようとして「美化会」を立ち上げた。街路を清掃し、街路灯を整備して美しい街並み、つまり「ショッピングストリート」にしようというものであった。昭和十年十二月十六日に内外織物の依田耕一の呼びかけで、伴野貿易株式会社の伴野文三郎、東宝劇場支配人秦豊吉、帝国ホテル支配人犬丸徹三、山水楼主人宮田、田屋主人永田、松坂屋支配人澤田東作、凮月堂支配人久岡松楠のほかに、美化会の顧問をしている藤田嗣治、川路柳虹、西条八十らが集まり、協議を重ねた。美化会が目指したのはニューヨークのフィフスアヴェニュー、パリのリュードド・ラ・ペーやロンドンのボンドストリートであった。その実現のため監査（インスペクション）、矯正（コレクション）、改良（ビターメント）の掟を設けて、「建築に対する干渉」、「府および市の立法に対する干渉」、「浮浪者の侵入防止」、「車道および歩道の改善および維持」、「広告に対する干渉」、「街の掃除」、「交通運輸の整理」など一六項目の任務を決め、まず清掃から始めた。平成十八年に銀座の街にふさわしい街づくりを目指して結成された「銀座街づくり協議会」の先駆をなすものといってよいであろう。

また、通りの名前も「山下橋通り」では日本の代表的な名称にふさわしくないと思っていたところ、どこからともなく「ホテル通り」「パリ通り」「銀座横丁」「観光通り」などたくさんの名称が集まってきた。そこで美化会では昭和十一年五月、第一回通り名称選考委員会を開き、「平和通り」「都通り」「宮居通り」「花銀座」「美化通り」の五つの名称にしぼり、第二回の選考委員会において議論百出の末、「平和通り」に決まった。ところが通りの名称はいったん付けたら変えることはむつかしいということで、第三回の選考委員会を開いた結果、明治天皇最後の行幸（明治四十五年五月二十二日、海軍大学へ）の道筋であることにちなみ、「みゆき通り」と命名することとなった（依田耕一「日本で最初の都市美化運動みゆき通りが生れるまで」『商店界』昭和六年九月）。

また、昭和十二年はじめ事務所の片隅にサロンを開設したが、その時に発起人となった人は七三名であった。アットランダムに有名人をあげると、次の人々である。

藤田嗣治、林芙美子、平岡権八郎、堀口大学、伊原宇三郎、石黒敬七、石井柏亭、川路柳虹、門倉国輝、児島善三郎、黒田鵬心、久保田金僊、宮田重雄、三木武吉、武藤叟、森口多里、中村研一、西村伊作、西条八十、高田せい子、竹久千恵子、東郷青児、山下新太郎、山田耕筰、柳沢健。

さきに伴野文三郎は、貿易商としてイギリスの高級香水アトキンソンと小型映写機パテーを取り扱っていたと述べたが、フランスのパテー社の十六ミリ映画や八ミリ映画の機材やフィルムの代理店をしていた関係で、尾張町ビルには写真関係の人たちの出入りが多かった。一階には仙波巌の東京商業写真研究所が入っていた。商業写真を撮っていたが、昭和十五年に戦時下の企業合同で、銀座二丁目にあった加藤恭平が経営する光芸社と合併して東京光芸社となった。その結果光芸社にいた菊池俊吉や林忠彦も尾張町ビルで仕事をするようになった。菊池俊吉は原爆投下直後の広島を撮影して世界中に知られる写真家であり、林忠彦は銀座のバー「ルパン」で撮った織田作之助・太宰治・坂口安吾の写真で有名な写真家である。この時期写真家の多くが銀座を舞台に活躍していたことは、師岡宏次著『銀座写真文化史』（昭和五十八年、朝日ソノラマ）に詳しい。

6 ブルーノ・タウトと「ミラテス」

ブルーノ・タウトといえば、京都の桂離宮を訪れて日本の美を再発見して世界に知らしめた人物として有名であるが、彼がデザインし製作した工芸品を売る店が銀座にあったことは案外知られていない。

タウトは滞日中、詳細な日記を書いていた。篠田英雄訳で『日本　タウトの日記』（全三巻、昭和五十年、岩波書店）として出版されている。滞日中のタウトの行動、仕事、日本および日本人に対する率直な感想が綴られている。

タウトは、一八八〇年（明治十三）にドイツのケーニヒスベルクで生まれ、地元の建築学校を卒業後、建築家としてブリッツの馬蹄形住宅、オンケルトムズヒュッテの集合住宅団地、ダーレヴィッツのタウト旧宅その他の建築に携わり、一家を成した。

昭和七年から共産主義政権下のモスクワでモスクワ劇場計画などに携わるが、政権側と意見が合わず、翌年二月にベルリンに戻っていた。親ソ連派の主義者と見られていたタウトは、ナチスの政権からマークされていた。たまたまタウトと妻ヘドヴィックとの間の娘エリザベートがドイツ国防省の将官フォン・ハマーシュタインの娘と仲がよく、タウトが逮捕者リストに載せられていたことを知った。そこでタウトは直ちにパリに逃れ、日本にやって来ることになった（中辰明『ブルーノ・タウト』中公新書　平成二十四年）。

そんなタウトに手を差し伸べたのが、建築家でドイツ留学の経験があり、当時「日本インターナショナル建築会」の会長をしていた上野伊三郎らであった。昭和八年五月三日、敦賀港に着いたタウトを翌日、上野伊三郎は京都の桂離宮へ案内している。ちょうどタウトの誕生日とも重なった桂離宮見学はタウトにとって忘れ難いものとなった。

ところで、タウトが日本に伴ってきたのは、ドイツ時代の職場の同僚であったエリカ・ヴィッテッヒである。妻ヘドヴィックとは早くから別居していた。

タウトとエリカが、京都を経ち東京へ向かったのは昭和八年五月十八日で、東京駅では石本喜久治ら十人ほどの出迎えを受けた。宿泊先は帝国ホテルであった。早速翌日から東京見物が始まった。ともにドイツ留学の経験のある建築家石本喜久治と建築家山脇巌・テキスタイルデザイナー道子夫妻の案内で市内見物に出た。東京の第一印象は「平坦無味、植民地日本だ」というものだった。芝の徳川家霊廟、丸の内官庁街などを見てまわり、石本が設計した数寄屋橋袂の東京朝日新聞社で小休止、テラスから山脇夫妻が住んでいる泰明小学校近くの徳田ビルを見ている。そこから「歩いて銀座へ、商業は大都市的だが、それでも日本的なところがある。石本氏の手になるカフェ（外からだけ見る）はなかなかいい。とある日本料理屋で中食、小さいが日本風で気持ち」がよかったという。その後、国技館で相撲を見、日本橋浜町の天麩羅屋「花むら」で料理を堪能して、ふたたび夜の銀座を散策している。

さまざまな色の電灯広告、恐らくアメリカの影響であろう、それでも日本的性格を失ってはいない。街路の照明は京都を想い出させる、多彩な広告、夥しいネオン。一九一二年の私の設計に似たカフェがあった。歩道の露店と並べた商品をあきなう人々、ありとあるものを売っている。――蛇の黒焼、書籍、玩具、ステッキ等々。売店とそのなかにいる売子との美しい調和。夥しいカフェ、一軒の大きなカフェに入る、女給の氾濫だ、大抵はキモノ。女給のカタログがある、一卓四人のお客に一人の女給さんがついてサービス料は一円。蓄音機の騒音、菓子箱の美しい包装紙。ニッツァとアメリカと日本とをいっしょくたにした感じである。女給はゲイシャとちがう、もっと粗野で多彩だ（五月十九日）。

京都の桂離宮を見て日本の美を発見したタウトにとって震災後の無秩序に発展した東京は、「平坦無味、植民地日本だ」ということになるのであるが、個々の建物について建築家としての眼をそそいでいる。

タウトは市内を精力的に巡り、諸建築を見学し、また歌舞伎座や築地小劇場で観劇し、日光東照宮まで足をのばしている。宿泊先の帝国ホテルでの大谷石に囲まれた生活に嫌気がさして五月二十四日、山王ホテルへ移った。

日本を代表する繁華街である銀座の町並みについて強い関心を持っていたタウトは、日記に何回かにわたりその印象を綴っている。

昭和九年三月二十七日

銀座の建築は、屋台店が立ち並んでいる大市《おおいち》の印象だ。堂々としたビルディングさえ間に合せのもので、明日にもなれば取払われてしまうのではないかという感じである。

昭和九年四月六日

およそ東京の銀座くらい無性格で醜悪なところは世界のどこにもあるまい。確かにアメリカは殺風景で無味乾燥な土地であろう、しかしアメリカはアメリカなりの性格をもっているのだからそれでよい。ところが日本は、銀座という街でアメリカを相手に売淫行為をしているのだ、何もかも支離滅裂である。日本という『一大家族』を結束している堅牢な鎖は、ここでは寸断されている。建築にしてもそうだ。建築物のよし悪しなどはまったく問題でない。つまり銀座では、建築に考慮を払うなどという殊勝な考はおよそ余計なことなのだ。建築的に見ると、銀座はまるで大きな掃溜だ。

タウトは銀座通りだけでなく、銀座を面として捉えていたように思われる。タウトが見た頃の銀座はまだバラック建築がそこかしこに残っていた。

タウトを群馬県高崎の少林山達磨寺の山荘洗心亭に招聘することになる井上房一郎にはじめて会ったのは昭和九年五月二十四日、銀座の料亭においてであった。井上房一郎は、高崎の出身、早稲田大学を

高崎市・達磨寺の山荘「洗心亭」でのタウト夫妻　昭和9年

中退、フランスに渡り絵画や彫刻を学び、昭和五年に帰国して家業の工芸品製作の井上工業に入社し、父親の死後、社長に就任し、高崎の有力者となっていた（高崎の観音像は同社の施工）。井上はタウトの仙台工芸指導所における仕事や日本で発表した論文をみて、「旧来の伝統に基づく最良の質を保持しつつ新しい優美な型を創造したい」（昭和九年五月二十四日）という思いから、井上工業内に井上工芸研究所をつくり、タウトを工房の顧問として迎えたいと、その席で申し入れた。タウトは生活費の問題で不安はあったが、「少なくともはたから見て穏当と思われるだけのことはする積り」（昭和九年五月二十五日）という言葉を信じて引き受けることとした。

これには裏話がある。井上にタウトの世話をするようすすめたのは久米権九郎であった。久米はドイツとイギリスで建築を学び、のちに久米建築事務所を開設し、タウト在日中になにくれとなくタウトの世話をしているが、「東京では世話ができかねるので井上さんに押し付けたというのが実情と思われる」（水原徳言「群馬県とブルーノ・タウト」、同編『群馬とブルーノ・タウト』昭和五十一年、あさを社）というのである。たしかに建築家としての仕事がなく、大学にも受け入れられず、大倉陶園や仙台工芸指導所の仕事も嘱託にとどまっていた。

こうして八月一日、井上が少林山達磨寺の住職広瀬大蟲に頼んで洗心亭を居所と定め、高崎での生活が始まった。

高崎でのタウトの仕事は、井上工芸研究所の工芸作品のデザインを担当することだった。製作図面にしたがって、ボタン、ブロウチ、電気スタンド、鳥籠、椅子、ソファ、玩具から竹製品の茹で卵受け、塩入れ、胡椒入れ、灰皿、お盆、新聞入れ、手鏡などが製作され、軽井沢にあった店「ミラテス」で販売していたが、昭和九年暮れ頃、東京に店を出す話が持ち上がり、最初は京橋三丁目の大根河岸が候補にあがったが、「松岡正剛の千夜千冊」のブログによれば、川喜田煉七郎から「新建築工芸学院」が入っている三ツ喜ビルの近くに出物があるという情報があり、銀座西六丁目の滝山町ビルの一階角店に決まった。十二月十六日、タウトは下見に行き、店内のレイアウトもタウト自身がおこない、翌十年一月五日に一日がかりで「ミラテス」の看板を三枚書いている。三岸節子が「ここのウィンドーは銀座中最も美しい色彩のある店で、銀座にでるたびに私はウィンドーを見て帰るのが楽しみであった」と回想していたという（松岡ブログ）。

二月十二日、いよいよ開店の日がやってきた。タウトは日記に「私としては、なかなか気の利いた店ができたと思っている。陳列した作品は気持のよいものばかりだ。［中略］開店当日は、大勢の人達が観に来た、若い人達のなかには店員や学生もいた。竹製の電気スタンドは申分のない出来だ、木製の電気スタンドの仕上げもなかなかよい。ほかにもすぐれた作品が数点ある。」と記している。東京朝日新聞は三月五日、「ミラテス」の開店の様子を「マルデグルク市の技師だった頃強烈な色彩で街中を塗り分けたその名残りがほんのちよつぴりこの店にも出し、中々派手な色合いだ」と交詢社と道をへだてた角地にできたこの店がかなり目立った存在だったことを伝えている。『『ミラテス』の店は、だんだん繁昌するようになった。先達っては教養のある日本人の客が、この店の品は手に取って触り工合がよく、また見る眼にも快いように出来ていると言ったそうだ」（五月一日）と順調な滑り出しを伝えている。六月八日にはもと朝鮮国王であった李王が、「ミラテス」に立ち寄り、八円の買物をしている。朝七時開店、午後十一時閉店、水原徳言が常駐した。水原によれば、赤字続きでとても利益を生むような状況ではなかったという。聖路加病院や現在の教文館ビルを設計した建築家のアントニン・レーモンドも立ち寄っている。レーモンドは「私たちの生活に井上があらわれたのは戦前のことであった。彼は民芸品、ことに高崎方面のものを売る店を東京で始めていた。彼は高崎の町、その町の漆芸家、陶芸家、紙細工師、他の民芸芸術家に興味を持っていたからである。この店は一九二〇年代に西銀座に開かれていた。われわれは親友となり、ノエミは妹のジャネット、後のアリソン大使夫人と、その店にしばしば通い、見たり買ったりしたのである。」と自伝『自伝アントニン・レーモンド』（三沢浩訳、昭和四十五年、鹿島研究所出版会）に書いている。ノエミは彼の妻である。「この店は一九二〇年代に開かれていた」というのはレーモンドの記憶ちがいである。

タウトの日本で唯一の建築作品となった日向利兵衛邸地下室（熱海市指定有形文化財）の建築は、日向が銀座の「ミラテス」で電気スタンドを買って、タウトの仕事に興味をもち、依頼したものであったというが、山脇道子によれば、夫の「巌の舞台美術の先生であった田中良先生の次女房子さんが日向家に嫁ぎ、タウトに設計を依頼した」（山脇道子『バウハウスと茶の湯』）という。あるいは日向利兵衛に「ミラテス」を紹介したのは房子であったかもしれない。

昭和十一年五月十六日の日記に「ミラテス」の製品は「全く独自の様式をもつ多数の工芸品や織物を陳列することができるようになった。製品はすべて私のデザインに依るものか、或は私が手を加えたものばかりである。」と記している。「ミラテス」は順調に滑り出し、タウトは一週間一回の割りで「ミラテス」に顔をだしていた。「ミラテス」の作品にはすべて「タウト・井上」の名前を入れていた。

昭和十一年九月、ドイツ時代の仕事仲間であり、タウトとほぼ同時期にナチスに追われて、トルコのイスタンブールにいたヴァーグナーから、トルコのイスタンブール芸術アカデミーの教授として招請したい旨の手紙を受け取り、タウトはただちにその招請を受け入れた。日本において建築家としての仕事をする機会もなく、また戦雲垂れ込める日本に不安を感じていたのである。その日の日記に「今日は感慨無量だ」と記している。

タウトが日本を去ることになり、銀座の「ミラテス」に最後に訪れたのは、十月十二日である。「午前中にドイツ大使館に行き、離日の挨拶をする。昼は広瀬（大蟲）、高村（鍵造）、山田（直次）の諸氏と、銀座の資生堂で食事し、それから『ミラテス』に行って製本されたばかりの『日本文化私観』五十部にサインした。『ミラテス』とも、『私』の作品ともお別れである、それにしてもこれらの作品はどうなることだろう。」と感慨に耽っている。そしてその足で東京駅に行き、大勢の人の見送りを受けて東京を後にした。京都では大丸の下村正太郎の家に泊まり、最後の京都見物、詩仙堂、曼殊院をめぐり、十五日京都を去り、下関で関釜連絡船に乗った。タウトの日本滞在は三年六か月であった。

タウトが去った「ミラテス」は、リッチ・ミックスのデザインでロクロ細工色漆塗りの重ね箱、モダーン化したコケシ、ホームスパンのショール、竹かごなどを売っていたが、昭和十八年十二月に閉店した。

7　ゾルゲと「ラインゴールド」

第二次世界大戦中にソ連の諜報機関がかかわるスパイ事件、いわゆるゾルゲ事件が発覚したのは昭和十六年十月であった。十月十五日、まず東京朝日新聞記者から満鉄（南満州鉄道）調査部に移っていた尾崎秀実が情報提供者として逮捕され、ついで十八日にリヒャルト・ゾルゲが逮捕された。

ゾルゲが諜報活動に利用したのは銀座およびその周辺の待合、料亭あるいはカフェーであった。歌舞伎座裏木挽町三丁目の待合「京亭」、木挽町七丁目の待合「桑名」、木挽町八丁目の料亭「米村」など多く利用した。最高機密に該当する日本の「対米申入書」の全文を西園寺公一から入手したのは「桑名」であった。しかし、ゾルゲは待合や料亭よりオープンなレストラン、カフェー、バーの方がはるかに安全だと見ていたようで、これらを多く利用した。『築地警察署史』（昭和四十八年）によると、「西銀座レストラン」、「エーワン」、「アラスカ」、「リッツ」、「ラインゴールド」、「ローマイヤー」、「日動茶房」、「信幸」、「資生堂喫茶部」、「フロリダチキン」、「末広銀座店」、「不二家」などが多かったという。なかでも「ラインゴールド」が突出していた。また、竹崎羊之助著『二つの祖国――ゾルゲ・尾崎事件の全貌』（昭和二十四年、中央社）によると、尾崎や宮城与徳との連絡場所として銀座のリッツ、エーワン、ローマイヤ、築地の花月、錦水、芝の嵯峨野、麻布の春岱寮、高輪のいづみ、品川の三徳、洲崎館、大井の川崎屋、悟空林、麴町の霞茶寮、上野の山下、明月荘、自笑軒、雨月荘、芝浦の雅叙園、渋谷の北京亭、双葉、横浜のニューグランドなど銀座以外の一流料亭やレストラン、神楽坂の榊、赤坂の君永楽などの待合の名をあげている。

ラインゴールドは銀座西五丁目五番地八、並木通りにあり、この経営者はヘルムス・ケテルといい、第一次世界大戦で日本軍の捕虜になり、そのまま日本にとどまり、ラインゴールドを経営したという（松本幸輝久『銀座GINZAの物語』平成四年）。大正九年一月十三日の『都新聞』にこんな記事が載っている。「独逸俘虜約三分の二は既に十二月末に於て還送済となれるが、残余は本月末までに全部釈放若しくは送還せしむる予定なり。尚右俘虜中内地各種の商会工場等に雇用契約成立せるもの百四十名、其他特別事情に依り日本内地に居留若しくは一時滞在するもの約六十名あり。」とあり、ヘルムス・ケテルは「特別事情に依り日本内地に」残った一人であった。関東大震災をはさむ六年間の消息はわからないが、巡洋艦エムデンの乗組員で厨房兵、つまり料理人であった関係で、日本にとどまり、昭和二年にラインゴールドを開業したのであった。

このラインゴールドに昭和七年十月四日から十二月にかけて三日と空けずに立ち寄っていた永井荷風は、『断腸亭日乗』昭和七年十月十二日につぎのように記している。

此店の主人は曾て青嶋に移住しゐたる独逸人にて今は日本の女を妻とし子供二三人もありと云ふ。女給は十四五名あり。皆独逸の名をつけたり。酒価日本人のカッフヱーに比すれば、遥にやすく女給も案外おとなしく祝儀を貪らず。銀座辺にては今のところ最居心地好き店なるべし。

ラインゴールドは荷風たちが溜り場としていた万茶亭の隣にあり、大酒樽を看板にしていた。夕食時になると「先生はふいと立ち上って、外に出るなり隣の酒樽を回転させて、店の中へ這入っていきます。そして雑談仲間も一人二人樽の奥へ這入って行きます。［中略］入口の室のカウンター寄りの左側に奥まって、もう一つ暗い部屋がありました。大抵、奥の室に荷風先生は納って居られ、「万茶」の顔ぶれがそばに座ると、ここでの又雑談がはじまるのであった（沢田卓爾「荷風追想」『荷風全集』月報二二号）。

このラインゴールドでアグネスの名で女給として働いていたのが石井花子であった。花子によると、ラインゴールドには外国人の客が多かったようである。

ある晩、店へ二十名近い、ユニホーム姿の独逸戦艦エムデンの乗組員がやって来た。みな二十二、三歳ぐらいかと思われる、背丈のそろった将校のように凜々しい青年ばかりだった。他の客も女たちも見惚れて感嘆した。彼らはパパと一人一人握手し、ペラペラとしゃべってそれぞれのテーブルについた。ビールを飲んで美しい声でコーラスをやった。素敵だった。彼らは女たちを珍しがった。わたしたちはテーブル、テーブルでこの日本語の少しもわからない無邪気なドイツの珍客を相手に、知るかぎりの外国語を並べたてて一晩中笑い興じた。艦に帰る時間が来て、みな名残惜しそうにばらばらに帰って行った。店へは今までにもよく珍しい客がときどき現われて、わたしたちや他の客人の目を楽しませた。奇抜な派手な衣装で入れかわり立ちかわり毎夜のようにやって来たマーカス・ショウの芸人たち。「新しき土」を撮影に来たアーノルド・ファンク博士一行。そのカメラマンは非常にヨーロッパ的美男子であった。美しい女では中野正剛氏の令弟中野秀人氏のフェリシタ夫人。一度だけ見た藤田嗣治画伯のユキ・フジタであるマドレヌは一番わたしの印象に残った。彼女は実に美しかった。

石井花子『人間ゾルゲ』（昭和四十二年、勁草書房）

永井荷風が描いたライン
ゴールド『断腸亭日乗』
(『荷風全集』第二十一巻、
岩波書店）より

花子は岡山県倉敷市の出身、声楽家を志して上京したというが、ラインゴールドに勤め始めた。入店して間もない昭和十年十月四日の晩、ゾルゲが店に入ってきた。ここの主人がドイツ人であることもあって、ゾルゲはここを贔屓にしていたのである。「顔は浅黒く、栗色の巻毛だった。秀でた額や高い鼻はたくましく強く、眉尻は上がっていた。瞳は青く、愁わし気でもあったが相手を直視して話す眼光は、迫力があった。口は表情に富んでいて豊かで、顎から首筋へかけていかにも強靭で精悍だった。濃いグレーの背広に紺無地のネクタイをして、装いはおとなしく地味だったが、広い肩幅から両腕へがっちりした体格であることがうかがわれた」（石井花子前掲書）。これが花子の第一印象であった。この日はゾルゲの四十歳の誕生日であった。その席で、ゾルゲは花子になにかプレゼントしたいといい、花子はレコードが欲しいといった。

翌日、二人は銀座の楽器店に行き、ゾルゲはリリイ・クラウスとシモン・ゴールドベルグのピアノとヴァイオリンのソナタ（モーツァルト作曲ケッヘル二九六番、三七九番）を選んでプレゼントした。そのあと二人はローマイアで食事をした。その後、二人の関係は深まり、同棲するようになった。花子と親しかったセレナーデのママ野中花に、石井花子は「モーツァルトが好きだっていうのよね、彼が……。それからセザンヌのこともよく話してくれたわ」と話している（野中花『昭和・奇人、変人、面白人』昭和五十八年、青春出版社）。

花子はゾルゲがドイツの有力新聞『フランクフルター・ツァイトゥンク』の記者ということしか知らなかった。『フランクフルター・ツァイトゥンク』が入っていたのは銀座西七丁目電通ビルで、銀座西五丁目並木通り沿いラインゴールドとは五分とかからない距離であった。なお、ゾルゲは電通前の電話ボックスを連絡に多く利用していたという。

ゾルゲは、一八九五年（明治二十八）、ドイツ人鉱山技師を父とし、ロシア人を母としてアゼルバイジャンの首都バクーで生まれ、のちにドイツに戻り、高等学校在学中に第一次世界大戦が起こると、志願してドイツ兵として従軍して重傷を負う。ロシア革命に衝撃を受け、ソビエト連邦共産党に入党し、スパイの任務を与えられる。日本入国は昭和八年九月、駐日ドイツ大使オットーの信頼をえて、大使館顧問となり、情報を引き出す一方、中国上海で知り合った朝日新聞記者尾崎秀実から日本中枢の情報を得ていた。

尾崎秀実は、明治三十四年に報知新聞記者だった尾崎秀太郎（秀真）の子として生まれ、父の転勤の関係で台湾において育った。台北中学、一高を経て、東京帝国大学法学部を卒業し、大正十五年に東京朝日新聞社に入社、翌年特派員として大阪朝日新聞社上海支局に勤務することとなった。尾崎は、大正十二年の関東大震災の際、無政府主義者大杉栄、伊藤野枝が憲兵隊に捕らえられ、甘粕正彦大尉に殺害された事件を契機に社会主義に関心を持った。上海時代によく利用した内山書店（店主・内山完造）において魯迅や郭沫若と交流し、中国共産党とのつながりもでき、アメリカ人作家アグネス・スメドレーの紹介でフランクフルター・ツァイトゥンク紙の特派員ジョンソンを名乗る男と知り合った。この男がリヒャルト・ゾルゲであった。尾崎はその後ゾルゲからコミンテルンの一員であることを知らされた。昭和七年帰国し、外報部に配属、翌年、奈良でゾルゲと再会し、ゾルゲから諜報活動に加わることを要請され、参加することを承諾した。昭和十三年朝日新聞社を退職して第一次近衛内閣嘱託、満鉄嘱託となり、機密事項を得やすい立場となった（許世楷「ゾルゲ事件」我妻栄等編『日本政治裁判史録』昭和・後、昭和四十五年、第一法規出版）。

事件は発覚し、極秘のうちに昭和十六年十月十五日、まず尾崎秀実が逮捕され、ついで十八日にゾルゲが逮捕された。事件が公表されたのは翌十七年五月十六日であった。

花子がゾルゲに最後に会ったのはローマイアであった。花子は十八年八月、淀橋署に留置され、厳しい取調べを受け、六日後に釈放されている。ゾルゲ、尾崎らの処刑は昭和十九年十一月七日であった。ゾルゲの遺体は引き取り手がなく、雑司ヶ谷の共同墓地に土葬され、その上にささやかな木標がたてられたが、戦後の物資不足の折、引き抜かれ、燃料の足しにされた。戦後、花子はゾルゲの遺骨を捜し求め、二年目に探し当てた。遺骨とともに掘り出されたのは、ロイド眼鏡、ベルトの留め金、金歯などであった。義歯の金は花子の指輪になった。

ゾルゲ事件は戦後見直され、事件の検証と犠牲者家族の救援運動も起こり、ゾルゲの遺骨はあらためて多磨霊園に改葬され、その場所に「ゾルゲ尾崎事件犠牲者救援会」の手で碑が建てられ、さらにソビエト政府の援助で碑が建立された。

ソビエト政府は昭和三十九年十一月に、ゾルゲに対して「ソ連邦英雄勲章」を授与した。花子は平成十二年八十九歳で、ゾルゲを胸にその一生を終えた。

8　長谷川金之助・湖代の「はせ川」と文士たち

小料理店「はせ川」の主人は、長谷川金之助といい、渡辺水巴門下の俳人で、俳号を春草といった。籾山書店の経営者であり俳人の籾山梓月の知遇を得て『俳諧雑誌』（同書店発行）の編集に当たってい た。『俳諧雑誌』の後継誌『春泥』昭和六年一月号に長谷川春草名で載せている一文「銀座」によると、「十二年ぶりでまた銀座に住む身となつた。前は尾張町の竹葉の隣の医療器械屋だつたが、今度は出雲橋の角のおでんやである。変れば変るものだ。女ごゝろばかりではない。」と書いていて、元銀座の住人で医療器械商からの転身であったことがわかる。『春泥』同人はこぞって春草を応援している。同じ号に「水中亭」氏は「そとの構へ、屋内のこしらへ、調度の類ひがこの節はやりのやにつこい意気好みでなく、気取らない手丈夫さうなのが先づ気に入りました。かんじんのたべものもちらしに……おでん釜めし有合肴小鍋立にて一寸一とくち……と、あるやうにおでんの外品々、それが小綺麗にもられて造作の木の香の新しさと共に眺めただけでなんとなくおいしさうです。お酒をあがる方には無論むくものが多いのだらうし、下戸の人達がたゞ御飯をたべるだけにしても結構間に会ふやうにしてあるのでした。」「主人の長谷川さんはもうすつかりかういつたうちの親方になりきつて、いぢらしいやうにお客大事につとめてゐます。銀座に気安く食事に入れるところができてやつと安心しました。」（「六号」『春泥』昭和六年一月）と紹介しているし、同誌編集長の大場白水郎は開業にさいして「みぞるゝやはせ川好み小鍋立」、「甘口の酒もこのみや年忘れ」と詠んでいる。

金之助は明治二十二年八月十九日、芝区柴井町で生まれ、「九つで母を、十七で父を、十九で妹を喪つて、早くから孤独の悲みをしみじみ味つ」(「六号」『春泥』昭和五年三月)ている。「六号」は『春泥』同人の投稿欄である。

随つて愛に飢へた事はもとよりである。されば私に愛を感じてくれる人を見出でると私は其都度盲目的にその人に傾倒して往つた。その結果は失敗が随分あつた。傾倒してすべてを投出しすぎた

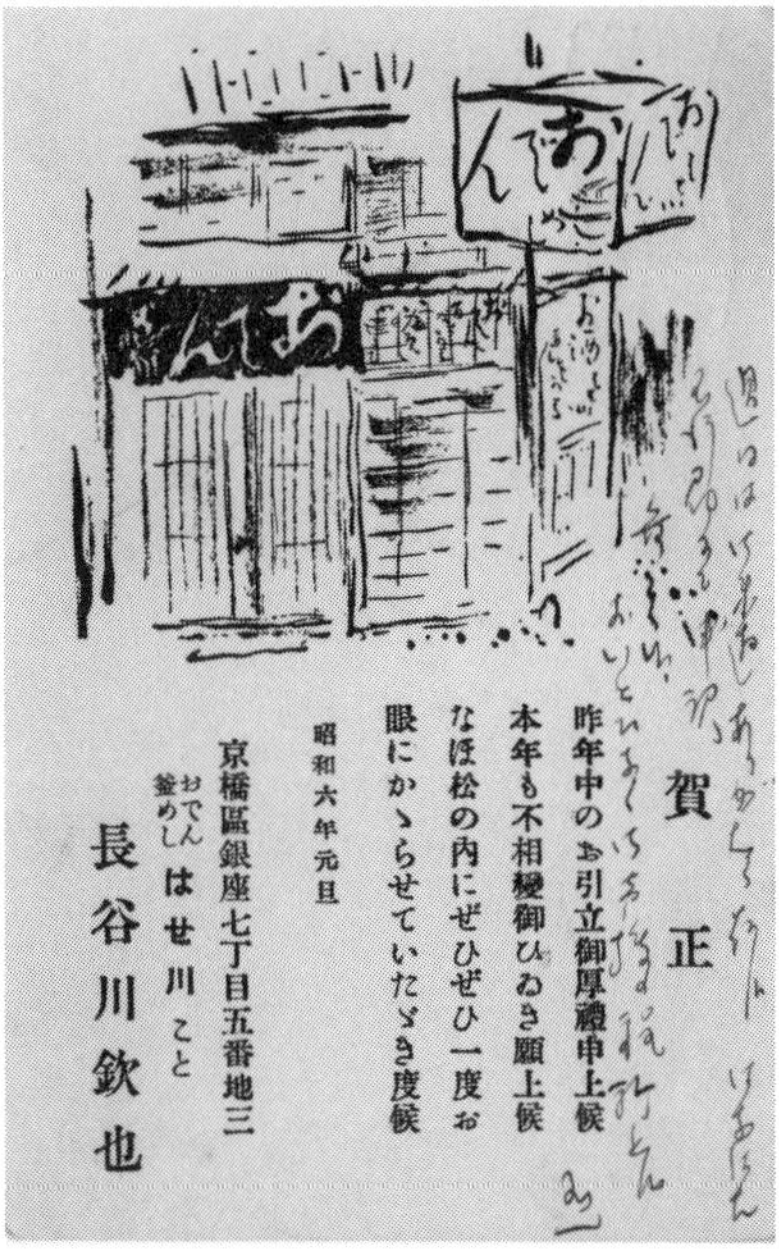

昭和6年のはせ川の年賀状
ギンザのサヱグサ文化事業室蔵

為に、自分勝手のやうに思われて、愛を中断された場合がしばしばあつたのである。誰を恨みんやうなく、私は其都度自分を省みては謹んだ。私の今迄の生活は愛し愛される為の失敗及其反省の連続と云つてよい。しかし、今にして考へるに、私のそれは、失敗つゞきだつたが、幸福も決してない訳ではなかつた。現在の私の周囲の、私に親しみ私を愛してくれる人々を諸君が一見すれば、その事実がよくわかるに違ひない。私ほど小数ながら好き先輩及交友を持つものは多くないと思ふ。私は幸福である。

春草

「六号」『春泥』昭和五年一月

金之助にとって俳句は彼の孤独を慰めるものであり、『春泥』の同人たちは彼の支えであった。金之助は『春泥』に熱心にかかわり、『俳諧雑誌』の編集に当たっていた経験もあり、『春泥』の編集雑務にかかわっていた。

金之助の師匠筋にあたる渡辺水巴は、画家の渡辺省亭を父に持ち、裕福な家庭に育ち、俳人内藤鳴雪、高浜虚子に師事し、生涯俳人として全うした人物であるが、大正五年に主宰誌『曲水』を発行している。そこの同人となった金之助の風貌について語っている。

「……では、拝借を――」

新築の明るい住居の、二枚折の銀屏風の前に雪洞形の電気スタンドが据ゑてある玄関の一間から、女中が差し出す番傘を土間で受取つて格子の外へ出ると、左の袖をはねて片手で内懐ろに入れ、右

手だけで傘に弾みをつけてポンと開らいて、それを肩にあてると、横向にちよいと腰を落して
「御免――」
そこであらためてずつと反り身に形をつけて、板塀の上に枝垂れてゐる柳を振り仰いで、歌澤の独吟でもほしい様子で、帰つて行く……。
姿はいつも唐桟柄の木綿に黒の前掛で「月も悩ましげなる朧夜を」と来るのであるから、どうしても二枚目どころで、例へば「梅雨《つゆ》小袖《こそで》昔《むかし》八丈《はちじよう》」の白木屋の手代忠七だが、肉づきのいゝ赫ら顔でギロリとした眼つきは、六代目菊五郎の髪結の新三だ。もつと的確なところを云へば六代目の新三が忠七に化けてゐると云つた恰好……。利かぬ気の男であつた。

渡辺水巴『彼岸の薄雪』（昭和十四年、曲水社）

のちに文藝春秋の編集者になる車谷弘が語るところによると、『俳諧雑誌』の句会に久保田万太郎が出るというので、出席したら、その時の披講が「ちょっと猿之助みたいな感じで、唐桟の着物を着てね、いい声なんですよ。いきな恰好して、うまいもんだな、と思って、つくづく感心した」（『俳句とエッセイ』創刊号の座談会）が、それから数年後に「はせ川」に行くと、それがほかならぬ長谷川春草であったという（『長谷川湖代句集』安住敦序文）。

亡くなった主人が俳句をやっていましたので、久保田万太郎先生を識り、約二十年前に店を出したのですが、先生が浅草から腕のいい喜《マルキ》と呼ぶ板前さんを紹介して下さったり色々有名な方をお連れ下さったおかげで店が始ったようなわけです。文藝春秋の人達、それから大勢の作家や漫画家を

紹介して下さったのは永井龍男先生です。その頃は小林秀雄、河上徹太郎、今日出海という方達がもう毎晩いらして、お若い頃だったのでしょうか、それは端で聞いていても胸がすくほどお元気で面白うございました。横光さまや川端さまも当時の御常連で、横光さまは街に出る文壇の話が此処では三月も早く聞ける、文壇道場だなどと仰言っていました。菊地（ママ）先生はいらしてもお酒を召上らないので何時も早々とお帰りになりました。それに、あまり顔見知りの方が多いためか日曜日にお客様がいらっしゃらない時など奥さんと娘さんをお連れになって見えられた事がたびたびございます。［中略］いつか清水崑さんが壁に書かれた河童の絵、清水さんがもう外して呉れと仰言るので壁紙でしたのではがして屏風に作りました。私としては屏風より壁にあった方が水から上っていない河童のように生気があると思っております。

長谷川湖代「文士とお酒」『日曜日』（増刊、昭和二十七年三月）

妻湖代の兄が春草の弟子であった関係で、春草が湖代を見初めたのである。湖代は明治四十三年、金竜山下瓦町（現・台東区浅草七丁目）の鼻緒屋で生まれた。親の反対はあったが、間に立つ人がいて結婚した。ところが、しばらくして春草に愛人ができて、その人に夢中になってしまった時期が続いた。「春草と親しかった久保田万太郎はこの長谷川夫妻の有様に心を痛め、生活の建て直しをするように忠告をして、二人の再出発のために二三の友人にも声をかけ、小料理屋を開店する資金を出してくれた」（津村節子「長谷川湖代さん」『銀座百点撰集』銀座百店会）という。

「はせ川」は、昭和五年十二月九日、銀座七丁目出雲橋たもとに久保田が紹介した板前を雇入れて開店した。ここは以前船宿の中村屋の船付き場であった。中村屋は江戸時代には汐留にあったが、横浜新橋間に鉄道ができる時に移転を命ぜられてここに移転して来たのであった。はじめの頃は文藝春秋の関係者ばかりだったという。文藝春秋と関係の深い永井龍男は、随筆「はせ川の会合」（『きもの』昭和四十五年八月）に「銀座も汐留に近く、「はせ川」という小料理屋があって、われわれ仲間が三十代には毎晩誰かしらこの店で呑んでいた」と述べている。

久保田万太郎と親しい水上滝太郎は、籾山書店ではじめて長谷川金之助に会った時の印象を「眼つきの凄い、異様に顔の赤く、ひとくせある」と表現している。久保田から籾山書店をやめておでんやをはじめるからよろしく頼むと、紹介されてから通うようになった。店の印象をつぎのように述べている。

「俳人のおでんやなんて感心したものではないぜ。」

はせ川の場合にも先ず憎まれ口を叩いてから出かけた。うちは奇麗で、静かで、場所がいい。銀座の無秩序無反省な雑沓をはなれた出雲橋のたもとで、窓をあけると三十間堀が目の下に澱んでいる。もろもろの汚物の沈んで流れない川底のどぶどろの発散する臭いは、私を幼時の追懐に誘惑する。この臭いは、昔東京の到る処でかいだ臭いだ。明治のはじめまで、三十間堀には蓮が咲いたそうだがそれは時代が違う。私どもが知ってからは、あれから木挽町築地へかけては、新興日本のハイカラな洋風と、つめたい水の香をほのかに感じさせる寂しさをないまぜにした景色だった。［中略］私ははせ川へ行くと、冬でも必ず窓をあけて、向河岸の家々を眺め、橋の上を通る人を見、どぶどろの臭いを深く吸い込むのである。

「はせ川雑記」『貝殻追放抄』（岩波文庫。初出は『春泥』昭和七年五月）

評論家の中島健蔵は、俳句仲間の久保田万太郎がこの店に力を入れてやっているというので、河上徹太郎や永井龍男や小林秀雄たちといっしょに連れてこられたのが最初だった。以来、切っても切れない関係になったという。

中島健蔵は自著「物情騒然の巻」(『回想の文学』2　昭和九―十一年、昭和五十二年、平凡社)のなかで次のように述べている。

去年(昭和八年)あたりから、毎月一回の「作品」の会を「はせ川」でやることになったので一そうなじみが深かった。一つには、「文庫」の新体詩人、俳人であった長谷川春草の風格があれほどまでに多くの人を引きつけたのだろうと思う。[中略]あそこへ行けば誰かに会えるという期待で皆が足を運んだのだ。横光利一が最も多くその意味で来ていたろう。残念なことをした。常連として「作品」の連中、文藝春秋社の若い社員たち、思い出すままに名を数えてみたら、三、四十人もいそうな気がする。「文科」のあったころは、牧野信一、河上徹太郎、佐藤正彰あたりと、三日にあげず出かけた。三好達治の入院していたころには、河上、佐藤と必らず見舞いの帰りにまわった。永井龍男が酔って、「友だちだから何をいってもいいはずだ」と井伏鱒二にあくどくからむのをみて、わきにいた深田久弥が、「友達なら何をしてもいいというんだな」と、いきなりコップの水を永井の頭からぶっかけたこともあった。永井も苦笑するばかりだった。考えてみると、「はせ川」は、昭和七年から今年にかけて、文学的セナクルの場所として大きな役割りを果してきたと思う。ジイド全集の相談にも、帰りにはよく「はせ川」を使った。「はせ川」の会合から生れたものが、かなり多いと思う。

中島が挙げる人物は、久保田万太郎、永井龍男、井伏鱒二、小林秀雄、青山二郎、深田久弥、横光利一、三好達治、丸岡明、川上徹太郎、今日出海、木山捷平、寺崎浩、林芙美子、川口松太郎など。「思い出すままに名前をならべみたが、もっと大勢の常連がいた。時には、ペンクラブの例会の後に、徳田秋声、豊島与志雄なども顔を見せ、草野心平と、宮沢賢治全集の編纂委員会の帰りに高村光太郎を誘ったこともあり、その時、途中から入って来た中山義秀と草野心平が、突然、わけのわからない口げんかをはじめたので、高村さんがあっけにとらわれて目を丸くしていたことを覚えている。草野心平が怒って、自分の帽子を、窓から三十間堀の川の中にたたきこんだのは奇観であった。そのほか、萩原朔太郎が来たこともあった」(「顔、顔、顔」『現代文学者の群像』昭和四十八年、丸ノ内出版)。

「日輪」(『新小説』大正十二年五月)を書いて作家デヴューを果たした新感覚派の作家横光利一は、震災後の銀座に現れるようになり、昭和五年の秋から翌年春にかけて、「殆ど毎日、雨の日も風の灯も銀座の人波の中へ浸り通して人々の眼を見詰めて来た。」(「銀座について」横光利一著『書方草紙』昭和六年、白水社)。地方出身の横光は、「これまで銀座と云ふものが、実に恐かつた。われわれ民俗の文化の先端は、何はともあれ、あの銀座通りに最も鋭く現れてゐるのにちがひないのだ。その銀座を今迄私はあまり横行したことがなかつたので、あそこを歩く習慣をつけてゐる人々には、常に幾分気遅れを感じてならなかつた。それで今年はひとつ銀座を絞り切つて、すつかり露がでなくなるまで見通してやらう」と思い、銀座通いを始めたのである。

横光は続けて、「あそこを歩いてゐる人々のうち、殊によく二度も三度も出逢ふ人々で、幸福さうな眼の輝きをしてゐるものは殆どない。さういう人々と出逢ふと眼と眼を合せただけで、互にどちらも不愛想な表情の意味が直ぐ飲み込める」。また、「文化の先端と云ふものは、いかに退屈で、喜びのない所ら生まれて来るかと云ふことを知つたのも、この半年間の銀座通ひのお蔭である」と述べている。この時期は、『機械』(昭和五年九月)、『寝園』(同十一月)を発表した時で、『機械』は評論家小林秀雄から絶賛されている。

横光利一はあまり酒をたしまない方であったが、はせ川で鍛えられた。「せいぜい一杯か二杯だったのに酒量が上ってきた。そして、銚子一本あけるほどになった。夜、自宅でも独酌をはじめ、われわれに、「酒というものは、飲めばやはり酔うようにできとりますなア」といった。いかにも横光らしいというので、一時話の種になった」(『回想の文学』)という。

井伏鱒二によると、はせ川を知ったのは永井龍男の先導によるものだった。

また、渡辺水巴、永井龍男らの肝いりで、「はせ川句会」という集まりもできて、久保田万太郎、久米正雄、横光利一、宮田重雄、石田波郷らが集まった。

河上徹太郎の回想。

あの三十間堀は南北に通じてゐるから、「はせ川」のはうから見ると、西陽が向ひ側の舟宿にカンカン当つて、それが川波に反映してゐてね——あれは忘れられない風情ですね——そこへヒュッと入ると、石川淳が一人でその窓際に坐つて、初夏になると川風に吹かれて鰹なんか食つてましたね。夕方になると正装した芸者が二、三俥を連ねて出雲橋の上を木挽町へ向つて行く。その下をたまにアベックがボートを漕いでくぐる。

河上徹太郎「出雲橋界隈」『厳島閑談』(昭和五十五年、新潮社)

酒をこよなく愛した吉田健一もはせ川の常連であった。

今度の戦争が始まるまでの何年間か、大晦日は必ず銀座に出て飲む習慣だった。今ではもう埋められてしまった掘割に掛っていた出雲橋という橋の袂に、これは今でもやっている「はせ川」という小料理屋に十時頃入ってゆくと何人かの先輩格の文士がもう集っていて、そのうちにおかみさんが皆に福茶を出してくれるのが、大晦日の晩になった合図のようなものだった。

横光利一氏、河上徹太郎氏、青山二郎氏などがその席の古顔で、或る時、河上さんが「はせ川」の壁に掛っている電気時計が十二時を過ぎたのを見て、「これでやっと自分も四十になれた、」と呟いたことがある。今の筆者自身の年から逆算してこれはだから、十五年前、つまり、昭和十五年の大晦日、或は、昭和十六年の元旦のことである。我々は勿論、「はせ川」で酒を飲んでいた。そのうちに戦争になって、「はせ川」に酒が入ってお客にお銚子が一本ずつ出るという報道があると、皆駈け付けるような時世が来たが、この昭和十五年頃はまだそういう心配はなくて、酒に足を取られることの方が気掛りだった。

吉田健一「師走の酒、正月の酒」『三文紳士』(講談社文芸文庫、平成二十一年)

十二時を廻ると、はせ川を出て、人で歩道が埋まっている銀座通りを越してブーケというバーに繰り込むのが恒例だったようだ。当時吉田と横光は下北沢に住んでいて、よくタクシーを呼んで連れ立って帰った。吉田が横光の家を訪ねた時などもどうかすると、「出掛けよう」と言ってタクシーで銀座へ出た。行き先ははせ川だった。

落語評論家の安藤鶴夫は俳句の師であった久保田万太郎に誘われてはせ川を知った。安藤も思い出を綴っている。

つきあたりの出窓の向うに、三十間堀の、くらくよどんだ水があった。
右に出雲はしがかかっていて、はせ川は雨の日もよかったが、雪の降る夜はなおよかった。
窓のところで、のみながら外をみていると、出雲橋を渡るひとたちが、シルウェットになって、傘を半開きにしてコートを着た芸者なんかが通る。人力車がいきかうけしきも、その頃でさえ、もう新派の舞台のような気がした。

安藤鶴夫『おやじの女』(昭和三十六年、青蛙房)

安藤はひとり静かにあるじの春草と語らいながら飲むのが好きだった。「いま思い出すと、色の黒かったことや、頬骨のとがった長い顔だったことや、目がぎょろっとしていたことなんかで、長谷川と可楽を、いまのわたしはごっちゃにしてしまった。」と書いている。

『山繭』という同人誌を出していた小林秀雄、青山二郎、永井龍男がよく連れ立って銀座で飲み歩いた。酒席でこの三人が顔をそろえると、かならずからんで、とことん誰か同席のものをいじめ抜いた。今日出海たちはこの三人を「山繭三人男」と称していた。

はせ川の永井龍男　昭和28年　撮影＝中島健蔵

なんとも勢いがよく、言いのがれなどは出来るものではなかった。一番最初に槍玉にあがったのは河上徹太郎だった。河上は一人息子でおうように育ち、酒も飲まなかったが、このような仲間を持っては飲まずにいられるものではない。河上の親父さんは、豪傑風の酒飲みだったから、素質があるせいだろう、短期の修業で皆に追いつき、面（つら）強いところもあって、青山のからみにやがて免疫になり、逆に彼より強くさえなってしまった。［中略］それにしても山繭三人男はよく荒れた。当るべからざる勢いで、突撃し、ぐさりぐさりと突き刺し、斬り倒した。弁解すればその勢いは倍加した。新撰組だと言った人もある。これが出雲橋の「はせ川」や「グラウス」（日本橋のバー）になぐり込みをかけ、その都度旋風を巻き起こした。

今日出海『青春日々』（昭和四十六年、雷鳥社）

狭い店のはせ川でのこの騒ぎはまさに旋風であったろう。中島健蔵は「「はせ川」あたりに集まっていた文学の友の間では、大学教職員によくあるようなディレタンティスムが全く通用しなかった。」（『回想の文学』2）という。

ほかではともかく、こういう場所では、体当り以外にはつきあう道がなかった。そして、それを認めあわなければ、友情も成り立たなかったと思う。論争ははげしかった。酒がはいっていてもあまり論理をはずさずに、執念深く口論をつづけた。青山二郎、小林秀雄、永井龍男あたりが仕掛け人だったが、ほかの連中も負けてばかりはいなかった。そういうつきあいを、「カラミ酒」などといって、時にはやりきれなくなることもあったが、しばらくそういうカラミ合いから遠ざかると、ものたりないような気がした。論争はしても、詩人たちとちがって、けんかにはならなかった。酒ぐせの悪い人間は、カラミ合いの相手にされなかった。（『回想の文学』2）

春草が体調を崩し、しばらく店を閉じていた。昭和九年五月三十日に湖代が久保田万太郎のもとに訪ねてきた。

今日「はせ川」のおかみさんがみえて　主人の病気のためしばらく家業をおろそかにいたしましたが　それではならぬと思ひ返し今日から又店を勉強するといひました　即ちこのおかみさんの言葉を皆様に御伝達いたします　どうぞ倍旧の御引立をお願ひ致したいと存ずる次第であります

「はせ川」主人の友人

久保田　万太郎

「案内状」（ギンザのサヱグサ文化事業室蔵）

その日のうちにこの葉書を書き、仲間に発送している。それから二か月後の七月十日に春草は脳溢血で倒れた。中島健蔵は、その日にふと「はせ川」を訪ねてみると、主人の春草が倒れたというので大騒ぎをしていた。翌日死去、享年四十六歳、まだ働き盛りだった。

妻の湖代があとを継いだ。湖代は三人の子供を抱え心細かったが、常連客が後押しをした。その中心にいたのが『春泥』同人の三宅孤軒、大場白水郎、坂倉得旨の三人であった。その一人三宅孤軒が昭和十年九月号の『春泥』に「春草一周忌まで」を寄せ、そのいきさつを語っている。詳細はそれに譲るが、春草には多少の負債があった。入院費、家賃、買い掛けなどがかさみ、香典だけでは足らぬ額であった。さしあたってはせ川を再開するにしても、先行き不安であった。そのため生まれたのがはせ川後援会であった。

初七日を迎えた七月十七日に「はせ川後援者」名で六一名が署名して次のような案内状（ギンザのサヱグサ文化事業室蔵）を出している。

かねて御厚情をいたゞいてをりました『はせ川』で御座いますが、御承知の通り、この程あるじが歿し細君一人あとに心細く取残されたことに相成りました。いよ〳〵倍旧の御引立を願はなければならないことになつたので御座います。

この十九日より不取敢店をあける都合にいたしました由、お馴染甲斐に是非その開業当日よりお越しを願ひたく、くれ〴〵も日頃の御贔屓におあまへ申上る次第で御座います。

煩をいとわず連名者をあげてみると、

伊藤鷗二、石川木舟、岩本梓石、畑耕一、林芙美子、花柳章太郎、萩原蘿月、堀口大学、島津保次郎、大場白水郎、大谷碧雲居、大久保春来、小野賢一郎、小田島十黄、岡本癖三酔、岡本文彌、渡辺水巴、上川井梨葉、河上徹太郎、川口松太郎、川端康成、鴨下晁湖、横光利一、吉田冬葉、立上秀二、館野晴峰、竹内薫兵、永井龍男、中島健蔵、成瀬正勝、室積徂春、内田誠、宇佐美不喚楼、井伏鱒二、久保田万太郎、黒岩漁郎、山本鼎、山崎楽堂、山田蕙子、松ヶ枝緑、松尾竹後、増田龍雨、小村雪岱、小泉迂外、小島政二郎、小林秀雄、五所平之助、新井声風、坂元雪鳥、坂倉得旨、佐藤惣之助、菊池武憲、喜多村緑郎、北原白秋、三宅孤軒、水上滝太郎、疋田朱泉、籾山梓月、森本美寄、鈴木燕郎、菅忠雄（イロハ順）

俳諧関係者、文春を中心とした若い文士たちの多彩な名が並ぶ。

また、子供の養育費等の足しに俳句仲間が絵馬を描いて、久保田万太郎に賛を入れてもらい、知人に買い取ってもらうなどした。

春草は、生前に『春草句帖』（昭和四年、素商書店）を出しているが、死後、『春泥』の仲間たちにより遺稿句集『長谷川春草句集』（昭和十一年、さつき発行所）が出された。その序文に『春泥』主宰者久保田万太郎と横光利一が追悼文を寄せている。万太郎は、春草君は強情な男だつた。しかもその強情を出来るだけころしてゐた男だつた。とくにわれ〳〵のまへに於てさうだつた。……われ〳〵といふのはいづもばしの「はせ川」をはじめないまへからのかれを知つてゐる或る四五人の仲間をいふのである。だからわれ〳〵は……すくなくともわたくしは、かれの死ぬまで、かれのそのほんたうの面貌を……強情なその面貌をみることなしに終つた。……それをみせる機会のもてなかつたことは、かれにとつて、どんなに残念なことだつたらう。この句集のなかにならんだかれの句をみるにつけてもわたくしはそれをおもふのである。

夏浅き言葉かはしてわかれけり

昭和十一年五月

久保田万太郎

と記している。横光利一は、「長谷川春草氏は私の俳句の師匠である。この人の句について私がかれこれいふのは不当だと思ふ。氏の在世当時、心底に疑問がおこると、足は自然にはせ川に向いたものだ。私の疑問はいつも句作とは何の関係もないことばかりであつたが、春草氏の黙つてゐる眼を見ると、疑問は自ら解けたことがある。［中略］春草氏のやうに人の世の底から掻ひ潜つて延び上つて来た曲らぬ美しい眼といふものは、暗黙の裡に多くの人を救助してゐるものである」と哀惜の念を吐露している。

句集のなかから春草の七句。

初買や女少なき魚市場
にこごりの冷冷と夜のかなしけれ
涼しさや葛ときほぐす椀の中
竹河岸の竹のしづかや渡り鳥
船虫や佃住吉松一本
短夜やしろじろ濁る牡蠣の汁
いとし子のうもれてまろき布団かな

巻末に載った湖代の「喪にこもりて」のなかから五句

もの云はぬひとよ暑き夜明けにけり
梅雨の灯に人あつまれば明るさよ
風鈴はあまりさびしくはづしけり
明けやすき夜を亡きひとゝかたりけり
子と生きるけふ萩咲きて春草忌

昭和十四年に文芸評論雑誌『批評』が伊藤信吉、山本健吉、西村孝次、吉田健一らによって結成されたが、同人の多くは出版社その他に関係していて差し障りがあるというので、吉田健一が名義上編集人兼発行人となった。例会の場所がはせ川であった。時に大論戦になることがあった。吉田健一は「この雑誌の同人と付き合っている間に、酔っ払うことを覚えた。議論する時には大きな声を出した方がよくて、一番大きな声を出せるのは酔っ払う時だから、いやでもこの術を教え込まれたのである。尤も、「何をッ」という風なことを言うのではなくて、「君はー、それならー、ヘルダーリンを何と思うんだあー」という調子でやるのである。そしてこっちは酔っ払っているから、相手を圧倒しているのが自分の精妙なる推論ではなくて、大きな声だということに気が付かない。だから、益々自分の論理を信じることになるのである」と青春時代を回顧している。

太平洋戦争が始まる頃から、徴兵や従軍作家として徴用され、一人消え二人消えして、はせ川も寂しくなっていった。井伏鱒二、横光利一、小林秀雄、中島健蔵、林芙美子らは従軍作家として戦地に赴いた。

最初に紹介した湖代の文章に清水崑が壁に河童の絵を描いた話が出てくるが、漫画家もよく出入りした。文藝春秋が『漫画読本』を出したのが昭和二十九年である。その関係からか「はせ川」が「漫画集団」の例会や総会の場所となった。漫画集団は、昭和七年六月、近藤日出造、横山隆一、杉浦幸雄ら二〇名によって結成された。最初は新漫画派集団と名乗ったが、戦後の昭和二十年に漫画集団として再発足し、事務所は銀座六丁目に置かれた。横山泰三、西川辰美、加藤芳郎、改田昌直、岡部冬彦らが参加、昭和三十年代に入ると、小島功、富永一朗、鈴木義司、サトウサンペイ、手塚治虫、石ノ森章太郎ら著名な漫画家が加わり、全盛期を迎えている。

「はせ川」は、昭和五十二年六月、ビルに建替えたのを機に約半世紀にわたる小料理屋の歴史に幕を閉じ、「長谷川画廊」に生まれ変わった。はせ川同窓会世話人一同の名で「御存じ出雲橋のはせ川がこの

たび店を仕舞い　今秋九月吉日より画廊として再出発いたすことになりましたについては　はせ川の旧い同窓生相集まり　ごく小人数で一夕惜別会を催したく是非とも御参加いただけますよう」という案内状を出している。六月三十日、集まった人々は、永井龍男、中島健蔵、井伏鱒二、河上徹太郎、草野心平、横山隆一、香西昇、龍岡晋に「はせ川」の改築にあたった建築家の広瀬三郎、世話役の文藝春秋の徳田雅彦らであった。中島健蔵は「六十年の歳月が、さっとあたりにひろがったような気もちだ」、「酔ううちに、かつてここでよく会った人々のおもかげが、おぼろげに出没する」と回想し（中島健蔵「回想の文学」）、永井龍男は「われわれ古い連中が二十人ばかり、一夜取りこわす直前の「はせ川」に集った。勘定をすれば、みんな六十を越しているのは当然だったが、集って顔を合わせて、いまさらながら互いの爺さん振りに一驚した。しかし、呑みはじめると、一度に三十年が吹き飛ばされ、誰も彼も昔の通りになった。ちかごろ珍しい会合であった」（永井龍男『雑談　衣食住』昭和四十八年）と回想している。

三好達治のざれ歌、「酒肆長谷川壁上の戯画に寄す」（中島健蔵「回想の文学」4より引用）。

もとこれ三十間堀の河童ども
棲むに水なき境涯を
頭《かしら》にベレをちょんとのせて
重きリユツクをやつこらさのさ
流れもせまき長谷川に
数もつどひに踊るかな

さあさあれはいさの旅の空

恩人の久保田万太郎は昭和三十八年五月六日、突然亡くなった。梅原龍三郎邸において開かれた宴席で勧められた赤貝のにぎり寿司を喉に詰まらせて窒息、そのまま息を引き取った。

湖代の追悼の句、

あやめさびし五月六日をしのぶとき
万太郎忌歳月ひとを老いしめき

湖代の句集『長谷川湖代句集』に、「久保田先生がお亡くなりになつて間もない頃、ラジオで先生の随筆「ワッフル」を先生御自身でお読まれになつたのが放送された。まぎれもない先生のお声である。私はひと目もはばからず泣いた。涙はとどまることがなかつた。私にとつてこれが先生の最後のお声であつた」と書いている。

はせ川は、関東大震災後、一応復興なった昭和五年暮れに銀座の片隅で開店したわけであるが、若い作家や俳人たちが店主の長谷川金之助を贔屓とし、金之助亡き後は妻の湖代を盛り立て、戦争の時代を潜り抜けて、約半世紀にわたり続いた。ここは文士たちの情報交換の場であり、文学論を戦わし、創作意欲を掻き立てる場であった。はせ川は、「銀座の中心がはせ川だ」(吉田健一)と思う人たちの溜り場であったのである。

あとがき

銀座について調べ始めたのは今から六十年ほど前のことだった。東京都の中央区役所が区政施行十年を記念して始めた中央区史編纂の仕事に参加して、近代の調査を担当した時に始まる。中央区は都心区として江戸・東京の中心に位置し、とりわけ商工業、文化の面で大きな役割を担った地域であった。区史編纂の成果は『中央区史』全三巻として昭和三十三年に上梓された。

その後、機会があって『日本橋――東京の経済史』（日経新書、昭和四十一年）を書き、ついで銀座の葛籠職人のメモ書きを整理編集した『明治の銀座職人話』（青蛙房、昭和五十八年）を出版した。これらの仕事の過程で、明治五年の銀座大火後に建設された煉瓦街が、繁華街として独自の発展を遂げた銀座に興味を持ち、さまざまな顔を持つ銀座の発展史を調べ始めた。その成果が『銀座煉瓦街と首都民権』（悠思社、平成四年）と『銀座物語――煉瓦街を探訪する』（中公新書、平成九年）であった。

思えば銀座を扱った著作は数限りないといってよい。歴史、思い出、随筆、文学作品、詩歌、社史、個人史やゴシップ記事にいたるまでさまざまな人たちが書いてきた。銀座ほど人々の営みの記録が蓄積された地区は他にない。私は「銀座社会史」なるものを書きたいと思ったが、力及ばず、興味のあるところで、たとえば商店・企業、祝祭行事、騒動、女性、カフェー、文化など個別の分野を掘り下げてまとめてみようと考えた。その中で本書はカフェーの歩みを振り返り、その時代を共にした人々の足跡を紹介したものである。本書は引用文が多く読みづらい部分もあると思うが、同時代の言葉で綴り、なるべくその時代の雰囲気を伝えたかったからである。引用文中には現代に相応《ふさわ》しくない表現もあろうかと思うが、歴史的表現としてそのままとした。

執筆にあたり多くの方々のお世話になった。資生堂企業文化部の近藤順一氏、資生堂パーラーの冨澤慎介氏、コロンバンの太田眞裕氏、長谷川画廊の長谷川辰男氏には、資料のご提供ならびに創業時のことなどにつきご教示いただいた。高崎タワー美術館次長野本淳、東洋文化新聞研究所羽島知之、竹久夢二研究家荒木瑞子、金沢湯涌夢二館学芸員川瀬千尋、東京大学大学院生宮下貴裕（都市工学）の諸氏には、未見の資料につきご教示いただいた。

また、同好の士が集まって、昭和五十七年に結成された銀座文化史学会に途中から参加し、会員の方々から多くのことを学ばせていただいた。とりわけ二代目会長となられた「ギンザのサヱグサ」会長の三枝進氏には教えられること多く、今回、本書を執筆するにあたり同氏所蔵の収集資料も引用させていただいた。会は、何人かの会員が亡くなり、また会員の多くが年老い、残念ながら昨年、「銀座文化研究」別冊『謎のお雇い外国人ウォートルスを追って——銀座煉瓦街以前・以後の足跡』の刊行を最後に閉じることとなった。

本書は多くの方々の支えによって書き終えることができた。改めてお礼申し上げます。

最後に、本書を世に送るきっかけを作ってくださった竹沢えり子氏（銀座通連合会・全銀座会事務局長、『銀座にはなぜ超高層ビルがないのか』〔平凡社新書〕著者）ならびに編集の労をとってくださった平凡社編集部の日下部行洋氏に深甚なる感謝の意を表します。

平成三十年二月

野口孝一

野口孝一（のぐち・こういち）
近代都市史。一九三三年、横浜生まれ。東京都立大学人文科学研究科修士課程（日本史専攻）修了。中央区立郷土天文館勤務。東京都文化功労者（二〇一三年）。主な著書に『中央区史』（共著、中央区役所）、『日本橋 東京の経済史』（日経新書）、『明治の銀座職人話』（青蛙房）、『銀座物語――煉瓦街を探訪する』（中公新書）、『中央区区内散歩 史跡と歴史を訪ねて』第四集～九集（中央区役所）ほか。

銀座カフェー興亡史

二〇一八年二月二十三日 初版第一刷発行

著者 野口孝一

発行者 下中美都

発行所 株式会社平凡社
〒一〇一-〇〇五一 東京都千代田区神田神保町三-二九
電話 〇三-三二三〇-六五八四（編集）
〇三-三二三〇-六五七三（営業）
振替 〇〇一八〇-〇-二九六三九
平凡社ホームページ http://www.heibonsha.co.jp/

印刷・製本 中央精版印刷株式会社

ISBN 978-4-582-54461-9 NDC分類番号673.98
四六判（18.8cm） 総ページ280